体质健康与职业体能训练实践探索

林 键　　张 威　著

吉林文史出版社

图书在版编目（CIP）数据

体质健康与职业体能训练实践探索 / 林键，张威著
. —长春：吉林文史出版社，2023.7
ISBN 978-7-5472-9567-0

Ⅰ. ①体… Ⅱ. ①林… ②张… Ⅲ. ①身体素质–健
康教育–研究 ②体能–身体训练–研究 Ⅳ. ①G804.49
②G808.14

中国国家版本馆 CIP 数据核字（2023）第 129482 号

书　　名　体质健康与职业体能训练实践探索
　　　　　TIZHI JIANKANG YU ZHIYE TINENG XUNLIAN SHIJIAN TANSUO

著　　者　林　键　张　威
责任编辑　李　鹰
封面设计　琦　琦
出版发行　吉林文史出版社
地　　址　长春市福祉大路 5788 号
邮　　编　130118
网　　址　http://www.jlws.com.cn
印　　刷　长春市昌信电脑图文制作有限公司
开　　本　850mm×1168mm　1/16
字　　数　240 千字
印　　张　15.5
版　　次　2023 年 7 月第 1 版
印　　次　2023 年 7 月第 1 次印刷
书　　号　978-7-5472-9567-0
定　　价　85.00 元

前　言

当今社会对高素质人才需求迫切，高素质人才不仅需要具备科学知识素养、思想道德素养，还应具备优秀的身体素质，只有这样，才能为未来的学习和工作奠定基础。想要提升身体素质，就需要提高体质健康，这关系着国家的未来。体能训练是提高体质健康的有效手段，已经在竞技运动、大众健身、康复训练等领域得到广泛应用。体能训练理念逐步深入学校体育和社会体育当中，从多种途径全方位、多元化地对体质健康起到促进的作用。

本书对体质健康与职业体能训练实践进行了研究，首先，阐述体质健康与职业体能训练基础以及体质健康的标准与测量；其次，探讨亚健康的预防与饮食营养以及促进体质健康的运动处方制定实施；再次，研究职业体能训练及评价、体能素质训练及方法、不同姿势下的职业体能训练实践；最后，阐述创新技术在职业体能训练中的实践，包括新媒体技术、数字化教学、虚拟现实技术在职业体能训练中的实践以及大数据背景下体能训练促进体质健康的路径。

本书层次清晰，首先以体质健康为切入点，其次阐述体能训练相关内容，最后研究体能训练中新技术的应用。内容完整，全面阐述了体质健康以及体能训练的相关内容，借助通俗易懂的语言，对体质健康与职业体能训练进行系统梳理和阐述。

　　本书的撰写得到了许多专家学者的帮助和指导，在此表示诚挚的谢意。由于笔者水平有限，加之时间仓促，书中所涉及的内容难免有疏漏与不严谨之处，希望各位读者提出宝贵意见。

目　　录

第一章 体质健康与职业体能训练基础

第一节 健康与理想体质分析

一、健康分析

（一）健康的内涵分析

健康是一个综合概念，躯体健康、心理健康、社会适应良好和道德健康才算是完全的健康，人的健康分为身体健康、心理健康和社会健康三个方面。

1. 身体健康

身体健康是指人的身体生长、发育都处于正常状态，能抵抗一般性质的感冒与传染疾病，并有着良好的生活习惯与生活节奏。主要表现是有着匀称的体态、较好的食欲、良好的睡眠、较好的气色、极佳的精神状态、不易感觉疲劳、具备较好的体能体质，能满足日常生活的需求以及顺利完成各项活动。

2. 心理健康

心理健康具有广义与狭义的区别：就广义层面而言，心理健康是指一种高效而持续的、满意的心理状态；就狭义层面而言，心理健康是指一个人基本心理活动过程的内容比较完整、协调一致，人的情感、行为、意志、人格完整与和谐情况下，能适应社会环境，并与社会保持同步。换言之，心理健康就是指人在生理与心理上能与社会处于协调与和谐的状态。

3. 社会健康

个体与社会环境、个人与周边他人之间会出现相互的作用，个人在社会中扮演着某个角色，在这个角色背景下，能与其他人建立良好的人际关系，这表现出一种"社会适应性"。社会适应能力可以分为学习能力、独立能力、人际关系、自我归属、道德规范、耐挫折能力、心理压力、合作竞争八个维度。一个人只有具备良好的社会适应能力，才能在社会交往中表现出与他人友好相处的能力，能有良好的心情，少有烦恼，有信心与安全感，并且知道结交朋友、维系友谊的办法，掌握帮助他人、向他人求助的方法，懂得聆听他人的意见，善于表达自己的观点，能在负责的态度下做事，在社会环境中找到适合自身的位置。换言之，一个人的社会适应能力在一定程度上是其成熟度的体现。

（二）健康的衡量标准

衡量健康的标准包括生理、心理以及社会适应能力方面。

1. 生理标准

生理标准包括快食、快语、快走、快便、快眠五个方面。

（1）快食是指人的胃口好，吃饭比较迅速、不挑食，这就表明人体的内脏功能处于正常状态。

（2）快语是指语言表达比较准确与清晰，说话较流利，能表现出正常的心肺功能，思维也比较敏捷。

（3）快走是指人的行动自如，有矫健的步伐，表明人的身体状态较好，且精力充沛。

（4）快便是指大小便比较通畅，便时没有疼痛感，便后能感觉到轻松与舒服，表明人的肠胃功能较好。

（5）快眠是指入眠较快，睡眠质量较高，醒后精神状态较好，表明人体的神经中枢系统比较兴奋或抑制功能较协调，内脏也没有病理心理的干扰。

2. 心理标准

心理标准指的是具备良好的个性、良好的处事能力、良好的人际关系。

（1）良好的个性是指人的心地善良，处事积极乐观，为人比较谦和，正直无私，且情绪比较稳定。

（2）良好的处事能力是指沉浮比较自如，能客观地观察问题，具有良好的自控能力，能较好地适应复杂的环境变化。

（3）良好的人际关系是指能做到助人为乐，不过分计较一些小事，待人接物都比较宽和，做到与人为善。

3. 社会适应能力标准

具有较强的社会适应能力是能在外界复杂的环境变化中保持完美的平衡状态，在自然环境与社会环境的各种变化中具备较强的适应能力。

（三）健康的促进方法

健康促进是促使人们维护和改善他们自身健康的过程。健康促进是一切促使行为和生活条件向有益于健康改变的教育和生态学支持的综合体，健康教育在健康促进中起主导作用；生态学是指健康与环境的整合，该整合需要通过跨部门的合作来完成。促进健康的方法主要包括四个方面：膳食合理、适量运动、心理平衡和调整行为。

1. 膳食合理

想要保持身体健康，躲避疾病的侵害，那么需要保持良好的饮食习惯，在日常三餐当中，合理摄入营养。人类所需的营养元素多种多样，不能仅仅依靠几种食物来满足，而是需要摄入各种食物。人类可以通过食物的搭配来满足身体所需要的营养素，如果身体所需的各类营养素都能有效摄入，那么就可以认为膳食是合理的。

2. 适量运动

运动管理主要是提倡进行有氧运动，是指在人体的氧气充分供应产生能量的情况下，进行体育锻炼活动，主要作用包括：①增加血液流动的总量，血液量的增加能提升氧气的输送能力；②增加肺功能，使得运动者能自由的呼吸，呼吸能加快、加深，实现肺活量与吸入氧气能力的提高；③增强脂肪的代谢，能促进脂肪的分解，降低血液中的低密度脂蛋白（LDL）的比例，促使高密度脂蛋白（HDL）比例的提高，减少或者消除体内的脂肪堆积，尤其是腹部的脂肪堆积，达到减轻体重与纠正肥胖的重要作用；④可以让心脏更好地供血，提高心肌的有力程度，加快血液的流动；⑤加强骨质密度，避免出现骨质疏松的情况；⑥让人的机体可以更敏感地感受胰岛素的变化，更好地预防糖尿病的出现；⑦让人处于更好的心理状态，保持心情愉悦，更好地抵抗生活压力；⑧让人安静状态下的毛细血管开放程度变大，肌肉血管扩张程度变大，加快血液的流动速度，避免血压升高。

3. 心理平衡

心理健康对于人体健康来讲至关重要，判断一个人的身体是否处于健康状态，需要同时衡量心理健康状况和生理健康状况。之所以说心理健康重要是因为心理健康可以在一定程度上影响生理健康，心理情况出现变化之后，人的生理也会受到该变化的影响，如果人的心理发展不平衡，那么就会对生理健康产生影响，可能会由生理变化引发身体的病理变化，导致身心疾病的出现。

4. 调整行为

有一些行为会严重地影响人的健康，比如说睡眠不规律行为、胡乱用药行为。人应该改正不良行为，这样才能健康发展。胡乱用药包括很多内容，比如说忽略药物的副作用、反复地超过规定用量用药、盲目跟从他人用药、使用过期药物、购买没有获得医疗许可的药物。

二、理想体质分析

体质指的是人在发展过程中身体所展现出来的生理、心理、形态等方面的稳定特质。这些特质的呈现有一些是人先天带来的，也有一些是通过后天锻炼获得。人发展过程当中形成的特质可以让人更好地适应外界环境。人类体质会受到人类基因的影响，也会受到外在环境的影响。综合来看，人类体质是整个人类群体在生长衰老等过程当中展现出的相对稳定的功能特征、结构特征、代谢特征。

人体体质通常是指人体的质量情况，是在先天遗传性与后天获得性的基础上形成的，其中，先天遗传性是指影响人的生长发育状态的影响因素；后天获得性则是指在体育锻炼、营养状况、地区气候、劳动条件、社会环境、保健医疗等因素影响下，人体发展的后天变化情况。体质是人的生活活动与工作的基础保障，人体活动能力的基本条件就是强健的体质。体质现象是人类生命活动的重要表现形式之一，与人体的健康与疾病有着密切的关系，早在医学起源时期，就出现了对人体的体质认识。

（一）体质解读

人是一个相互密切协调、统一的有机整体，体质是这个整体里各种能力的体现。人是一个有着密切协调性、统一性特征的有机整体，体质则是在这个有机整体中表现出来的各种能力，体质是人们工作、学习、生活等活动的物质基础，也是影响社会进步与经济发展的重要潜能体现。

体质的内涵是对先天遗传因素作用的承认，也是后天因素对体质塑造的重要影响作用。民族、地域、性别、年龄的差异，使人群与个体的体质发展存在明显的规律性以及特殊性特征，当然也并不是完全相同的形式。

分析体质内涵可知，人的身体素质与运动能力是生理功能与体格发育情况的外在表现形式，在科学、合理的体育锻炼下，人的体格发育与生理功能在能动作用下会有着较好的促进作用。人的体质在全面健身事业的发展方面，以及群众体育活动的开展方面都发挥着极为重要的作用。

近年来，社会科学技术的不断发展，人们的知识水平得到了较明显的提高，人们开始深入了解与认知体质的概念与范畴，人的体质概念的认知在任何时期都不会因人们的认识而终结，但也不像是真理那样无穷尽，只是随着现实的变化而不断发展。由此，人们的认知水平不断提高，对体质内涵的认知也就更加全面与科学。

体质的研究工作是一项十分复杂的系统性工程，研究体质的过程是没有止境的。就体质研究领域而言，各个学科都是相互交错的，学科之间的联系也十分紧密。因此，跨区域、跨专业、跨学科对人体质研究工作有着较重要的影响。而且以上观点叙述的并不是要排除深入研究的可能，是在某些课题背景下，对单一学科、局部范围内进行深入研究，保证体质学科研究能与科学建立紧密的联系，并且能在其他研究领域中鉴定以及应用相关领域的知识与研究成果，避免出现研究的片面性情况。

（二）理想体质

人体体质的最佳状态指的是人身体不同部位都能够达到较高水平。理想状态体质的出现主要受到两个因素的影响，一个是遗传，另一个是后天锻炼，在二者的配合下，人能够获得相对优质的体质。具体来讲，如果身体显现出这些特征，那么代表身体体质处于理想状态身体处于健康状态，各个器官没有出现相应的疾病；身体形态处于较好的状态，体型相对匀称，体格相对健壮；身体各个系统都能够良好地发挥自身的生理功能；运动能力、工作能力相对较强；心理相对健康，情绪相对稳定，整个人相对乐观，能够在一定程度上抵抗其他不良因素的干扰和刺激。

第二节　体质与健康的关系及意义

体质的增强与健康是相互促进的，是关系到国家和民族未来发展的大事。一个国家、一个民族想要保持自身的生命力，需要国民身体健康、精力充沛、体魄强健，只有一个国家的国民展现出了以上特点，才能证明国家已经发展到了较高的、较为进步的状态。

一、体质与健康的关系

体质与健康既相关又有所不同。体质的强弱和健康状况的好坏都能影响个体的生理机能、形态发育、心理状况和运动能力等。体质是人体的质量，是生命活动也是健康的物质基础。而健康则是体质的外部反映和表现，是评价人的体质状况的基础条件。体质比起健康来，内容和意义都更为复杂和广泛。同样是健康的人，其体质却可能会有不同程度的差异。所以，"健康"这种较低的标准不应是个体满足的终点，而应使个体在健康的基础上，采用各种科学有效的手段，不断增强体质。

1. 体质与体能的关系

不同于体质，体能是指个体的各器官和系统在肌肉活动过程中表现出来的各种能力，是体质的重要组成部分。一般可将体能分为机能能力、运动能力和身体素质。更细化地讲，机能能力是指血乳酸、血型、心肺功能里的血压、心率、肺活量、呼吸频率、最大吸氧量等；运动能力是指走、跑、攀爬、投掷、跳跃等；身体素质是指耐力、速度、力量、协调、灵敏、柔韧等。

体能与体质的关系十分密切，两者的相关程度也是体能、体格、适应性这三方面的相关程度最高的。体能与体质的相关系数中，男生最高可以达到0.9119，女生最高可以达到0.8263。在体质评价中，体能综合评分高的，其他评分也不会太低，由此可见，体能是评定个人体质水平的重要因素之一。

2. 体质与体格的关系

体格是指人体的形态结构，包括人体各部位的比例、个体的生长发育水平，身体姿态和组成成分等。更细化地讲，人体各部位的比例关系是指身高与体重、与胸围、与个高的比；个体的生长发育水平是指胸围、体重、身高、体温、脉搏、动脉血压等指标的情况。

体格与体质是两个不同的概念，但同时两者的联系也是十分密切的，它既是人体机能和适应能力的物质基础，也是个人体质强弱的外在表现。由此可见，体格也是评定个人体质水平的重要因素之一。

二、体质健康的意义

为保证体育课评价的公平性、公正性和科学性，应将常用身体素质测试项目列为考试内容之一，并应占一定比例。建立具有统一标准的学生体质健康标准和测试，能全面客观地评价学生的体育能力，有效增强学生的体质水平。体质健康对于人们具有重要意义。

第一，体质健康是人们生活的基础。如果一个人体质较弱，很容易生病，就很难有足够的精力去生活。

第二，体质健康是人们工作的重要保障。每个人参加工作都需要有健康的身体，并且多数招聘单位在招收人才时会要求应聘者进行体检，如果该应聘者体质较差，那么招聘单位会慎重考虑是否录用。因为他们会考虑应聘者能否承受工作的压力，能否完成工作。

第三，体质健康可助力中国梦的实现。人们的体质健康关乎社会的人才结构和国家的繁荣昌盛。国民只有都拥有强健的体质，才能全身心地投入社会主义建设中，才能更好地贡献自己的力量，加快中国梦的实现。

总之，人们应该认识到，体质健康需要进行日常维护，应在其中进一步认识自身、认识人体规律，形成良好的生活习惯，去有效应对亚健康或一些心理疾病。

第三节 体能与职业体能的认知

一、体能的认知

体能是指人体各器官系统的机能在体育活动中表现出来的能力，包括力量、速度、灵敏、耐力和柔韧等基本的身体素质以及人体的基本活动能力（如走、跑、跳、投掷、攀登、爬越、悬垂和支撑等）。体能也称为体适能，主要通过体育锻炼而获得。保持良好的体能可以使我们的身体更健康，精力更旺盛，生活更美好，寿命更长，生命更有质量。体能是指人体通过先天遗传和后天训练获得的在形态结构、功能与调节方面及其在物质能量的存储与转移方面所具有的潜在能力以及与外界环境相结合所表现出来的综合运动能力。

体能可分为两大类：基本体能和职业体能。基本体能是指与健康有关的体能；职业体能是指与动作（劳动）技能有关的体能。

二、职业体能的认知

每个职业都会有不同的体能需求。职业人良好的体能水平可以让身体自如地应对日常工作，而体能主要是通过体育锻炼的方式来取得的。职业体能是指与职业（劳动）有关的身体素质和心理素质以及在不良劳动环境条件的耐受力和适应能力。

（一）职业体能的内容

1. 身体素质体能

（1）身体组成。人体是由脂肪及非脂肪组织（如肌肉、骨骼、水和其他脏器等）组成，保持理想体重对维持适当的身体组成有十分重要的意义。体重过重可能是体内囤积过多的脂肪造成的，脂肪过多易导致一些慢性疾病发生，如糖尿病、高血压、动脉硬化及心肌梗死等。

（2）肌肉力量。肌肉力量是一块肌肉或肌肉群一次竭尽全力从事抵抗阻力的活动能力。所有的身体活动均需要使用力量。肌肉强壮有助于预防关节的扭伤、肌肉的疼痛和身体的疲劳。需注意的是，不应在强调某一肌肉群发展的同时而忽视另一肌肉群的发展，否则会影响身体的结构和形态。

（3）肌肉耐力。肌肉耐力是指一块肌肉或肌肉群在一段时间内重复进行肌肉收缩的能力，与肌肉力量密切相关。肌力是肌肉所能产生的最大力量，肌耐力是肌力持续收缩的能力。良好的肌力与肌耐力可以维持正确的姿势，提高工作效率。肌力和肌耐力不好的人较容易产生肌肉疲劳与酸疼的现象。

（4）柔韧度。柔韧度是使四肢和躯干充分伸展而不会感到疼痛感的一种能力。柔韧度的影响因素有骨骼、关节结构与关节周围的肌肉、脂肪、皮肤与结缔组织等。具有良好柔韧度的人，肢体的活动范围较大，肌肉不易拉伤，关节也较不易扭伤。关节柔韧度不好的人，往往会造成姿势不良的问题，如后背疼及肩颈疼痛等。

（5）心肺功能。心肺功能即心肺耐力，是指人体的心脏、肺脏、血管、血液等组织的功能，与氧气和营养物质的输送以及代谢物的清除有关。心肺功能是体质测量中最重要的一项，是反映全身性运动持久能力的指标。心肺耐力良好的人，能比别人更有效地完成日常活动，且不容易感到疲累。

（6）灵敏性素质。灵敏性素质是指在各种条件下，精确而协调地完成复杂动作的能力，亦指快速的应变能力。它是速度、力量和柔韧等各种身体素质在特定条件下的综合反映。灵敏性素质良好的人，在面对纷繁复杂的局面时，能保持冷静的头脑、清晰的思维。

2. 心理素质体能

心理素质是指个体在心理过程、个性心理等方面所具有的基本特征和品质，是人类在长期社会生活中形成的心理活动在个体身上的积淀，是一个人在思想和行为上表现出来的比较稳定的心理倾向、特征和能动性。随着社会变革的深入，生活节奏的加快以及竞争的日益激烈，每个人都必须面对现实，因而也必然要承受一定的心理压力。心理素质良好的人，总能保持平和的心态面对现实；能清楚地认识自我，正确地评价自我；在处理失败时，能积极地总结失败的原因，并从中吸取教训。

（二）职业体能的类型

"随着国家教育事业的稳步发展，不同的社会职业分工对劳动者也有着不同的身体素质要求。"[①] 结合各职业岗位劳动（工作）时的主要身体姿态进行相对的分类，职业体能共分为五类：静态坐姿类主要有会计、文秘、行政办事员、信息技术行业等；静态站姿类主要有营业员、酒店前厅接待等；流动变姿类主要有营销（推销）员、导游、记者等；工场操作姿态类主要有机械、生产线操作工等；特殊岗位姿态类主要有警察、空中乘务员、野外作业人员等。

第四节　体能训练对体质健康的影响

一、体能训练的解读

（一）体能训练的基本原则

作为一种专门组织的身体训练活动，体能训练有自己的原则，这些原则体现了研究者对体能训练客观规律的正确把握，因此需要运动员和教练员在实际开展体能训练时严格遵循。体能训练具有以下原则：

1. 自觉性原则

体能训练过程中，要让运动员对体能训练的目标与目的做到精确认知和把握，使他们能够积极主动地去认识体能方面的理论知识，按照体能训练的技能要求开展体能实践训练，主动完成体能训练。运动员对训练认知

---

① 张舒畅.高校体育教学中提升大学生职业体能的实践研究［J］.现代教育科学，2020（3）：117-122.

的准确性以及是否能够付诸实践行动，对体能训练效果的影响是显著的。因此运动员要端正自己的训练态度，正确看待体能训练的意义，在对运动员的启发之下，采取各种措施，让运动员在参加体育训练时更加积极主动。

2. 实际性原则

体能训练的从实际出发原则，要求在进行体能训练时，所安排的训练任务、训练内容、运动强度和组织开展运动训练的形式，要与运动员的实际情况相符合，匹配不同运动员的年龄、性别和身体状况。从实际出发原则既是根据运动员生理与心理发展的实际状况来确定，又是运动训练实施的要求。只有充分把握运动员的身体健康情况、身体素质、学习态度等，在满足客观条件的前提下，按照对应个体的实际情况采取合适的训练，才能让体能训练达到既定的目的效果。

3. 全面性原则

按照身体全面发展原则的要求，在体能训练的内容选择上要做到全面和兼顾。实现训练后的身体全面发展，首先，应该选择合适的训练方法，以配合身体各部位、各项机能的训练，最终实现身体素质的全面提升和身体基本活动能力的平衡发展。其次，为了达到良好的身体训练效果，应该重点关注训练计划的安排，在训练计划中要体现出项目安排的合理性，做到各个项目的兼顾，在训练项目内容安排上采用丰富多样且灵活的形式进行训练，实现身体各个方面的全面发展。

4. 系统性原则

系统性原则以运动员体能发展的内在规律为依据提出，该训练原则在运动员的整个运动生涯中都应该得到贯彻，从运动员开始训练到取得优异成绩，再到运动员结束自己的职业运动生涯，其整个运动生涯内，都应该按照体能发展的内在规律做好系统性的运动训练规划，保持运动训练的持续性。此外，系统性原则的要求还不仅停留在对运动员整个运动生涯训练过程的系统规划，而且还细化到不同阶段的体能训练细节，对训练内容、训练项目、训练方法、训练强度等做了细致而系统的规划，这在运动员参加体育运动的初始阶段和取得一定成绩的时候显得尤为重要。

5. 结合专项原则

一般体能训练实现的运动素质发展只是作为运动员专项运动能力提升的基础，并非运动素质的提升就能直接实现专项运动成绩的提升，专项运动成绩的提升还需要结合专项进行针对性的训练。因此，需要依照结合专项原则的要求，根据各运动项目的技术、战术和专项能力特点进行针对性的运动训练安排，实现运动员专项所需运动素质的充分发展，为运动员创造优异的专项运动成绩创造条件。

6. 循序渐进原则

人的身体发育存在阶段性和次序性，这要求体能训练也要按照人的身体发育特点来安排，体育训练不可能一次性就达到最大的训练效果，要有计划地逐步提升。循序渐进原则要求体能训练在内容、方法、强度等方面，都应当遵照由简单到复杂、由已知到未知这样的顺序。体能训练的规律主要有认识规律、人体机能活动能力变化规律、动作技能形成规律和人体机能适应性规律。体能训练的这些规律也促使体能训练必须遵守循序渐进原则的要求。

7. 直观性原则

运动员要在体能训练中将教练教授的有关运动知识、技能、技术转化为自己知识技术体系的一部分，需要自身各种感官的配合，并依据已有经验形成关于运动训练内容的动作表象。这是一个抽象内容直观化的过程，运动员从对运动知识、技能、技术的感性认识开始，在实际练习的基础上，将动作形象化、直观化，以便厘清动作要点以及动作之间的内在关联，建立对动作的正确认识，此后通过多次的练习便能掌握。为了达到直观理解动作的目的，教练要将各种教学辅助手段运用到运动训练教学当中，通过教具演练、动作示范、视频图片展示、语言描述等教学手段将教学内容直观化，调动运动员的各个感官，以便对动作做出综合分析，使动作表象和概念清晰、完整地建立起来。

8. 常态化原则

体能训练不能一蹴而就，一定要将之常态化。对运动员来说，进行体能训练要有恒心，以便将习得的运动知识、运动技能不断巩固、提升，实现训练成果的强化。当然，强化的训练成果也并非能够做到永久保持，还是要遵循用进废退的一般规律，一旦长期没有得到训练巩固，便会使效果逐渐衰减，甚至退回到训练前的水平，这对运动员来说结果是灾难性的，会让运动员已经习得的运动知识与技能再次变得陌生。因此，运动员想要保持良好的运动训练效果，就要将体能训练坚持进行，在常态化的训练中，训练效果才不至于倒退。

（二）体能训练的影响因素

1. 先天与后天因素对体能的影响

人体的遗传素质差异会限制运动实践中某些运动机能水平的提高，这种限制与遗传素质指标的遗传度呈正比例关系，遗传素质指标的遗传度越高，也就越能在运动训练中起到限制作用；并且，遗传度与运动项目之间存在的关联越接近，也就越能够促进运动员的运动能力提升，这样也就越能够让学生在运动中获得良好的成绩。培养出杰出的世界冠军，要满足一定的条件，要保证运动训练的科学性和质量，使运动训练与运动员的个人运动天赋相适应，并搭配最佳的训练环境，将运动员的运动天赋充分发挥出来。

由于人体生理机能的许多指标都明显地受到遗传力的影响，其在成长发育与训练过程中表现出较为显著的稳定性，这为运动选材提供了科学依据。遗传度越小的指标在运动训练中改变的可能性就越大。而通过训练难以改变指标，是在选材中要慎重考虑的，不同的运动项目与先天遗传之间存在特殊联系，先天遗传素质的优越与否在一定程度上决定了运动员能否在特定专项运动项目上取得成绩与实现突破。这可为运动员竞技能力的提高提供有利条件。有遗传优势的运动员较易取得优异的成绩，相反便会导致人才浪费的现象。组成人体体能的身体形态、生理机能与运动素质是影响体育成绩的关键因素，这几者的发展在开展体能训练以前主要受到遗传因素的影响。所以，立足于这一角度，运动员选材应努力选拔出具有先天遗传优势即"天赋"条件的少年儿童。

将在遗传上具有特定优势的运动员选拔为某个运动项目的运动员，体现了理想化的运动选材，这种做法在竞技运动项目中有着一致性。但从实际运动训练来看，有些运动员在遗传上其实并没有某项运动的优势，但仍然能够取得较好的运动成绩。有关短距离速滑的记录显示，身高在 163～192 厘米的运动员都曾有过优异成绩，这在篮球项目上也是如此。这便要求人们以辩证的目光来看待遗传问题，运动员的体能应该从系统的角度去看待，是由多个要素共同影响的，最终的整体功能来源于多个要素。

2. 参与竞赛的次数对体能的影响

作为竞技体育支撑体系的运动训练和运动竞赛，有着具有非常紧密的关联，二者之间相互作用。通过合理、科学的训练，可以把人体的各方面体能潜能激发出来，这样便能保证运动员在体育竞赛中取得优良的成绩。而运动竞赛不仅使运动员获得了展现自身竞技水平的平台，同时也为运动员提供了一个良好的评估自身训练能力的途径。经过竞赛检验后，可以找出运动训练的不足，实现运动训练的进步。运动训练与运动竞赛相辅相成，在现代竞技运动中起到了良好的促进作用。

运动员多参与比赛，多和水平卓越的其他运动员竞赛，这的确能够在一定程度帮助运动员提升自身水平。需要注意的是，运动员参赛次数的安排不应超出运动员能够承受的范围，而这个范围又由运动员运动项目的不同与运动员个人特征的差异所决定。尽管如此，还是能够确定一点，那就是始终应该让运动员的专项体能保持在最佳的水平范围内，只有这样，才能使运动员在比赛中发挥出自己最好的水平，并取得理想的成绩。为了达到这一点，就要根据比赛的重要程度及比赛目标提前做好年度比赛的分级，以及次数和次序安排，以保证运动员在年度重大比赛中获胜。

3. 训练与竞赛体制对体能的影响

对运动员来说，想要快速提高自己的运动水平，就必须按照合理完善的培养体制要求来进行训练，培养体制的合理与否成为影响运动员运动水平提高的一个主要外部因素。培养运动员不容易，要培养出优秀的运动员更不容易，需要花费数年时间并消耗很多精力。对于人才的培养来说，运动员的个体差异性起到了决定作用，并在此基础上影响了不同运动员运动训练中的任务安排与要求，实现系统训练的目的性与针对性。健全合理的训练体制能够保证运动员进行多年系统的训练活动，人们应当依据运动项目发展的规律，进行运动训练安排，在运动员开始运动训练之初便要做好体能的系统训练，使运动员在体能上得到全面提升。

4. 训练负荷及专项化对体能影响

影响体能训练的诸多因素中，具有明显影响的因素是训练负荷的变化，由负荷强度和负荷量两个部分共同组成，是既相互独立又存在联系的部分，二者之间互相影响，能够在一定程度上增加训练负荷，也正是运动训练负荷的变化让人体的稳定状态动摇，导致短暂的代谢系统失衡。这种失衡会因为恢复期的机体自我调节而再次恢复平衡，在这种由平衡过渡到失衡，再由失衡重新转变为平衡的过程中，运动员的各个机能系统就适应了训练符合的变化，使运动员的运动能力获得提升。

运动员专项素质能力和技术发展状况在运动成绩提高方面发挥着至关重要的作用。这些年，教练员和研究者对各个项目胜出的特殊性和规律的认识不断加深，对决定项目成绩的项目特征和关键因素的探索与研究也更加重视。从专项运动和肌肉供能特点的不同上，可以将运动员的主要训练手段分为多种类型，加上不同训练时期和阶段的任务不同，导致所采用的负荷强度和练习内容也存在区别，可以采用与专项动作存在联系或相同的练习手段来完成肌肉用力特点、动作结构、动作幅度与速度等方面的调节，这样体能训练手段也就更具目的性和针对性，能够把练习的内容与练习的方式实行有机的结合。毋庸置疑，在优秀运动员的训练过程中，合理增加专项训练所占的比例，无论是哪一训练阶段，都应该把专项训练负荷量和强度的重视程度提高。

5. 营养与恢复因素对体能的影响

营养上的合理搭配能够促进运动员的体能恢复与强化。运动员体能的优劣除了受到遗传因素、后天训练情况的影响外，还显著地受到营养的质与量的影响。如今，许多运动项目都在不断提升对运动员的体能要求，运动员想要在比赛中获胜，就不得不让运动接近甚至超过自身的承受能力，这也就容易出现身体代谢方面的不协调。这种不协调可以通过合理搭配饮食、对症的药物疗养予以改善，以保证运动员能够时刻以最佳的体能状态参加运动训练和比赛。所以说，科学有效的营养学或饮食强化手段能够为体能训练提供强大的保障。

运动后的恢复阶段，运动所引起的疲劳会转化为更高的机能水平。因此，与训练活动本身比较起来，积极的恢复也是运动训练不可缺少的部分，它们结合起来才体现出运动训练过程的完整性。运动中的训练和恢复是一个系统工程，只有科学地处理其中的关系，才能让体能训练的效果达到最理想化。从某种意义上来说，单独的训练恢复已经演变成一种具有专门性质的独立训练内容，其组织和实施有着对应的方法。

6. 训练理念的转变对体能的影响

从现代竞技体育的发展走向中可以看出，运动员与教练员都不再一味地在体力发展上过分追求，而是将体力与脑力的结合作为新的主要追求方向。以战略发展的眼光来看，如今体育发展已经步入了科学训练的时期，科学训练是当下运动训练的重要构成，如今的体育界，单纯依靠师徒相传的经验进行训练已无法满足运动员的运动训练需要，随着各种新的运动训练理论、运动训练技术、运动训练方法、运动训练手段，以及运动训练器材的不断出现，体育界正在尝试如何将这些新事物应用到竞技水平提高当中，这也在世界范围内变成了一种探索运动训练科学化的大方向。现代训练理论的更新和训练实践的发展造就了世界范围内体育运动与训练水平的一次次提高，其中还伴随着对现代科技手段的全面利用。例如，利用各种仪器设备，可以检测运动员运动中的运动素质变化和机能状况；一些设备还能帮助运动员提高自身的专项能力等。科技手段在运动训练中的广泛运用极大地增强了体能训练的目的性，为运动训练的科学化又向前推进了一步。

二、体能训练对体质健康的价值

体质的范畴包括人体形态结构、生理机能和心理因素等多方面，体能是体质中生理机能的外在表现，是体质的重要组成部分，是衡量体质健康水平的一个主要标志。体能和体质二者的真包含关系使体能锻炼和体质健康辩证统一、密不可分。一方面，体能训练并不能代表体质健康，但是要想体质健康就必须进行体能训练，体能训练是促进体质健康的前提和基础。"体能训练是训练理论的核心问题，也是提高运动成绩的关键所在。"[①] 通过有计划、有

---

① 顾善光.我国体能训练存在的问题与理论思考[J].体育学刊,2008,15(1):88-91.

目的地参加适宜的科学体能训练不仅能使体魄健美，而且对神经系统、呼吸系统、循环系统、消化系统、泌尿系统、生殖系统、内分泌系统、运动系统和感觉器官系统等多方面具有显性效益，并且对提高智育、德育、美育具有隐性效益，使人们能够精力充沛和高效率地完成各项学习与工作任务。另一方面，体质健康的提高反过来又促进体能训练的积极性，形成热爱体育、崇尚运动、健康向上的良好风气和全社会珍视健康、重视体育的浓厚氛围，将我国体育工作推上一个新的台阶，使我国体质健康水平得到提高。

人体的运动能力分为金字塔结构，底部结构为运动的灵活性、稳定性、完成动作效率、规范性，顶部为运动的力量、速度及协调性。缺乏体能训练会增加受伤的可能性，缩短运动生活寿命。体能训练可以有效增强人们的体质，提高重视体质健康的意识。因此，需要培养人们的运动能力，提高体质健康，注意精神健康，提高社会适应性，应根据人们的身体特征进行体能训练，提高身体素质。

第二章 体质健康的标准与测量

第一节 体质健康标准及其发展

一、体质测试标准水平和指标

体质即为人体的质量，基于遗传性所体现的人体形态结构、生理功能及心理因素所具有的综合性、比较稳定的特点。体质测试标准说的是对于体质范围变异方面的具体化体现，主要表现于身体的形态、身体的机能、身体的素质、运动和心理素质，还有适应能力等多方面。

（一）身体形态发育水平和指标

1. 身体形态的相关概念

身体形态是人体生命活动的物质基础，身体形态包括体格、体型、身体成分等。

（1）体格：体质的一个方面，反映人体生长发育水平、营养状况和锻炼程度的外在状态。一般通过观察和测量身体各部分的大小、形状、匀称度，以及身高、体重、胸围、肩宽、骨盆宽度、皮肤及皮下软组织等情况来判断。强壮健美的体格是发展体能的基础。

（2）体型：指人体的类型，即对人体某个阶段形态结构及组成成分的描述。其主要依据是肌肉、骨骼的发育程度和脂肪的储存程度。每个人的体型都会随着年龄、营养、发育的状况（其中的关键因素是骨骼、肌肉和脂肪）和衰老过程而发生变化，并会随着体质状况的变化而不同。

（3）身体成分：机体脂肪组织与非脂肪组织的含量及其在身体中所占的

百分率。人的身体主要由水、蛋白质、脂肪、无机盐四种成分构成，一般成人的比例是：水占55%，蛋白质占20%，脂肪占20%，无机盐占5%。

（4）瘦体重：也称"去脂体重"，指从人体总体重中减去脂肪重量后所得的体重。运动医学常把人体成分分成两类，即脂肪成分和非脂肪成分；后者可直接做功，产生身体的运动。故瘦体重是对人体成分进行测量的重要指标之一，对研究人体成分和体质之间的关系有重要意义。

2. 身体形态评价的常用指标

（1）常用的测试指标为：身高、体重、胸围、瘦体重、皮褶厚度等。

（2）常用的测试指数为：BMI指数、维尔维克指数等。

（二）身体机能水平和指标

1. 身体机能的定义

身体机能属于有机体具有的新陈代谢功能和不同器官系统的作用。

（1）心率：心脏搏动的频率。正常成年人在平静时心脏每分钟跳动70～75次。心率是反映心脏机能的重要指标之一。

（2）血压：血管中的血液对血管壁的压力，由于心脏收缩和主动脉壁的弹性作用而产生。心脏收缩时的最高血压叫收缩压，心脏舒张时的最低血压叫舒张压。

（3）肺活量：一次尽力吸气后再尽力呼出的气体总量。肺活量是检查人体肺通气功能的指标之一。

（4）台阶试验：一种在专门运动负荷下对人体心血管功能进行检测的方法。受试者在高度为50.8厘米（成年男子）或42.6厘米（成年女子）的台阶上每分钟上下30次，连续做5分钟，然后测定受试者第2、第3、第5分钟的前30秒的脉搏数。评定指数小于55为差，55～64为中下，65～79为中上，80～90为良，大于90为优。

2. 身体机能评价的常用指标（数）

（1）常用的测试指标为：心率、血压、肺活量。

（2）常用的测试指数：台阶试验指数。

（三）身体素质与运动能力水平和指标

1. 身体素质的定义

身体素质说的是人体在运动过程中体现出来的速度、耐力、灵敏性、力量、柔韧性等方面的机能能力，亦是人体的基本活动能力，是体质的重要组成部分，反映了人的体质差异。如果具备较好的身体素质，说明在从事体力活动时更安全，更健康，还能预防运动缺乏引发的疾病。

（1）速度素质：人体或人体某一部分快速移动、快速完成动作或对外界刺激作出快速运动反应的能力，包括移动速度、动作速度和反应速度。

（2）力量素质：人体的整体或某一部分肌肉在运动中克服阻力（包括内部阻力和外部阻力）的能力。包括最大力量、力量耐力和速度力量（含爆发力）等是人体进行体育活动的动力来源和获得运动技能的物质基础，对身体其他素质的发展也有重要作用。

（3）耐力素质：人体长时间克服疲劳坚持运动的能力。根据能量的供应方式可分为有氧耐力、无氧耐力和有氧—无氧混合耐力。其中，无氧耐力又可分为非乳酸系统耐力和乳酸系统耐力。

（4）灵敏素质：人体在复杂多变的运动环境中，迅速、准确和协调地改变身体运动姿势的能力，包括协调性、灵活性和准确性三个基本因素。

（5）柔韧素质：人体运动时各关节的肌肉、肌腱及韧带等组织的伸展能力和活动幅度，可分为一般柔韧素质和专门柔韧素质，动柔韧素质和静柔韧素质，主动柔韧素质和被动柔韧素质等。对人体运动时动作的幅度、效果和运动技能的形成均具有重要作用。

运动能力是指身体的基本活动能力，是体能的一个方面，包括走、跑、跳、投掷、攀登、爬越、悬垂、支撑等动作的能力。运动能力是人类生存、生活、学习、工作和掌握运动技能的基础。

2. 身体素质评价的常用指标

《国民体质测定标准手册（幼儿部分）》（适用对象为3~6周岁的中国幼儿）将身体素质测试指标设定为：10米折返跑、坐位体前屈、立定跳远、走平衡木、网球掷远以及双脚连续跳。

《国家学生体质健康标准（2014 年修订）》将各年级身体素质测试指标分别设定为以下内容：

（1）小学一、二年级身体素质测试指标：50 米跑、坐位体前屈、1 分钟跳绳。

（2）小学三、四年级身体素质测试指标：50 米跑、坐位体前屈、1 分钟跳绳、1 分钟仰卧起坐。

（3）小学五、六年级身体素质测试指标：50 米跑、坐位体前屈、1 分钟跳绳、1 分钟仰卧起坐、50 米×8 往返跑。

（4）初中、高中、大学身体素质测试指标：50 米跑、坐位体前屈、立定跳远、引体向上（男）、1 分钟仰卧起坐（女）、1 000 米跑（男）、800 米跑（女）。

（四）心理素质发展水平和指标

1. 心理素质的概念

心理素质基于生理条件之上，是将外部取得的刺激内化为稳定性、基本性、内隐性，同时具有基础作用、衍生作用、发展作用，与人们的适应行为、发展行为、创造行为息息相关的心理品质。

2. 心理素质评价常见指标

当前，我国针对心理素质结构探究与测试一般集中于学生、教师、运动员、军人等不同群体。在此以学生群体心理素质结构的研究及其测量为例进行简要说明。

学生心理素质结构为认知因素（包括知觉能力、类比能力、比较类推、系列关系、抽象推理、意识性、计划性、监控性）、个性因素（包括抱负水平、独立性、坚持性、求知欲、自制力、自信心、责任感、理智性、创造性），还有适应性要素（包含身心的协调、情绪的适应、学习的适应、人际的适应及挫折耐受能力）。这三个维度详细分为 22 种成分。

（五）适应能力

1. 适应能力概念

适应能力是个体维持自身与其生存的自然环境、社会环境及生理环境间的协调，并最大限度地保持自身健康的能力。

2. 适应能力评价的常用指标

从结构维度来看，在人体适应能力这个一级指标下可划分为四个二级指标：对自然环境的适应、对社会环境的适应、对自身生理性改变的适应及对疾病的抵抗能力。

在四个二级指标下又可划分为 10 个三级指标：①对气候的适应；②对地理位置的适应；③对环境污染的适应；④对重大自然灾害的适应；⑤对家庭环境的适应；⑥对工作和学习环境的适应；⑦对其他社会环境的适应；⑧患病及恢复情况；⑨生活习惯；⑩耐饥渴及适应其他生理性改变的能力。

人是社会中的人，人们经常从人适应社会环境的层面探究人们的适应能力，即社会适应能力。目前社会适应能力说的是，人们为了更好地在社会生活而进行一系列心理及生理与行为方面的适应性改变，符合社会和谐状况的实施适应能力。通常对于社会适应能力进行概述，囊括了这些内容：人们生活的自理能力、个体基础劳动能力、从事相关工作的能力、与社会交际能力、利用道德规范来约束自身行为的能力。从某种意义上来说，适应能力就是指社交能力、处世能力、人际关系能力。

适应能力常用"人体适应能力评价量表"进行测量。在社会适应能力测量方面，学者们研制了很多量表，有的是对社会适应能力的整体情况进行测量，有的是对社会适应能力的某一方面进行测量。如社会适应能力量表、内外向性格类型量表、卡特尔十六种性格因素量表、中国人社交关系量表等。

二、标准体质测试的发展研究

（一）体质测试评价指标

体质测试发展研究主要以体质指标为主，以科学化和人性化为测定原则，评价指标包括以下方面：

1. 身体形态发育水平

身体形态发育水平包含体格、体型以及姿势，营养状况与身体质健康理论与实践研究体成分等。

2. 生理生化功能水平

包括了机体的新陈代谢功能和各个系统及器官的运行效能。

3. 身体素质与运动能力水平

身体素质与运动能力水平指的是身体在运动过程中体现出来的力量、速度及耐力、灵敏性、柔韧性等素质及走、跑、跳、投、攀等身体运动能力。

4. 心理发展状态

涉及本体感知能力、个体意志力以及判断能力。

5. 适应能力

比如说对外界环境的抗寒能力、抗热能力以及抗疾病能力。

(二)《国民体质测定标准》的基本内容

《国民体质测定标准》主要由国家体育总局颁布和实施，主要包括幼儿、成年人和老年人三个部分。儿童青少年属于学生人群，由教育部颁布和实施《国家学生体质健康标准》。

1. 幼儿测定内容

《国民体质测定标准》（幼儿部分）的适用对象为3~6周岁的中国幼儿。按年龄、性别分组，3~5岁每0.5岁为一组；6岁为一组。

男女共计14个组别。测试指标包括身体形态和素质两类。

2. 成年人测定内容

《国民体质测定标准》（成年人部分）的适用对象为20~59周岁的中国成年人，按年龄、性别分组，每5岁为一组。男女共计16个组别。测试指标包括身体形态、机能和素质三类。

3. 老年人测定内容

《国民体质测定标准》（老年人部分）的适用对象为60~69周岁的中国老年人，按年龄、性别分组，每5岁为一组。男女共计4个组别。测试指标包括身体形态、机能和素质三类。

4.《国家学生体质健康标准》的基本内容

《国家学生体质健康标准》从身体形态、身体机能和身体素质等方面综合评定学生的体质健康水平，是促进学生体质健康发展、激励学生积极锻炼身体的教育手段，是国家学生发展核心素养体系和学业质量标准的重要组成部分，是学生体质健康的个体评价标准。标准适用对象划分为这些组别：小学、初中、高中。按每个年级为一组，其中小学为6组、初中为3组、高中为3组。大学一、二年级为一组，三、四年级为一组。

第二节　体质健康测量标准的要求

体质健康测量是对人体形态结构、生理机能、心理因素、身体素质、运动能力及适应能力等能反映人体质量的有关项目、指标的检测与评定。测试的科学性为测试合理设计、科学技术方法以及严密执行性的表现。体质测试的科学性一般从三个方面入手，即测试的可靠性、测试的有效性以及测试的客观性。所以选用的体质测试方式与体质测试指标或考评标准的规范性，应该在充分考量指标是否具备可靠性、时效性及客观性相关研究活动的基础上。

一、体质健康测量的基本要点

测量方法的设计一般有两种基本形式：①根据测量的目的、任务及所要测量的主要内容而选择或编制新的测验与实验；②对已有的并被实践证实是有效的各种测验和实验，有针对性地做进一步的筛选和改编。

体育测量方法的设计有两种：①为检查教学或训练效果而设计的测量；②为体育科学研究的需要而设计的测量。其测量方法设计的一般原则有以下五点：

第一，测量必须符合科学即可靠性、有效性、客观性、经济性和标准化。

第二，测量必须符合研究对象的特点，即与研究对象的身体训练水平和运动技术水平相适应。

第三，测验和实验的方法要有很强的鉴别性，可以鉴别出研究对象相互间的细微差异。

第四，在设计成套测量方案时，既要注意与总体特性相关，又要注意每个指标间的关系，以便于合理筛选。

第五，尽可能选择客观统一的计量单位和记录方法。体育测量方法设计的步骤为：①收集、整理、分析有关资料，确定测量目的；②设计测量方法和选定测量指标；③通过预测结果，分析论证测量方法，设计方案。

二、体质健康测量的准则

第一，要符合测量的目的，能有效地测出所要测量的特性；测量的程序和方法必须规范化，测量指标要能进行定量分析。

第二，测试指标受到技术与主观因素的影响较小，反复测试结果具有较强的一致性。所测量的数据可反映个体化差异，处于各阶段的测试结果可以准确反馈出体质的动态化状况。要求测试的指标务必使用接受测试目标的特征，选择的指标不但要符合年龄及性别的特点，还要使其尽量一致，方便质量纵向与横向的对比研究。

第三，尽可能选取国际上通用的测量指标，方便进行研究比较的标准化；所选的测量手段尽量具有科学性及合理性，且简易可行；所选的测量内容必须代表性强，还能完整反映出接受测试者的体质情况。

三、体质健康测量的误差

有测量就会存在误差，测量的误差是不可避免的。测量误差是指在实际测试过程中，所收集到的原始数据与真实水平之间存在的差异量。体质健康测试中任何一种测量精确度的高低都是相对的，绝不可能达到绝对的精确。这是由于测量仪器、测量技术、测量方法及测量条件等的限制，总会使实测值与被测量真值之间出现一定的误差。换言之，绝对准确和毫无误差的测量是没有的，为使测量结果达到一定的精确程度，尽可能减少误差，提高测量的精确度，就必须充分认识测量中可能出现的各种误差，以便在实际测量的操作过程中采取一定的防范措施加以克服。体质健康测量中常出现的测量误差主要包括以下方面。

（一）体质测量的随机误差

随机误差又称为偶然误差，是指在测试过程中受到主观因素或者客观因素引发的、并且难控制的测试误差。所以在体质测量工作中，尽管方法较统一，仪器也进行了校正，但是因为上述这些偶然性因素带来的影响，必然会导致相同的接受测试的目标出现多次测试结果不同的现象，或者几个人同时对一个指标进行测试，得到的结果也不尽相同。随机误差产生的原因极为复杂，其误差值的大小难固定，存在忽高忽低的问题。但是随机误差由于测试次数增加必然会存在相应的变化规律，它总是围绕被测量的真值波动（虽然真值是无法观测到的），由此可见，在实际测量过程中，严格按照标准化测量条件要求实施规范化的测量和增加测量次数，都是尽可能减小随机误差的最有效的方法。另外，要求测试仪器性能稳定，操作方法固定，尽可能把控在允许误差值范围内，必要时可进行统计学处理。

（二）体质测量的抽样误差

抽样误差是指由于抽样的原因而引起样本统计量与总体参数之间的差异所产生的误差。体育测量过程中，影响抽样误差大小的主要因素有变量本身的离散程度、样本的大小和抽样方法三个方面：①如果该变量本身的离散度就很大，所抽取的样本统计量（如均数、标准差等）的波动也就比较大。②样本量的大小。样本量越大，含有总体的信息量也就越多，与总体之间的偏差自然会缩小。一般而言，样本越大，则抽样误差就越小，样本代表总体的正确性也就越高。③抽样方法。无论采用何种抽样方法，从总体中抽取的样本统计量总会与总体参数达不到完全一致，这是因为个体之间的差异是客观存在的。即使采用了随机抽样，也仍然无法避免样本统计量与总体参数之间的差别。由此可见，严格遵守抽样原则，在条件允许的情况下尽可能扩大样本含量，提高样本对总体的代表性是减少抽样误差的有效措施。

（三）体质测量的系统误差

系统误差是指在实测过程中，由于测量仪器、设备等未能校正至测试要求，或对测量条件掌握得过宽或过严，使测量结果出现规律性的偏大或偏小而产生的一种误差。例如，测量血压用的血压计，测量身高、体重用的身高体重仪等，若在测试前未校正到零位，就会使测量值与实际值不相符合。又如，体育场地、器材由于建造、安装、调试等原因，而使场地、器材达不到规范的测试标准等。系统误差是一个常量，不能通过扩大样本来消除。这类误差产生的原因虽然是多方面的，但只要我们能及时发现，就能排除系统所造成的误差。另外，提高测试者的责任心，加强对仪器、设备的检查，严格执行标准化测量，是降低系统误差的有效办法。

（四）体质测量的过失误差

过失误差是指由于测试者的过失所造成的误差。如测量过程中，测试者对仪器、设备使用不当或错误使用，而使测量结果出现误差，或读错数据，或记错数字等。例如，在记录成绩时，由于笔误，将学生或运动员 100 米跑 11.3 秒的成绩写成了 13.1 秒，或由于口误，将立定跳远 5.6 米的成绩错读为 6.5 米。过失误差会影响到原始资料的准确性，消除过失误差的办法主要是加强测试人员的责任心和测试现场的监督检查，并严格执行测试的验收制。为避免因过失误差而得出错误的统计结论，在对测试数据进行最后的整理分析时，要对数据进行认真的检查与鉴别，舍弃异常数据。

第三节　体质健康测量的类型与评价

一、测量和评估身体形态的方法

"人体形态检测是指应用检测量具和仪器对人体外形和结构进行的测量"①。根据国际体力测定标准化委员会（ICPFR）和国际生物学规划（IBP）组织制定的测定方案中规定，人体形态测量的主要内容包括：体格测量、体形测量、身体成分测量、身体姿势测量四大方面。

---

① 刘星亮,王迎春,刘丹松,等.体质健康概论(第 2 版)[M].武汉:中国地质大学出版社,2016.

（一）身体形态的基本测量点

人体形态测量中，必须按照人体测量的规范特点与人体形态结构的关系，对人体各部位标准的解剖学姿势位置进行准确的定位。标准的解剖姿势是身体直立、两眼平视、两脚并拢、足尖向前、两上肢垂直于躯干两侧、手掌相对。常用于人体形态测量的定位术语有：正中面和正中线、上与下、前与后、内侧与外侧、近端与远端、矢状面、额状面、水平面、矢状轴、额状轴、垂直轴等。实施测量时，只有严格按照人体形态的定位进行测试，才能获得准确的测量数据。

基本测量点是根据人体的骨性标志、皮肤皱褶和皮肤的特殊结构以及肌性标志而确定的主要测量位置。体育测量中，常用的人体主要测量点有头顶点、耳屏点、眶下点、额下点、胸上点、胸中点、胸下点、脐点、耻骨联合点、乳头点、颈点、肩峰点、指尖点、髂嵴点、髂前上棘点、大转子点、胫骨点、内踝点、跟点、趾尖点等。

（二）身体形态的测量及其评判标准

身体形态是反映人体外表结构和生长发育水平的重要指标，这些指标包括：身高、坐高、体重、胸围、肩宽、骨盆宽、臂围、上肢长、下肢长、腰围等，是国民体质健康监测的主要测量内容。

1. 身高及其评价

对人体形态结构和生长发育水平，特别是对人体发育水平的纵向反映便是身高，也称为"空间整体指标"。通常来讲，体育锻炼、营养、遗传、年龄、性别、地区等各种因素对于人体在站立状态下底面到头顶点的垂直距离具有直接影响，测量身高通常会采用标准的身高计立柱，常用的身高测量单位是厘米（cm），由于身高计立柱所测量的结果可以精准到小数点后一位，并且可以保证不超过 0.1 厘米的误差，所以应用极为广泛。

设备选择：标准身高坐高计（通常可将测量误差控制在 0.1 厘米之内）

测量流程：被测量对象保持背对坐高计的立正姿势，光脚站在底板上，同时确保立柱与足跟、骶骨和两肩胛间的相互接触，以及眼睛和耳朵的平视状态。在被测量对象完成相应要求后，测量者需要将水平压板下滑，直至与被测量对象的头顶相接触，当两眼与压板呈水平位时，需要读取并记录相应的数值，以此作为被测量对象的实际身高。

特别说明：①身高坐高计的摆放位置应当首选那些相对平坦且靠墙的地方，同时使光源能够正常照射立柱的刻度尺面；②立柱与足跟、骶骨和两肩胛间的相互接触状态是保障测量准确性的重要因素；③水平压板与被测量对象头顶接触时，不能过紧，要留有适度的空间，同时，倘若被测量对象有发髻，测量者要提示对方予以放下。

2. 体重及其评价

体重直接反映的是人体形态结构和生长发育水平，所谓"人体的净重"，通常指的是人体综合重量发展变化的指标，主要涉及内脏器官、皮下脂肪、肌肉和骨骼等。通常来讲，体重是对人体肌肉骨骼生长发育水平和营养状况的直接说明，伤害、疾病、体育锻炼、经济生活条件、季节、性别、年龄、遗传等因素均会对体重产生直接影响。在人类形态学的研究领域，体重的测量也标志着人体长、围、宽、厚度发展的整体情况。标准体重计因为可以将测量误差控制在 0.1 千克以内，所以是体重测量时经常使用的仪器，基本单位为千克（kg）。在检测的过程中，被测量对象需要首先完成排便和脱去外衣的准备工作，其次身着薄短裤（女性另着内衣），以平稳直立的身体状态站在体重计的中央。这种情况下，体重计所测量出的精确到小数点后一位的数值，便是被测量对象的体重。

测量仪器：标准体重计，误差不超过 0.1%。

测量方法：受试者赤足、身着薄衣裤站立于体重计中央，测试者待移动刻度尺稳定在水平位后读数并记录其重量值。

注意事项：①测量前预先检查仪器，要求受试者衣着合格，并向其讲解测试时姿势；②测量时间最好在上午 10 时左右为宜；③每测 50 人后注意校正仪器的准确度，测试完毕要检查仪器，以备后用。

3. 皮褶厚度测量及其评价

皮褶厚度的测量与评价对象是人体的身体成分，主要涉及人体所含水分、固体成分（如蛋白质、碳水化合物、矿物质等）以及脂肪三大组成部分。体育测量中，身体成分的检测和计量主要针对的是人体脂肪，运动医学所检测和分析的重点则集中在水分和固体成分的测量。

皮褶厚度测量法是用皮褶厚度计测量身体某些部位的皮褶厚度，再计算出体密度、体脂百分比及体脂重和瘦体重的测量方法，该方法简便易行，易于操作，适宜于对群体身体成分的测量。因此，在体质测量中被广泛应用。

测量仪器：皮褶厚度计（压强在 10 克/平方毫米），测量前将校验码挂于钳口，将指针调至红色标记刻度的 15~25 毫米范围内。每次测试前将指针调至零点。

测量流程：被测量对象在保持需测量身体部位暴露在外的情况下，保持自然站立状态。测试者首先选定测量位置，其次将皮下脂肪用左手拇指、食指、中指捏起，同时用右手张开皮褶厚度计的卡钳，在捏起的被测量位置的下方 1 厘米处卡好卡钳，当指针显示稳定状态时，读取并测量相应数值。而最终的测量结果，需要取三次测量值的中间值或中间两次相同的值。测量单位为毫米，测量误差不得超过 5%，保留一位小数。

测量部位：①上臂部——肩峰与上臂后面鹰嘴连线的中点。皮褶走向与肱骨平行；②肩胛下部——肩胛骨下角点下约 1 厘米处，皮褶走向与脊柱成 45 度角，方向斜下；③腹部——脐水平线与锁骨中线相交处，皮褶走向水平。

二、测量和评估身体机能的方法

根据体育测量学的相关规定，人的整体及组成的各系统、器官表现出的生命活动，就是身体机能，对身体机能进行测量的最重要目的在于通过人体机能测试和医学检查方法的应用，实现在不同状态（安静状态或定量运动负荷状态）下对人体主要器官系统机能水平状况的检测和计量，同时以客观的视角来评价所获取的各种生理机能指标。

（一）肺活量的测量及其评判标准

在不限制时间的情况下，人体单次最大吸气后，再用最大力气呼出的气体量，就是肺活量，能够直接反映人体生长发育的整体水平。受到性别和年龄等因素的影响，肺活量也会因人而异，其中，女性肺活量普遍低于男性，年龄越趋近于 20 岁，肺活量越大，过了 20 岁后，人的肺活量的增加将不再明显。除了性别和年龄，体育锻炼对于人体肺活量的提高同样发挥着重要作用。以中长跑和游泳运动员为例，他们的肺活量通常不低于 6 000 毫升。同时，肺活量也被列入《国家学生体质健康标准》重点测试项目，从而引导学生积极参与耐力锻炼，以促进学生心血管和呼吸系统功能的改善。对学生的肺活量进行评价时，要充分考虑被评价对象的胸围、体重和身高等因素对肺活量大小的影响，而为了确保评价的准备性，所以在实际评价过程中引入了肺活量体重指数这一概念。

《国家学生体质健康标准》规定计算肺活量体重指数时，肺活量的单位为毫升，测试时保留整数；体重的单位为千克，测试时保留 1 位小数，计算出指数后，舍去小数，用整数查表评分。如肺活量指数为 58.6，按 58 查表评分。

1. 肺活量的测量

肺活量是指受试者最大吸气后，再做最大呼气时所排出的气量。其大小反映了肺的容积和呼吸机能的潜力，是评价人体生长发育水平和体质状况的常用指标。

测量仪器：肺活量计（0~10 000 毫升）。

测量方法：受试者面对肺活量计取站立姿势，做 1~2 次深呼吸准备活动后，手握吹气嘴，做最大吸气，然后对准口嘴向肺活量计内做最大的呼气。每人测两次，每次间隔 15 秒，取两次测量中最佳值为成绩。

特别说明：①检验肺活量计，确保可以正常使用，并且保持低于 2% 的仪器误差；②正式开始测试前，被测试对象需要全面把握测试方法和动作要领，测试者可以事先做吹气动作示范；③被测试对象要保障吸气和吹气的充分性，但不能过猛，否则就可能出现因呼吸不充分、漏气或者用鼻子反复吸气而导致的测试结果不准确的现象；④测试吹嘴必须采用一次性吹嘴，针对不可抗因素所导致的不得不重复使用吹嘴的情况，要严格按照相应标准做好消毒工作；⑤倘若被测试对象始终无法精准把握操作要领，测试者要做好详细记录和特殊情况说明。

2. 肺活量体重指数

肺活量体重指数是人体测量的复合指标之一。指数评定是利用各种有关指数来综合评价人体生长发育水平与机能水平的一种方法，可有效地弥补单一指标评定时带来的局限性，借助对人体肺活量和体重之间关系的反映（人体体重和自身肺活量的比值，也可以理解成每千克体重的肺活量的相对值），来从客观和定量的角度比较和分析不同年龄、性别的个体与群体的肺活量，并且这一评价分析结果对于学生的综合体质评价同样具有借鉴作用。

计算公式：肺活量体重指数=肺活量/体重。

计量单位：肺活量用毫升（mL），体重用千克（kg）。

（二）台阶试验的测量及其评判标准

作为一项定量负荷机能试验，台阶试验通常用来测定心血管系统的功能，对机体耐力进行间接推断时也可以使用这一方法。固定的台阶高度和频度是台阶试验得以开展的基本前提，因此，每一个被测试对象只需要在固定的180秒时间内完成固定的负荷，再由测试者以被测试对象心跳频率恢复的快慢为依据来计算指数，所得的结果便是被测试对象心脏对运动负荷的承受能力，而对心功能好坏进行比较的前提同样是相同的运动负荷。通常来讲，以相同运动负荷的完成为基础，被测试对象的心跳频率（脉搏频率）、动用心输出量潜力与指数之间存在负相关关系，也就是前者越快，后者越低；前者越慢，后者越高。

作为一种人体测量复合指标和人体心血管机能指数的重要反映，台阶试验对心血管机能水平的量化评定通常可通过有节律的登台阶运动持续时间（s）与规定的脉搏次数的比值来实现，这一点充分体现了其优于静态心血管机能检查的实用价值。从内在关联的角度来讲，指数的上涨也会带动心血管机能水平的同步提高。当体育运动的整体训练水平过高时，心血管机能较强的人就会表现出较少的心跳次数和较低的脉搏频率，这就可以为对心血管机能工作情况和工作效率的客观了解和评定提供科学依据。

1. 台阶试验的测量

（1）测试仪器：电子台阶试验仪，台阶高度为男子50厘米，女子42厘米。

（2）测试步骤：首先，被测试对象需要站在台阶前方，并做上下台阶动作，动作频次按照节拍器（测试仪含节拍器）发出的 30 次分频率的提示音为主，也就是从预备姿势开始到第一声提示音响起，被测试对象需要踏出一只脚到台阶上，当第二声提示音响起后需要抬起另一只脚到台上，使身体呈站立姿势；当第三声提示音响起后，抬起率先落在台子上的一只脚，落在下一阶台阶上；当第四声提示音响起后，另一只脚还原成预备姿势。在整个 3 分钟的测试过程中，始终要遵循 2 秒上、下踏台一次的频次。

完成所有运动流程后，测试者要指导被测试对象在椅子上静坐，并在被测试对象中指的前方夹上测谎仪的指脉夹，从而完成被测试对象三次脉搏数的自动采集。测试结束后，测试者需要在卡片上依次填写运动时间和三次心率值。倘若被测试对象无法坚持完成整个测试过程，测试者就需要及时停止测试运动，并按下功能键，而后读取和记录被测试对象的脉搏数。倘若以人工测试的方法来测试脉搏，则需要读取被测试对象停止运动后 1 分钟到 1 分半、2 分钟到 2 分半以及 3 分钟到 3 分半的脉搏数。

（3）特别说明：①被测试对象在开展上下台阶运动的过程中，必须始终遵循节拍器的节奏提示；②被测试对象必须以正确的姿势来登上台阶，也就是保持腿部伸直，特别是膝关节的伸直状态；③测试者对被测试对象三次 30 秒脉搏数的记录必须做到准确和准时，也就是严格遵循测试方法的要求和标准；④测试前，被测试对象不可以进行剧烈运动。倘若被测试对象存在心脏功能障碍或其他心脏疾病，不得参与这一测试活动；⑤倘若仪器测试 10 次脉搏的误差超过 2 次，这就说明仪器测试缺乏精准度，这时候，就需要改用很多测试者通常会使用的手脉方法。

2. 台阶实验的评价

台阶实验的评价计算公式为：

$$台阶指数 = \frac{运动持续时间(s) \times 100}{(f_1 + f_2 + f_3) \times 2} \tag{2-1}$$

三、测量和评估身体素质的方法

作为国民体质监测的重要组成部分，身体素质指的是体育运动中人体所表现出来的机能能力（如柔韧性、灵活性、耐性和力量、速度等），其强弱通常可作为人体体质强弱、身体健康状况以及运动机能能力好坏的直接反映，此外，身体素质的好坏还能够作为肌肉工作效率和人体各器官系统机能能力的直接反映。所以，身体素质除了能够对人的健康水平、工作能力产生影响外，还关乎人在体育锻炼过程中的运动能力，一定意义上来讲，一个人能否对体育技术全面掌握、能否获得运动成绩的提高，都与身体素质密切联系。

身体素质的高度发展为优异运动成绩的取得奠定了坚实基础，因此，全面推进对学生身体素质的测量与评价在体质监测与评定中具有举足轻重的作用。具体表现为：①通过测量可以全面了解国民身体素质的发展状况；②可以客观地评价体育锻炼的效果；③可以作为诊断各种运动损伤的一种手段。

（一）速度素质的测量及其评判标准

速度素质是指人体或人体某一部位快速运动的能力，可分为反应速度、动作速度和位移速度三种类型。速度素质的测量形式包括定距计时、定时计距和速率三种。

1. 反应速度的测量与评价

反应速度是指人体对各种信号刺激（如声、光等）的快速应答能力，这种能力取决于信号通过神经传导所需时间的长短。体质测量中常用于测量反应速度的项目主要是选择反应时。

测量仪器：电子反应时测试仪。

测量方法：受试者坐桌边，测试臂放松平放在桌子上，手指伸出桌边约 8~10 厘米，大拇指与食指间距不超过 2.5 厘米，大拇指与食指在上缘呈同一水平，做好准备。测试人员捏住尺子的上端，置尺下端于受试者拇指与食指之间（不要碰到手指），尺子的 0 点基线与拇指上缘呈同一水平线上。受试者两眼凝视反应尺的下端，不得看测试人员的手，听到"预备"口令后，视尺子下落时急速将尺子捏住，记录大拇指上缘尺子的刻度。测试 5 次，去掉最高值和最低值，计算中间 3 次的平均值。记录以秒为单位，取两位小数，第三位小数四舍五入。

注意事项：①要在能使受试者注意力集中的环境中测试；②正式测试前要练习 3~4 次；③几次测试，喊"预备"后到落尺的间隔时间要多变化；

④发现受试者有明显的预抓动作，该次无效。

2. 位移速度的测量与评价

作为国际上应用最为普遍的位移速度测试项目，50米跑对速度素质的测试主要通过较短距离的高强度跑来实现，而速度测试除了能够反映人体中枢神经的机能状态和神经与肌肉的协调机能外，还可以反映人体的爆发力、灵敏度、柔韧度、反应力等。性别不同、年龄不同以及体重基数不同的人，在速度素质上也会有所差异，通常男性年龄越趋近20岁、女性年龄越趋近于18岁，速度素质越高。《国家学生体质健康标准》中50米跑的测试和评价以秒为单位，保留1位小数，小数点后第二位数非"0"时则进1，例如，9.01秒，按9.1秒查表评分。

测量目的：测量受试者快速跑的能力。

测验对象：小学至大学男女学生。

（二）力量素质的测量及其评判标准

力量素质是指人的机体或机体的某一部分肌肉工作时克服内外阻力的能力，是人体运动的基本素质，是衡量身体训练水平的重要指标，同时也是掌握运动技能，提高运动成绩的基础。

1. 力量素质的握力体重指数

握力体重指数反映的是肌肉的相对力量，即每千克体重的握力。握力主要反映人前臂和手部肌肉的力量，同时也与其他肌群的力量有关，而且是反映肌肉总体力量的一个很好的指标。握力指数评价公式如下：

$$握力体重指数 = 握力(kg) / 体重(kg) × 100 \qquad (2\text{-}2)$$

2. 力量素质的仰卧起坐

仰卧起坐是测试腹肌力量和耐力的一个项目。测试方法简单易行，多年来在学校体育的锻炼和测验中一直受到重视，尤其是女生的腰腹肌力量对她们将来在生育等方面有着十分重要的作用。通过仰卧起坐的测试，促使她们在青少年时期积极地发展腰腹肌力量。因此，《国家学生体质健康标准》设置了仰卧起坐为女生的可选测试项目。

测量目的：测量受试者腰腹肌肉力量。

测验对象：初中至大学女学生。

场地器材：电子测试仪。

测量方法：受试者全身仰卧于铺放平坦的软垫上，两腿稍分开，屈膝呈90度左右，两手指交叉抱头贴于脑后。同伴压住受试者两侧踝关节处，以固定下肢。受试者起坐时两肘关节触及或超过双膝为完成一次。仰卧时两肩胛必须触垫。测试人员发出"开始"口令的同时开表计时，记录1分钟内受试者完成次数。1分钟时间结束时，受试者虽已坐起但两肘关节未触及或超过双膝关节者不计该次数。计数填入方格内。

注意事项：①如发现受试者借用肘部撑垫或臀部上挺的力量完成起坐时，不计成绩；②测试过程中，测试人员或负责计数人员要随时向受试者报告完成的次数；③测者双脚必须放于垫上，并由同伴固定。

评价方法：受试者正确完成仰卧起坐的次数。

3. 力量素质的引体向上

测量目的：测量学生上肢肌肉的力量耐力。

测验对象：中学至大学男女学生。

三性检验：可靠性为0.95，具有内容有效性、客观性为0.98。

场地器材：高单杠、记录表等。

测量方法：受试者跳起双手正握杠，两手与肩同宽成直臂悬垂姿势，然后两臂同时用力向上引体至下颌过杠为完成一次。按此方法反复做至力竭为止。记录正确完成动作的次数，测验1次。

评价方法：以受试者正确完成动作的次数记录成绩。

4. 力量素质的立定跳远

作为一项测试爆发力的体育项目，立定跳远所测试的是人在最短时间内表现出来的最大力量。力量以及力量与速度的结合，是决定爆发力大小的重要因素。长时间以来，立定跳远的测试就体现出了极为广泛的普及度，这既表明了立定跳远对增强被测试对象体质健康的重要价值，又体现出了在体育锻炼中开展立定跳远训练带给人体体质增强的重要影响力。

测量目的：测量受试者向前跳跃时腿部肌肉快速收缩的能力。

测验对象：小学至大学男女学生。

场地器材：跳远沙坑、量具或立定跳远电子测试仪。

测量方法：受试者双脚平行站立于起跳线后，屈膝摆臂双脚起跳落入测试区。

注意事项：受试者起跳前身体任何部位不得触及起跳线，不得穿钉鞋参加测验。

注意事项：①力量测量前，受试者要做好充分的准备活动，以免受伤；②力量测量时，受试者应根据自己的实际能力选择适当负荷量进行测试，以免因负荷过重或过轻而使测量无效，并要经常检查测试仪器设备；③测量后，要组织受试者做放松练习，以免肌肉损伤。

（三）耐力素质的测量及其评判标准

耐力素质是指人体在长时间运动中克服疲劳的能力，是反映人体健康水平或体质强弱的主要标志。体育测量与评价中，耐力素质可分为一般耐力、速度耐力、力量耐力和静力性耐力四种。作为衡量人的体质健康情况和劳动工作能力的重要指标，耐力对于各项运动的开展具有不可或缺的重要意义。所以，对国民体质健康情况进行评价，必不可少的一个环节就是耐力水平测试。

此外，倘若想要有效激发学生对自身耐力和心肺功能的关注，就必须充分发挥耐力测试的重要作用，只有这样，学生才能懂得在控制奔跑速度和持续时间时应当采取怎样适宜的运动负荷以及在发展自己耐力的时候应当采取哪些方法等，只有满足这一基本前提，学生参与体育锻炼的积极性才能得到有效激发、耐力才能得以增强、体能才能得以发展、体质健康水平才能得以提高。《国家学生体质健康标准》中设置 50 米×8 往返跑、1 000 米跑（男）、800 米跑（女）的测试。

1. 50 米×8 往返跑测试

50 米×8 往返跑是 400 米跑的替代项目，是有效反映学生灵敏及耐力素质发展水平的常用指标。

测量目的：测量受试者在规定距离内的速度耐力（定距计时）。

测验对象：小学 5~6 年级男女学生。

场地器材：400 米田径场、秒表、发令枪（旗）、记录表等。

测量方法：受试者站于起跑线，听到信号即以站立式起跑，以最快速度跑完规定的距离。测验 1 次。

评价方法：记录受试者完成测验的时间（分）。

2. 1 000 米跑（男生）

测量目的：测量受试者中长距离耐力跑的能力。

测验对象：中学至大学男女学生。

场地器材：400 米田径场、发令枪（旗）、秒表、记录表等。

测量方法：受试者站于起跑线，听到信号即以站立式起跑，以最快速度跑完规定的距离。测验 1 次。

评价方法：记录受试者完成测验的时间（分）。

3. 800 米跑（女生）

测量目的：测量受试者在规定距离内的速度耐力（定距计时）。

测验对象：中学至大学男女学生。

场地器材：400 米田径场、秒表、发令枪（旗）、记录表等。

测量方法：受试者站于起跑线，听到信号即以站立式起跑，以最快速度跑完规定的距离。测验 1 次。

评价方法：记录受试者完成测验的时间（分）。

（四）柔韧素质的测量及其评判标准

所谓"柔韧素质"，指的是人体关节活动的范围大小以及跨过关节的韧带、肌肉、肌腱、皮肤及其他组织的弹性和伸展能力。关节的解剖结构和关节周围软组织的体积大小，以及韧带、肌腱、肌肉及皮肤的伸展性是人体柔韧素质好坏的直接决定因素。此外，柔韧素质的好坏还在一定程度上影响着人体的健康水平，简言之，若想实现身体协调能力的显著增强、力量和速度等素质的更好发挥、技能和技术的有效提高以及运动创伤的有效预防等功能，就需要提高人体的柔韧性。

总之，体育训练项目的开展，有助于实现关节灵活性的提高、关节周围软组织功能的改善以及肌肉、韧带、肌腱伸展性的提高，而柔韧素质的下降通常也意味着人体缺乏体育锻炼以及体质整体水平的每况愈下。柔韧性从其与专项的关系上，可分为一般柔韧性和专项柔韧性；从其运动状态的表现上，可分为动力性柔韧性和静力性柔韧性；从其练习的形式上，可分为主动柔韧性和被动柔韧性；从身体不同部位的表现上，可分为上、下肢柔韧性，腰部柔韧性，肩部柔韧性等。

1. 立位体前屈

测量目的：测量受试者髋、腰背弯曲和大腿后部的伸展能力。

测验对象：小学至大学男女学生。

场地器材：木凳（高 40 厘米）、以凳面为零点、刻度尺、记录表等。

测量方法：受试者站在木凳上，足跟并拢，足尖自然分开，两腿伸直，上体前屈，两手触及刻度尺，中指尖尽量向下触摸。测验 3 次。

评价方法：记录受试者中指尖向下触摸的最大值为测验成绩。

2. 坐位体前屈

在静止的状态下，人体躯干、髋、膝关节等能完成的最大活动范围，就是坐位体前屈，这一指标通常能够有效反映学生韧带和肌肉的弹性和伸展性、环节的灵活度等。通常来讲，从小学到大学的各个年级，都会用这一指标对学生进行测试，同时，学生参加体育锻炼的程度对这一指标的测试成绩具有直接影响。

测量目的：测量受试者髋、腰背弯曲和大腿后部的伸展能力。

测验对象：小学至大学男女学生。

场地器材：木凳（高 40 厘米）、以凳面为零点、刻度尺、记录表等。

场地器材：电子测试仪。

测量方法：受试者直腿坐于电子测试仪上，双足跟置于基准线，两脚相距 15 厘米。受试者上体前屈，两臂沿腿向前伸，用两中指将桄度尺的引尺向前推动，直至不能向前移为止。

注意事项：上体不得左右摆动，双手中指不得离开引尺。测量 3 次。

评价方法：记录量尺的读数为测验成绩。

（五）感觉和协调能力的测量及其评判标准

感觉是神经系统对外界刺激的直接反应。体育运动中人体完成各种动作或改变身体姿势，都是通过本体感受器产生兴奋经传入神经到大脑皮层引起的运动感觉，再经传出神经到效应器引起肌肉运动。因此，各种感觉能力的发展是动作技能形成的重要因素。感觉机能根据刺激物所作用的感官的性质，可分为外部感觉和内部感觉两种。外部感觉接受外部刺激并反映它们的属性，如听觉、皮肤感觉等；内部感觉是反映身体各部分运动变化的感觉，如运动觉、平衡觉、机体觉等。通过感觉机能的测量，可使学生体验到在身体练习中如何更快地掌握运动技术，提高对动作技术练习的质量与效果。

1. 闭眼单脚的站立测验

测量目的：测验受试者单脚支撑维持平衡的能力。

场地器材：闭眼单脚站立测试仪。

测量方法：受试者以优势单脚支撑，另一脚置于支撑腿膝部内侧，两手侧平举。当受试者非支撑腿离地，计时开始。尽可能保持长时间平衡姿势。若受试者非支撑脚触地，即刻停表。计算闭眼单脚站立维持平衡的时间。测量2次。

评价方法：取2次测试中的最佳值为测验成绩。

2. 跳绳（协调能力测量评价）

在连环摆动的绳索中，人体做出各种跳跃性动作的运动项目，就是跳绳，它能够有效地综合反映学生身体的节奏感、协调性和灵活度，同时也可以体现出学生的心肺功能和下肢肌肉力量等。一定意义上来讲，学生参加体育锻炼的程度直接决定了学生最终的跳绳成绩，在小学各个年级，跳绳（测试单位为次/分）通常被用来测量与评价学生的协调能力。

调整绳子的长度以适宜不同被测试对象的实际身高，而后要求被测试对象双腿并拢、自然站立，这是测试开始前的必要准备工作。测试过程中，通常采用2人一组的标准，分别担任被测试对象和计数员。开始测试后，被测试对象借助前脚掌发力起跳，并在这个过程中，以弧形来摆动手腕，身体以"正摇双脚跳"的方式。完整有效的跳绳，被测试对象需要同时完成摇绳1周和跳跃1次的动作。结束信号发出后，被测试对象和计数员需要同时停止跳跃和计数，并且报出、记录最终跳跃个数。

第三章　亚健康的预防与饮食营养

第一节　亚健康及其形成原因

一、亚健康的界定与认识阶段

（一）亚健康的界定

"随着社会的发展，人们对健康的关注度越来越高，而健康的灰色状态即亚健康也逐渐引起了人们的重视与研究。"① 亚健康是一个广义概念，1977年，世界卫生组织将健康定义为不仅是没有疾病和身体虚弱，而是身体、心理和社会适应的完善状态。从这个定义可以推断，健康不仅指身体没有疾病，还强调了个体在气质、性格、情绪和智力等方面达到良好状态。此外，社会层面上，健康还涉及社会活动行为、人际关系、社会地位以及对环境、物质生活和精神生活的满意度。

20 世纪 80 年代开始，中国医学界对健康与疾病进行了系统性的探究，目前社会存在大部分人群，他们的身体存在各种不适问题，而去医院检查并没有发现器质性病变，缺少更佳的方法进行治疗，这就是"亚健康状态"。具体来说，没有生病却感到不健康，位于健康与疾病之间，称为"亚健康"概念。

亚健康状态表现为机体活力下降，适应性减退，是一种生理状态，即机体结构和生理功能的逐渐减退，由于体质和心理状态的失衡，使人处于健康和疾病之间的状态。20 世纪末，美国疾病控制中心将亚健康状态命名为慢性

---

① 涂春景.体质健康理论与实践研究[M].长春:吉林人民出版社,2017.

疲劳综合征，其症状表现为生理和心理两个方面：生理症状包括困倦易睡、浑身无力、面容憔悴、胸闷气短、四肢麻木、面部水肿、虚汗、功能减退、心律不齐等；心理症状包括注意力不集中、记忆力下降、烦躁不安、萎靡不振、多梦易惊、紧张恐惧等。

影响亚健康的重要性因素有四大部分：①排除疾病因素下，产生的疲劳与虚弱状况；②处于健康和疾病的中间状况或者疾病前状况；③生理、心理以及社会适应力方面存在欠缺完美的状况；④个体因年龄不对称，组织结构呈现出衰退现象，并且生理功能也出现减退状况。如果人们处在亚健康状态，虽然在器官、组织以及功能方面并没有呈现出严重的病症及不足，但是经常自我感到不适或疲惫乏力、反应比较迟钝，并且活力下降、适应力降低，往往处于失眠、无聊、抑郁、焦虑、无助以及烦躁的状态中。因此，亚健康状态使人们处于健康和疾病之间摇摆不定，机体的生理功能下降，加之不佳的情绪状态使机体长时间处于持续性和过度的应激状态中。如果不采取预防和改善措施，长期下去，机体的整体功能将发生变化，导致身体陷入疾病状态。

（二）亚健康的认识阶段

亚健康是介于健康和疾病之间的一种中间状态，既不完全健康，也没有达到明显的疾病症状。亚健康状态下，人们可能感到疲劳、注意力不集中、情绪低落、睡眠质量下降等一系列不适症状。

亚健康问题的认识阶段需要从科学角度进行探索。亚健康状态并没有明确的定义和诊断标准，这使人们对亚健康问题的认知存在一定的模糊性。科学研究需要通过大量的临床观察和数据分析，对亚健康状态进行准确定义和划分。只有通过科学的研究方法和严谨的数据分析，才能确保对亚健康问题的认识是准确和可靠的。

亚健康问题的认识阶段需要从个体角度进行思考。每个人的身体状况和生活环境都不尽相同，所以对亚健康问题的认识也会存在一定的差异。人们需要通过对自身身体状况的观察和分析，来认识自己是否处于亚健康状态。这需要关注自身的体征和症状，如疲劳程度、食欲、睡眠质量等，并与正常健康状态进行对比。只有对个体身体状况有清晰的认识，才能更好地应对亚健康问题。

此外，亚健康问题的认识阶段还需要从社会角度进行思考。亚健康状态在现代社会中已经成为一种常见的健康问题，但很多人对亚健康问题的认识仍然存在一定的误解。社会需要加强对亚健康问题的宣传和教育，提高人们对亚健康问题的认知水平。这可以通过健康教育活动、媒体宣传等形式来实现，让更多的人了解亚健康问题的危害和预防方法。

此外，亚健康问题的认识阶段还需要关注预防和干预措施。了解亚健康问题的认知阶段不仅是为了诊断和治疗，更重要的是为了采取预防和干预措施，尽可能地避免进一步的健康问题。预防措施可以包括改善生活习惯、增加运动、合理饮食等，以促进身体健康和提高免疫力。此外，及时干预亚健康状态也是非常重要的，可以通过药物治疗、心理咨询等方式来改善亚健康状态，减轻不适症状。

综上所述，亚健康的认识阶段是一个多方面的过程，需要从科学、个体和社会等多个角度进行思考。通过科学研究的支持，个体的观察和分析，社会的宣传和教育，以及预防和干预措施的实施，我们可以更好地认识和应对亚健康问题。只有提高对亚健康问题的认知水平，才能更好地保护个体的健康。

二、亚健康的形成原因

亚健康状态是产生疾病的前奏，亚健康状态的研究已经成为社会学、医学、心理学、人文科学、体育学等多学科交叉的有关人类健康的边缘科学。亚健康的形成原因是多方面的，如过度疲劳造成的精力、体力透支；人体自然衰老；心脑血管及其他慢性病的前期、恢复期和术后康复期出现种种不适等，归纳起来主要表现在以下方面：

（一）心理因素

现代化生活节奏的加快导致人们普遍面临巨大的精神压力，长时间处于精神过度紧张和生活巨大压力下，人体健康受到多方面的不利影响。特别是心血管系统和肠胃系统容易受到损害，可能导致应激性溃疡和血压升高，加速血管硬化和心血管疾病的发生。此外，长期的心理应激和压力会导致大脑疲劳和认知能力下降，损害生物系统的正常功能。睡眠质量下降是常见的问题，而睡眠对健康至关重要。另外，长期处于亚健康状态的人们免疫能力下降，增加了患恶性肿瘤和感染的风险。

因此，心理疾病逐渐成为影响人们健康发展的"隐形要素"。长期面临心理障碍、心理失控和心理危机会导致各种身心疾病的出现。心理因素对人体健康的影响是全面的，不仅局限于心理层面，还可以通过多种途径影响身体的各个系统，进而对整体健康产生负面影响。因此，亚健康状态的出现提醒我们要重视心理健康问题，积极采取措施缓解压力、保持心理平衡，以促进身心健康的全面发展。

（二）生活方式

随着生活条件的改善，人们追求美好生活的欲望日益增长。然而，现代社会普遍存在一种不健康的生活方式，其中包括大吃大喝的现象。这种生活方式缺乏科学性，导致人体摄入过多的脂肪、蛋白质和热量，而忽视了均衡的营养摄入。这样的不合理营养摄入对身体健康构成了潜在的威胁。

此外，人们还存在许多不良的生活习惯和行为，如抽烟酗酒、废寝忘食、久坐不动、贪吃贪睡、生活不规律、饮食不节制等。这些行为都成为制约身心健康发展的重要因素，进而导致亚健康状况的出现。

抽烟和酗酒是常见的不良生活习惯，对身体健康产生负面影响。吸烟会引起各种呼吸系统疾病和心血管疾病，增加患肺癌、心脏病和中风的风险。酗酒不仅对肝脏造成伤害，还会导致心血管问题、消化系统疾病和精神障碍等。

长时间的废寝忘食和久坐不动也会给身体健康带来负面影响。睡眠不足会导致身体疲劳、免疫力下降，增加患疾病的风险。久坐不动是现代生活中常见的问题，它增加了肥胖、心血管疾病、糖尿病和骨质疏松等慢性病的发生风险。

贪吃贪睡和生活不规律也对身体健康造成不利影响。不节制的饮食习惯会导致体重增加、代谢紊乱、消化问题和营养不良等。生活不规律会扰乱生物钟，影响睡眠质量和免疫系统功能。

这些不良的生活方式和习惯在日常生活中很常见，但它们对身体健康产生的影响是累积的。长期保持这些不健康的行为会导致机体功能下降，免疫力减弱，容易引发亚健康状态。

因此，为了维持身心健康，人们需要关注自己的生活方式，并采取积极的措施改善不良习惯。这包括保持均衡的饮食，适量运动，规律作息，减少精神压力，戒除烟酒等不良习惯。通过培养健康的生活方式，人们可以预防亚健康状态的发生，促进身体和心理的健康发展。

（三）环境污染

随着现代化社会的发展，人们在追求经济和生活需求的同时，对生态自然环境造成了严重的破坏。这导致人类赖以生存的生态环境逐渐恶化，给社会进步和人们的健康带来了严峻的挑战。各种污染问题如资源污染、空气污染、噪声污染、微波污染、电磁波污染以及化学污染等，成为难以防备的潜在健康威胁。

资源污染是由于过度开采和使用自然资源而产生的。当大量的污染物进入土壤、水源和空气中时，会对人体健康造成危害。水源污染会导致饮用水中存在有害物质，增加患水源性疾病的风险。

空气污染会引发呼吸系统疾病，如哮喘、慢性阻塞性肺病等。大气中的颗粒物和有害气体对健康产生负面影响。

噪声污染是现代社会中常见的问题。长期暴露在高噪声环境中会导致听力损伤、失眠、心理压力增加等问题。

微波和电磁波污染也引起了广泛关注。无线通信技术的普及和电子设备的广泛使用导致了电磁辐射的增加，给人体健康带来一定风险。

化学污染是指环境中存在的各种化学物质对人体健康产生的危害。例如，工业化学品、农药、重金属等有毒物质的大量排放和使用，容易导致慢性中毒和慢性疾病的发生。此外，食品中的激素、抗生素和添加剂的滥用也对人体健康构成威胁，可能导致激素失调、免疫系统紊乱和肠道问题。

这些环境污染问题不仅对个人健康造成负面影响，还会对整个社会产生广泛的健康风险。因此，保护环境和减少污染成为维护人类健康的重要任务。通过采取环境保护措施，控制污染物排放，推动可持续发展，可以减少亚健康状态的出现，并提高人们的整体健康水平。同时，个人也应该加强自我保护意识，选择健康环保的生活方式，减少对环境的污染负荷，以促进自身健康的发展。

（四）生产方式

科学技术的快速发展和现代化生产劳作方式的改变确实使人们的体力劳动减少，而更多地依赖机械设备和电子技术。这导致许多人在工作过程中长时间坐位，缺乏足够的肌肉活动，给身体健康带来不利影响。

长时间的久坐和缺乏体力活动会导致一系列健康问题，如颈椎病、肩周炎、腰背部疼痛等。久坐不动使肌肉长时间处于紧张或不适当的姿势，造成肌肉紧张、血液循环不畅、关节受压等问题。这些问题在各行各业都普遍存在，不仅限于特定的职业。

此外，现代社会的生活方式也缺乏足够的体育锻炼和运动。人们往往长时间坐着工作或休闲，缺乏身体活动。这导致肌肉活动减少，体能逐渐退化，器官功能减弱。缺乏适度的体育锻炼还会导致心血管系统问题的增加，如高血压、心脏病等。即使现代医学取得了巨大进步，也不能完全弥补运动不足对人体健康的损害。

缺乏体育锻炼和足够的身体活动是导致亚健康状态的主要原因之一。长期以来，人们的生活方式逐渐变得久坐不动、缺乏运动，这导致身体适应能力和抵抗力的降低，容易引发各种与久坐和缺乏运动相关的疾病。因此，为了保持身体健康，人们需要增加体育锻炼和身体活动的时间，改善坐姿，定期进行伸展运动，有意识地增加日常运动量，以促进血液循环、肌肉活动和器官功能的正常运转。

预防影响健康的各方面因素的不良作用，就必须积极开展健康教育，把健康知识教给每一个人，让每一个人都能懂得和掌握保持健康的技能，不断增强自我保健意识，才能提高健康水平。

第二节 亚健康的表现与预防

一、亚健康的表现形式与状态分析

(一) 亚健康的表现形式

"亚健康是介于健康和疾病的中间状态,因其没有器质性病变往往被漏诊而不能及时救治,迁延日久给人类生命和财产安全带来更大的危害。"[①] 通常亚健康状况划分成以下四种表现形式:

第一,生理亚健康是指人体生理功能出现不正常的状态,常常由于身体的精力和体力过度透支而导致。竞争激烈的社会环境下,人们常常过度使用心力和脑力,使身体的重要器官长时间得不到足够的休息和恢复,从而出现一系列症状。这些症状包括持续的疲劳乏力感,身体虚弱,睡眠质量下降,头昏脑涨,身体适应能力下降,性功能降低以及月经不调等。

第二,心理亚健康是指由于巨大的心理压力,人们的心理状态处于不正常的状态。种状态下,人们的脑力相对疲劳,情感出现障碍,精神容易萎靡,记忆力下降,情绪常常焦虑烦躁且思维紊乱。此外,人们可能产生自卑感、神经质,对他人冷漠,感到孤独,并且易于轻率行事。严重情况下,他们可能产生负面的想法。

第三,适应性亚健康是指人们无法适应学习、工作和生活等社会环境,导致人际关系不融洽。这可能表现为难以适应新的工作要求或学习任务,对新环境和人际关系感到困扰,无法与他人建立良好的合作关系,产生紧张和冲突。

第四,道德行为亚健康是指人们在人生观、价值观和世界观方面存在严重偏差,表现出以自我为中心、损人利己的行为。工作和学习中,这种状态

---

① 王雪娇,李杰,何青鋆,等.亚健康人群身心状况评测技术的研究进展[J].北京生物医学工程,2021,40(2):209.

下的人们可能缺乏乐观态度，嫉妒心较强，容易产生不健康的竞争心态，以及缺乏合作精神。他们可能会为了个人利益而做出不道德的行为，影响自己和他人的发展和幸福。

综上所述，亚健康是指人体和心理功能出现不正常的状态，包括生理亚健康、心理亚健康、适应性亚健康和道德行为亚健康。这些状态常常是现代社会高压竞争和快节奏生活方式的结果，对个人的身心健康和整体社会稳定都带来负面影响。因此，重视亚健康问题并采取适当的措施来促进健康生活和心理状态的平衡至关重要。

（二）亚健康的状态浅析

经济发达、社会环境恶烈的地区，广泛存在亚健康状态。尽管亚健康状况在医学界引起了关注，但从整体角度来看，亚健康与社会生活环境、经济文化发展以及人体的生理和心理因素密切相关。

亚健康状况是一个处于动态变化和发展中的状态，可能朝着健康状态发展，也可能恶化为疾病状态。其具体发展方向通常取决于个体的自我保健方法和免疫能力。一般而言，向疾病状态转变属于亚健康状态的自然发展现象，而朝着健康状态转变则需要主动采取预防性措施，如加强自我保健、科学调整膳食结构等。

亚健康状态具有较大的时空跨度，目前对其的研究仍处于初步阶段，许多问题有待深入探索。由于人群的年龄、适应性、免疫能力和社会文化水平等方面存在差异，亚健康状态表现为错综复杂的特点。人们常常表现出活力不足、适应能力下降、反应能力减弱以及免疫能力下降的症状，包括身体疲劳、易感冒、虚汗、稍微活动就感到疲倦、头昏脑涨、食欲不佳、睡眠质量下降、情绪焦虑、人际关系不融洽、家庭关系不和谐等。

一般而言，亚健康的表现方式包括慢性疲劳综合征、信息过剩综合征、神经衰弱症和肥胖症等症状。

总体来说，亚健康状态是一种常见的身体和心理健康问题，与社会环境、经济发展和个体的生理、心理因素密切相关。深入了解亚健康的发展过程和相关因素对于预防和干预亚健康状态具有重要意义。

二、亚健康的预防

（一）健康身体素质在防治亚健康中的作用

健康身体素质是指与健康密切相关的身体素质，既能体现出机体健康水平，还能维持重要器官功能的机体素质（这就是健康体适能）。20世纪80年代，部分发达国家已经了解到健康身体素质的重要性，而且针对健康身体素质做出了系统化研究，与普通定义的身体素质进行了区分。

通常健康身体素质涉及的要素比较多，如心血管耐力要素、肌肉力量要素、肌肉耐力要素及柔韧性要素等。锻炼健康身体素质等于加强人体不同器官的功能，提升身体的健康水平，为预防亚健康状态的发生打下基础。因为当人体缺乏体育锻炼时，就会导致健康身体素质下降，而且在工作方面效率低、躯体容易疲劳，并且情绪浮躁，无法放松身体，易形成忧虑心理或者抑郁的心理等障碍，这些症状将会对身体不同器官的功能构成一定的影响，还会使人的抵抗力下降，难以适应社会生活环境，慢慢形成了亚健康状况。

良好的健康身体素质对促进身心健康具有明显的作用，加之科学而合理的体育素质锻炼可以保持人体所必需的身体素质水平，防止高血压、肥胖症、糖尿病等疾病的产生。因此，提高健康身体素质对预防亚健康状态具有积极的影响。

（二）健康身体素质在防治亚健康中的方法

1. 增强心血管系统的耐力性

心血管系统耐力可以体现出人们身体的健康水平，心血管系统属于一项机能能力，同时是检查人体健康水平的主要标准之一。身体的健康和心血管耐力性存在密切的联系，增强心血管耐力性，在预防慢性病、舒缓身心压力、增加人体活力以及促进人们身心健康方面都发挥着巨大的作用。一般增强心血管耐力性的途径以有氧运动为主，通过控制心率在130~150次/分，保证时间超过20分钟的运动，有利于加强心血管系统功能，最行之有效、简便的方法便是健身跑和健步走。

2. 增强肌肉力量的持久性

人体的一切活动都依赖于一定的肌肉力量水平。可以说,肌肉力量是身体健康的基础。倘若肌肉力度缺乏,或者肌肉力度持久性较弱,在工作的时候效率则下降,还容易产生疲惫,同时在工作过程中极易产生伤害性事故。一般身体肌肉缺乏力量的表现有驼背,或者腰背疼痛等。所以,加强肌肉耐力性,不但能缓解身体的疲惫,提高工作的效率,还能使身体维持在精力充沛的状况中。增强肌肉力量持久性的方法主要是各种负重练习,也可以通过爬山、游泳、爬阶梯、健身跑步、参加球类活动、骑车及仰卧起坐等,增强肌肉力量素质。

3. 扩展关节的柔韧性

关节的柔韧性是指身体各关节所具有的最大活动范围的能力。该健康身体素质也是常常被人们所忽视的一种素质。现代社会中生活,人们久坐的时间远远超过活动的时间,久坐会导致肩、肘、膝、髋关节相应肌群和韧带的缩短以及关节的僵硬,导致关节活动范围减小、功能减退,产生颈肩部、腰背部的疾病。因而人体适宜的柔韧性在现代工作、学习和生活中有着独特的作用,不仅可以减少身体各关节疼痛的发病率,保持人体各运动器官的功能正常发挥,而且还可以提高机体的整体活力。因此,选择一些专门性的伸展练习、拉伸练习,如广播体操、健身操以及各种球类运动,是改善身体各关节柔韧性最有效的方法。

综上所述,为了提高现代社会的生活质量,保持人体身心健康,必须建立科学、文明和健康的生活方式,把身体锻炼作为提高生活质量的重要组成部分,养成科学锻炼的习惯,不断提高健康水平,预防和消除人体亚健康状态的存在,是人类社会所追求的最终目标。也就是说,亚健康应从社会、医学、心理、生理等多方面进行综合防治。

亚健康的预防方式为:①平衡心理、稳定情绪;②逐步缓解工作、生活和学习中过度的紧张和压力;③调节休息和睡眠时间;④克制不良的生活方式和习惯,达到从源头上堵住亚健康状态的发生。因此,现代社会发展过程中,人类更需要加强体育锻炼,以增强自身免疫力和抵抗力,因为体育运动与人类文明及人类健康息息相关,并始终起着支撑和维护人类健康的独特作用，并为人类身心健康的发展提供了不可替代的内容。

三、青少年思想道德"亚健康"的防治

21世纪，随着教育改革的不断深入，我国的教育事业更加生机勃勃。广大青少年在表现出政治上积极上进、学习上刻苦勤奋、生活上丰富多彩的精神风貌的同时，思想道德的"亚健康"问题也暴露无遗。因此，加强和改进青少年思想道德教育工作，促进青少年一代的健康成长；科学审视、思考当代青少年思想道德亚健康问题，解决青少年思想教育面临的新情况、新问题显得十分迫切。

青少年思想道德亚健康的集中表现为享乐主义、自我意识膨胀、社会责任淡薄等。应对青少年思想"亚健康"的方式如下。

（一）改进学校教育的方案

学校教育是青少年思想教育正式的、系统的、最有效的渠道，是青少年思想教育的中心环节，应当从以下方面进行改进。

1. 全面推进素质教育

应试教育模式下，尽管教育似乎非常注重，但实际上忽视了培养学生独立人格的重要性。我们应该重视培养学生的道德素养，完善其人格特质。如果教育只关注提高升学率和追求学生成绩，只教授与考试相关的知识，这种教育是片面的，培养出来的学生容易在分数上取得成功，但却缺乏综合能力，心理素质脆弱，不懂得做人的基本准则，缺乏团结合作的能力。随着新课程改革的推进，我们应该加强素质教育，努力研究适应新形势下青少年学生思想道德品质教育的新方向，改革思想政治教育课程，突破教学内容和教学方法的限制。我们可以通过开展一些课外活动来进行健康教育，帮助学生培养积极乐观的心态。此外，我们还应该帮助学生树立正确的人生观、价值观和世界观，将知识与德育有机地结合起来，培养学生的情感。为此，我们需要树立良好的榜样，通过教育指导有效地融合严格的管理，采用指导性教育或学生自我教育等方法，充分利用现代化教育技术的重要作用。

2. 加强师资队伍建设

师资队伍建设是提高学校教育水平的关键所在。任何一个学校都应当构建一支高素质的班主任骨干、任课教师骨干、少先队干部、共青团干部以及学生管理干部等队伍。除此之外，学校应当加强人事体制改革工作，创建教师管理长效机制，严抓师德建设工作，促使教师队伍得以优化，提升教师的政治素养及职业素养，不仅教好书，还要育好人，做到为人师表。

3. 发挥学校群团作用

要加强对学校共青团组织和少先队组织建设的领导，充分促使共青团、少先队以及学生会起到重要的作用，深入了解学生的思想实际状况，举办绚丽多彩的德育活动，组织学生积极地参与活动，促使学生既可以受到教育与获得知识，还可以帮助学生形成良好的思想道德品质。学校还可以鼓励学生参与到社会实践中，从而丰富学生的生活经验。近年来，经各级部门举行的暑期实践活动，组织大学生参与科技与文化以及社会实践活动，获得了良好的实践效果，有利于开展思想品德教育工作，得到社会、学校以及学生的热烈欢迎，有助于教师归纳德育工作的教学经验。除此之外，有些地区部门鼓励学生参与志愿者活动，对于社区进行援助等，这些在青少年德育中起到至关重要的作用。

（二）发挥好社会教育的思想道德导向作用

1. 改革传统教学模式

传统道德教育工作中，通常紧密跟随学生的道德认知，重视对道德定义、道德现象、道德关系认识以及对道德标准规范的解释和说明。强调学生必须无条件地接受和认同制定的道德价值观、道德标准规范和道德理想观念。一项调查显示，大多数教师反馈称一些学生思想非常固执，存在反叛的心理，并不乐意接受教师的精心指导，这表明过去的灌输式教学模式已经不适应当前学生成长的需求。因此，应采取以下三点措施：首先，组织体验教育活动和社会实践活动；其次，通过以身作则教育父母；最后，在社会风气变化和周围环境的影响下，推动道德教育基于直接性、动态性和体验性，使学生通过体验中的学习、独立思考和自我领悟，从而培养出社会期望的思想道德品质。

2. 丰富社会教育内容

当代青少年具备务实、高效、广泛的知识面和强烈的创新意识等特点，这是他们的优势。然而，由于生活在和平时代，享受舒适的成长环境，青少年在传统价值观（如集体主义和团队合作精神）以及良好学习习惯方面仍存在欠缺。针对这一问题，在进行理论教育的同时，我们可以通过多样化且有特色的活动来引导不同群体的青少年。通过参与实践活动，引导青少年树立爱国主义和集体主义思想，培养学生团结友爱、团队合作的精神；通过实践操作，提升学生的实际应用能力，培养创造力和自主学习能力，使他们懂得正确处事，积极与他人合作，共同完成活动。

例如，开展"保护母亲河"活动，以"拳拳爱国心，保护母亲河"为主题，将生态环境保护与爱国主义教育相结合。在"手拉手捡拾一片希望，还母亲河一片绿色"的活动中，广大学生收集废弃物品，如牙膏皮等，当废品收集满一车后，可以兑换成小树苗，通过这个过程，他们体验到了集体的力量和废物利用的乐趣，同时也从奉献中真正理解了"人生价值在于奉献"的道理。青年志愿者活动通过为社会和他人提供服务的实践，突出了"奉献、友爱、互助、进步"的精神风尚和道德内涵。

3. 培育先进社会榜样

对于处于社会转型期的青少年一代来说，他们正处在一个可塑性大、内心矛盾多、对外部世界变化敏感、寻求独立自主而辨别力又不强的时期。因此，在每一个特定的历史时期，注重培育社会各方面的先进榜样（如劳动模范、杰出青年、成才标兵等），发挥先进模范的示范导向作用，对于引导和教育青少年树立正确的人生理想、奋斗目标、公德意识和社会责任，解决他们内心的矛盾和困惑起着尤为重要的作用，可以有效地补充单一说教的不足。

（三）发挥好家庭日常教育的积极催化作用

1. 强化教育职能，提高认识水平

家庭教育是孩子接受教育的起始点。要让家长们充分意识到，家庭教育属于教育中的基础性方式，是教育系统中重要构成部分。就父母而言，教育孩子，把孩子培育成优秀的人才，这才是父母对孩子爱的进一步升华。

2. 提升家长的整体素质，确保长辈的行为规范

如果父母的行为不文明，存在不良嗜好，严重时产生违法犯罪行为，这些都将导致孩子在思想品质方面存在不健康因素。所以说，通过规范父母的行为，有利于针对青少年进行思想教育工作。作为学生父母，要懂得自尊、自律、学习法律、知道法律、遵守法律，不会做违法犯罪的事情。

3. 重视教育途径，提升家庭教育的质量

家长要强化自身学习，善于使用科学合理的教育方式教育孩子，使家庭教育不会存在太大的偏差。作为学生的家长，不但要非常注重子女的文化教育，还要注重对孩子展开思想品德与法制教育。结合孩子的实际年龄，引导学生认识到与自身相关的法律常识，了解相关条款，指导子女明白哪些事情能做，哪些事情不可以进行。增强子女的正义感，树立孩子强大的责任心，积极引导孩子懂得宽容和谦让，遇到事情之后可以准确地判断，从而有分寸地解决好问题。

（四）构筑青少年思想道德教育的社会体系

1. 大力加强青少年文化工作

多制作、生产、出版有利于学生德、智、体、美全面发展的书籍报刊精品，抓好青少年思想政治读物的出版、宣传、推荐和发行工作，为广大青少年提供丰富的精神食粮。组织青少年踊跃参与社区文化、校园文化、企业文化、村镇文化建设，走文化建设与青少年思想建设互相渗透、与经济建设同步发展之路。通过开展具有时代气息、青少年喜闻乐见的文化活动，寓教于乐，陶冶广大青少年的道德情操，弘扬社会文明风尚，潜移默化地进行思想政治教育。

2. 改善青少年课外活动条件

深化体制改革，改变封闭垂直管理体系所导致的资源闭塞问题，实现教育资源的共享性（互补性）。有效依托青少年宫、文化馆、图书馆、美术馆、博物馆、科技馆、体育场馆等社会公益场所，建立青少年课外活动中心，达到学校与社会衔接沟通，形成区域内大教育的互动发展新局面。使青少年有

充分的空间和舞台在课外活动中得到锻炼。

3. 维护青少年身心健康发展

体育、卫生部门进一步完善和实施学生强身健体的各项规划和有关标准，指导学生了解和掌握科学的生理卫生知识，养成文明的生活方式，培养健康的心理素质。对青少年犯罪现象要坚持惩治与教育相结合、宽严并用、刚柔齐下的原则，把青少年教育好、引导好。

青少年是整个社会力量中最有热情、最有生气和创造力的力量，是祖国的未来和希望。因此，加强青少年的思想道德教育工作是一项长期而紧迫的任务，需要全社会坚持一以贯之，共同关心关注，切实抓紧抓好。

第三节　体质健康与饮食营养

一、营养的重要性

营养的重要性无法被低估，其对人体的生长、发育、健康和正常功能发挥着关键作用。

第一，提供能量。食物中的碳水化合物、脂肪和蛋白质是身体获得能量的主要来源。碳水化合物和脂肪是能量密集的营养素，它们在被消化和代谢后产生能量，供给身体各个系统的运作。蛋白质也可以提供能量，但通常在身体需要能量时才被利用，因为其主要功能是构建和修复组织。合适的能量摄入可以维持身体正常的代谢和运转，保持活动能力和日常生活所需的能量供应。

第二，维持生理功能。不同的营养素在人体内扮演着重要角色，维持各种生理功能的正常运作。维生素和矿物质是许多酶反应的辅助因子，它们参与能量代谢、骨骼发育、免疫功能、血液凝结和许多其他生化过程。蛋白质是身体的基本构建块，用于细胞、组织和器官的生长和修复。脂肪是细胞膜的重要组成部分，同时还参与激素合成、神经传导和保护内脏器官等功能。合适的营养摄入有助于维持这些生理功能的正常运转。

第三，支持生长和发育。对于儿童和青少年来说，营养对于正常的生长和发育至关重要。蛋白质是组织构建的基础，包括骨骼、肌肉、器官和皮肤等。儿童和青少年期间，适量的蛋白质摄入能够支持骨骼的发育、肌肉的增长和器官的成熟。同时，维生素和矿物质对于骨骼健康、免疫功能和神经系统发育也至关重要。缺乏关键营养素可能导致生长迟缓、发育问题和免疫功能下降。

第四，强化免疫系统。适当的营养摄入对于维持免疫系统的正常功能至关重要。维生素和矿物质在调节免疫功能和维护免疫系统健康方面发挥重要作用。例如，维生素 C 和锌可以增强免疫系统的抗氧化能力，帮助预防感染和疾病。蛋白质也对免疫功能至关重要，是抗体和免疫细胞的主要构建块。缺乏关键营养素可能导致免疫系统的功能下降，使人体更容易受到感染和疾病的侵袭。

第五，预防慢性疾病。良好的营养饮食有助于预防慢性疾病的发生和发展。均衡的饮食结构、适度的脂肪摄入和足够的膳食纤维摄入可以降低心血管疾病、高血压、糖尿病和肥胖等慢性疾病的风险。例如，高纤维饮食有助于控制血糖和胆固醇水平，降低心血管疾病的风险。同时，摄入丰富的抗氧化维生素和矿物质可以减少自由基损伤，预防慢性炎症和癌症等疾病的发生。

第六，提高生活质量。获得充足的营养有助于提高生活质量。良好的营养状态能够提供持久的能量，改善心理状态，增强身体功能和延缓衰老。适当的营养摄入可以提高体力和耐力，提升工作和学习效率，改善睡眠质量，增强身体的免疫力和抵抗力。此外，良好的营养状态还与心理健康和情绪稳定有关，可以减少焦虑、抑郁和其他心理问题的发生。

总之，营养在人体的各个方面都起着关键作用。合理、均衡的饮食结构和适量的营养摄入对于维持健康、预防疾病和提高生活质量至关重要。因此，我们应该重视营养，确保获得多样化、均衡的食物，以满足身体的营养需求。

二、营养与体质健康的关系

在维持体制健康方面，营养饮食发挥着重要作用。不同的营养素对于身体的各个系统和器官有着不同的功能和作用。

随着时代的进步和发展，人们的健康观念已经发生了"翻天覆地"的改变，"身体健康"成为大多数人生命的第一追求。人体是一台精密的"仪器"，这台机器的正常运转取决于很多因素的共同作用，如健康的饮食习惯、积极的体育锻炼、良好的睡眠质量、乐观的生活态度等。其中，健康的饮食习惯、积极的体育锻炼是健康人生的重要基础。我们每天从食物中摄取的各种营养构成了我们身体各组织器官的物质基础，而体育锻炼可以增强身体的机能。两者有机结合，可以有效地提高我们的身体素质和健康水平。因此，我们在进行休闲体育运动的同时，要注重各种营养的均衡摄入，要做到科学、合理地选择食物，注重营养搭配，使食物的营养作用充分发挥。

（一）糖类

糖类指的是碳水化合物，糖类主要包括葡萄糖、麦芽糖、乳糖、蔗糖、淀粉和纤维素等。一般来讲，一个成年人每日糖类能量的摄取量要占全部摄取量的 60%~70%。体育运动训练过程中，糖类代谢主要包括分解代谢和合成代谢两种。在糖的分解代谢过程中，人体主要从食物中获取糖类，而糖类在进入人体之后，经过消化酶的分解，进一步分解成葡萄糖分子，然后被人体所吸收，再由小肠黏膜的上皮细胞葡萄糖运载蛋白质转运进入血液中，成为血糖。当糖类物质进入体内之后，主要通过有氧氧化过程、糖酵解过程、乙醛酸途径、戊糖磷酸等过程来实现糖类的分解代谢；在糖的合成代谢过程中，人体血液中的葡萄糖可以合成大分子的糖原。

人体内的糖原主要以肌糖原和肝糖原两种形式存在，其中，肌糖原在肌肉中合成并储存，而肝糖原则在肝脏中合成并储存。除此之外，肝脏还能够将体内的其他一些非糖原物质合成葡萄糖或者糖原，如乳酸、丙氨酸、甘油等，这一过程即为糖的异生作用。人体中糖的合成代谢主要包括两个过程：一是合成糖原；二是糖的异生。运动员在参加体育运动训练的过程中，机体可以重新合成糖原为其运动训练提供能量物质。

（二）脂肪

脂类是油、脂肪、类脂的总称。食物中的油脂主要是油和脂肪，一般把常温下是液体形式的称为油，而把常温下是固体形式的称为脂肪。脂肪是由甘油和脂肪酸组成的三酰甘油酯，其中，甘油的分子比较简单，而脂肪酸的种类和长短却不相同。脂肪酸分三大类：饱和脂肪酸、单不饱和脂肪酸、多不饱和脂肪酸。脂肪可溶于多数有机溶剂，但不溶解于水。

脂肪是人体组织的重要组成部分，也是为人体提供热量的主要物质之一。人体的脂肪主要是从烹饪用油和食物本身所含的油脂。其实，人体本身对脂肪的要求量不多，一般认为每日 50 克就可以了。但实际上，人们的日常饮食中，脂肪的摄入量已经远远超过了这个范围。脂肪的过多摄入对身体是十分有害的。其一，脂肪在机体内的代谢时需要大量的氧作为支撑，会使机体耗氧较多；其二，机体内存储过多的脂肪，尤其是动物性脂肪，会使肥胖症、高血脂、动脉硬化的发病率显著提高。另外，高脂肪的膳食习惯还容易引起高脂血症，导致毛细血管中的血流过于缓慢，红细胞的气体交换功能水平降低，新鲜的氧不能顺畅地进入体内，而二氧化碳不能快速地输出体外。因此，膳食中的脂肪含量不宜过多，人体脂肪必须在氧气充足的情况下才能发生氧化，所以，一些有氧运动最有利于脂肪的氧化、消耗。

脂肪代谢关系着人体的健康，经常性地参加体育运动有助于减脂，促进个体身体健康。个体在参加运动训练的过程中，其机体的脂肪代谢也包括分解与合成两种形式：在脂肪的分解代谢过程中，脂肪具有疏水性，脂肪在进入小肠内被消化之后，大部分被分解成甘油和脂肪酸，只有一小部分变成微小的脂肪微粒。

脂肪在人体经过吸收之后，主要有四种归宿：①以脂肪的形式储存起来，以备后用；②参与构成人体内的组织；③继续分解成甘油与脂肪酸等，并被氧化成二氧化碳和水，或者转变成肝糖原；④被各种腺体所利用，形成相应的分泌物，如被外分泌腺利用产生乳汁、皮脂等，被内分泌腺利用产生类固醇激素等。

脂肪经过分解代谢之后所产生的能量能够维持各种生命活动，运动员在参加运动训练的过程中，其机体能够分解脂肪为其各种训练活动提供能量，另外，脂肪经过分解代谢所产生的能量也能够用于维持长时间的低强度运动。脂肪的合成代谢过程中，人体内的脂肪主要储存在脂肪组织内，如皮下脂肪组织、大网膜、肌肉细胞等，同时还可以转化合成另外三种物质：①合成磷脂，磷脂是细胞膜的一个主要成分之一；②合成糖脂，糖脂也是细胞膜的一个构成成分，同时也是神经髓鞘的构成成分；③合成为脂蛋白，进入血液中。

（三）蛋白质

蛋白质是生命的重要物质基础，是所有动物包括人类生存必不可少的营养要素，是构成人体内的酶、抗体、激素的重要成分。蛋白质具备保持正常渗透压的作用，也具备平衡体液酸碱度的作用。

蛋白质除了作为生命的物质基础这一重要功能外，还具有调节生理机能，为机体提供热能的功能，人体内蛋白质含量与机体的运动能力有很密切的联系。肌肉组织中的肌纤维变粗、力量增大，都必须以肌肉中蛋白质数量的增加为基础，没有足够的蛋白质，肌肉组织就无法变得更强健；而血红蛋白和肌红蛋白的增加，可以改善机体运动时体内的物质代谢功能。

如果体内的蛋白质长期摄入不足，身体将出现蛋白质缺乏症状，具体会因为血液中的血浆蛋白浓度下降而出现肢体水肿、机体内的各种酶的活性大幅度降低以及机能下降、肌肉组织开始萎缩、人体出现免疫力下降和贫血等营养不良的症状。儿童还会表现为发育迟缓、严重时还会影响智力发育，妇女出现月经紊乱等症状。一般来讲，瘦肉、鱼、蛋、花生、大豆及豆制品中的蛋白质含量较高。

蛋白质缺乏会给机体带来极大的损伤，但如果过量摄入，也会给肝脏和肾脏带来很大的负担，尤其是在膳食热量不足的情况下，这种危害会更大。因此，在进行休闲体育运动期间，可以合理地补充蛋白质，掌握好其中的尺度。

蛋白质是维持人体各项生命活动的重要物质，在人体中经过不断地代谢与合成，能够为人体的正常生命活动提供能源物质。蛋白质进入人体后经过消化之后分解成氨基酸，然后才能被人体所吸收进入血液中，之后主要用于合成组织蛋白，以为组织的建造以及修补提供原料，其他一部分蛋白质则被氧化分解释放能量，也可以转化成酶或者脂肪。蛋白质在被分解成氨基酸之后，在转氨酶的作用下，脱去含有氮的氨基，被脱去的氨则被分解成尿素和尿酸随着尿液排出体外，氨基酸在被脱去氨基之后进入三羧酸循环，分解成二氧化碳和水，或者转变成其他的营养物质。

人体内蛋白质的代谢情况与其各个器官的生理活动息息相关，通过对食物中氮含量以及人体尿液中氮含量的测定来了解个体蛋白质的代谢情况。正常情况下，人体内蛋白质的代谢处于平衡稳定的状态，也就是说，人体内蛋白质的供需基本上处于平衡状态，有氮的总平衡、氮的正平衡、氮的负平衡三种情况，氮的总平衡即为蛋白质分解速率与合成速率基本相等；氮的正平衡即蛋白质的合成速率大于分解速率；氮的负平衡即蛋白质的合成速率小于分解速率。

（四）维生素

维生素是保证人体健康的一种有机化合物，是人体内比较特殊的一类物质。其既不像糖类和脂肪一样为身体供应能量，又不像蛋白质一样是组成细胞的基本单位，而且还不能通过人体自身合成，只能依靠在食物中摄取，虽然人体所需的维生素的含量非常少，但又是不能缺少的。体育运动训练中，虽然维生素无法直接参与人体各项活动的功能，但是也会对机体的物质能量代谢活动产生很大的影响，从而影响运动员的生理健康以及运动能力。

人体像一座结构复杂的化工厂，里面不断地进行着各种化学反应，这些反应都离不开酶的催化作用，酶的活性必须依靠辅酶的参与，而维生素是很多种辅酶的主要组成因子。现阶段发现的维生素有几十种，如维生素 A、维生素 B、维生素 C 等，下面介绍常见维生素及其功能：

第一，维生素 A。维生素 A 对眼睛具有很好的保护功能，可以防止夜盲症的发生，对延缓视力减退也有很好的疗效，因为维生素 A 可以促进眼内感光色素的形成；可以促进人体免疫系统的正常运行；促进人体生长发育，强壮骨骼，对皮肤、牙齿、头发、牙龈的健康都能起到保护的作用；对于肺气肿、甲状腺功能亢进等病症有辅助治疗的功效。维生素 A 在食物中广泛存在，如动物的肝脏、蛋黄、黄色和绿色蔬菜中的含量都比较多。

第二，维生素 B_1。维生素 B_1 有促进生长、促进消化的功能。人体内的维生素 B_1 主要来源于粮食，存在于胚芽和上皮部分。在绿叶蔬菜、酵母、肉类、动物的心、肝、肾中都含有丰富的维生素 B_1。如果人体摄入了过量的维生素 B$_1$，不会在体内储存，也不会有太大问题，因为多余的维生素 B$_1$ 会随尿液排出体外。

第三，维生素 B$_2$。维生素 B$_2$ 有促进生长发育、促进细胞再生的功能，还可以增进视力。维生素 B$_2$ 在食物中的含量不是很多，其中动物性食物包括动物内脏、奶、蛋等，含量较高；在豆类和绿叶蔬菜中含量较少。因为维生素 B$_2$ 在食物中含量较少，所以很多人都存在维生素 B$_2$ 缺乏的症状，建议适当服用营养制剂进行补充。

第四，维生素 B$_5$。维生素 B$_5$ 对进行休闲体育运动的人来说具有非常重要的作用，在出现运动损伤时，它能有效促进伤口痊愈，还能帮助人体制造抗体以抵抗各类传染病。

第五，维生素 B$_6$。维生素 B$_6$ 能帮助机体适当消化、吸收体内的蛋白质和脂肪，对减肥很有功效。

第六，维生素 C。维生素 C 作用广泛，是人们日常生活中不可缺少的重要营养因子。维生素 C 对治疗创伤、烧伤、牙龈出血等症状都有明显的效果，具有抗癌的功效，在发生普通感冒时，可作为辅助治疗手段。维生素 C 的分布很广，主要存在于植物性食物中，几乎所有的蔬菜和水果中都含有丰富的维生素 C。维生素 C 非常容易在烹调和储存的过程中遭到破坏，因此，应尽量保证蔬菜、水果的新鲜程度，尽量现买现吃。

第七，维生素 D。维生素 D 的主要功能就是促进钙、磷的吸收，促进人体骨骼的生长和钙化，是对未成年人生长具有重要作用的营养元素。维生素 D 的来源并不是从食物中摄取的，人体皮肤在受到太阳的照射时，皮下的 5-脱氢胆固醇就会变成维生素 D。一般情况下，经常照射阳光就能形成维生素 D，满足身体的需要。因此，提倡未成年人多进行户外体育运动，使身体中能产生足够的维生素 D。除一些有着特殊体质或疾病的人才需要额外补充维生素 D。维生素 D 含量较多的食物包括：鱼肝油、动物肝脏、蛋黄等。

第八，维生素 E。维生素 E 属于脂溶性维生素，它的水解产物是生育酚，是一种重要的抗氧化剂。维生素 E 可以有效地阻止消化道中的不饱和脂肪酸被氧化，保持细胞膜的完整。维生素 E 是一种很好的自由基，对提高机体的免疫力、预防心脑血管疾病有显著效果。同时，维生素 E 还具有提高生育能力、预防流产的功能。对烧伤、冻伤、毛细血管出血、更年期综合征、美容等方面也有治疗的作用。维生素 E 在食物中广泛分布，麦胚芽油和玉米油中含有较多的维生素 E。

第九，膳食纤维。膳食纤维是指能增强人体小肠消化吸收，在人体大肠能部分或全部发酵的可食用的植物性成分、碳水化合物及其相类似物质的总和。包括多糖、寡糖、木质素以及相关的植物物质。膳食纤维具有改善肠道功能，调节脂类、糖类代谢，调节酸碱体质，帮助控制体重等作用。

（五）水

充足的水分供应会使机体充满活力，使肌肉充满弹性，使人精力充沛。人体中水的含量占 70%。水是保证生命存在的重要基础，机体中水分的正常代谢是维持机体正常生命活动的重要保证。人体主要通过饮用水、食物、饮料等方式获取水分，也有一小部分水分来自人体自身的物质代谢。人体内的水分主要通过尿液向外排出，其次通过出汗、呼吸、粪便等途径向外排出。

三、维持体质健康的合理膳食

（一）合理膳食的内容

1. 谷类

虽然谷类的种类繁多，但是它们的结构都很相似，主要组成部分都是胚乳、谷皮、胚芽，分别占其总重量的 84% 左右、12% 左右、4% 左右。几乎所有谷类的最外层都是谷皮，谷皮主要是由纤维素和半纤维素组成，其内部含有蛋白质、脂肪和维生素，胚乳占谷类总重量的比例最大，构成成分是大量的淀粉、蛋白质，少量的维生素和脂肪，还有其他一些别的营养素。胚芽占谷类总重量的比例很少，其构成成分是蛋白质、无机盐和维生素 E，因为胚芽有比较软的质地，所以加工时容易脱离胚乳。我国的饮食中比较常见的谷类是大米和小麦。谷类中含有以下营养素。

（1）蛋白质。谷类中蛋白质（谷蛋白、醇溶蛋白、球蛋白、白蛋白）含量一般在 10% 左右，居民每天摄入的蛋白质有一半以上来自谷类食物。

（2）脂肪。营养素脂肪占总含量的比例比较少，大约2%，基本都是不饱和脂肪酸。其中含有优质的脂肪，主要存在于谷胚中。

（3）碳水化合物。谷类中淀粉的含量较高，超过70%，以支链淀粉为主，其主要分布在胚乳中，居民每天摄入的能量大部分都来自谷类食物。

（4）矿物质。营养素矿物质占总含量的2%左右，基本上都是钙和磷，谷皮和糊粉层中最多。

2. 豆类及其制品

大豆、绿豆、豌豆、豌豆等都属于豆类，由于营养素的不同，可以将豆类分为两大类：一类以大豆为代表，脂肪和蛋白质的含量比较高；另一类以绿豆为代表，糖类的含量比较高。豆制品是以豆类为原料制成的食物，例如，豆干、豆浆。

（1）大豆的营养特点。大豆中主要含有蛋白质、碳水化合物、维生素、脂肪、一些抗营养因子等，其中，蛋白质、维生素、脂肪等是人体必需的抗营养因子对人体吸收营养素有减慢的作用。例如，大豆中含有的蛋白酶抑制剂能降低人体对蛋白质的吸收效率，另肠道容易产生过多气体；大豆中植酸：大豆中的某些致甲状腺肿的物质，整体分析，大豆对于人体来说益处大于弊端。

（2）豆制品的营养特点。发酵豆制品主要包括豆腐乳和豆腐酱，是经过发酵的，其内部含有容易被人体吸收的蛋白质和维生素 B_{12}，对人体有很大益处；非发酵豆制品主要包括豆浆和豆腐，没有经过发酵，其主要原料是大豆，制作流程比较复杂，使配合纤维的含量有所减少。大豆经过加工营养价值一般会有所提高，因为有害成分已经去除，而且人体对大豆中的蛋白质吸收率增加。例如，人体对豆腐中蛋白质的吸收率远高于对炒熟大豆中蛋白质的吸收率。

3. 蔬菜

根茎叶类、瓜类、茄子、豆角和菌藻类都属于蔬菜。居民每天的饮食一半左右是蔬菜类，因此，蔬菜类对于人体健康很重要，尤其是新鲜的蔬菜，其内部含有大量的水和维生素，稍微少量的纤维素。蔬菜中的植物化学物质有比较好的活性，能增强抵抗力，人的体液是弱碱性的，蔬菜是碱性的，它可以平衡人体体液的酸碱度。

（1）叶菜类蔬菜的营养特点。莴苣、韭菜、白菜、油菜等都属于叶菜类蔬菜。叶菜类蔬菜含有大量的胡萝卜素、维生素 C、维生素 B_2、膳食纤维和矿物质，但是蛋白质、脂肪和碳水化合物的含量比较少。不同名称的叶菜类蔬菜，其叶子颜色可能不同，营养素含量一般也不相同。叶子为绿叶和橙色的蔬菜，维生素（尤其是胡萝卜素）含量很多，叶菜类蔬菜中的菜花类含有大量的维生素 C。叶菜类含有的矿物质种类较多，是人体摄入矿物质的重要来源。

（2）根系类蔬菜的营养特点。根系类蔬菜种类很多，有萝卜、山药、洋葱、薯类、葱类、蒜、竹笋等，其内部都含有蛋白质和脂肪，但是含量比较少，不同种类的根茎类蔬菜其内部含有不同重量的碳水化合物，根系类蔬菜中膳食纤维的含量相对于叶菜类蔬菜来说比较少，根系类蔬菜中，大蒜、洋葱和马铃薯含有很多硒，胡萝卜中含有很多胡萝卜素。

（3）瓜茄类蔬菜的营养特点。瓜茄类包括各种瓜类、番茄、茄子和辣椒等，瓜茄类蔬菜含有大量的水分，比较少量的营养素，虽然瓜茄类中的番茄维生素 C 的含量并不多，但却是人体维生素 C 的主要来源，因为番茄中维生素 C 受到有机酸的保护，很少损失。

（4）鲜豆类蔬菜的营养特点。豌豆、毛豆、芸豆等都属于鲜豆类蔬菜，鲜豆类中营养素的含量比其他蔬菜营养素的含量高，鲜豆类蔬菜含有较多的蛋白质、胡萝卜素、碳水化合物、钾、钙、铁、锌、硒，较少量的脂肪，其中，核黄素的含量与绿叶蔬菜中核黄素的含量相差不多。鲜豆类中含有铁较多的以蚕豆、刀豆、毛豆为主；鲜豆类中含有锌较多的以芸豆、豌豆、蚕豆为主；鲜豆类中含有硒较多的以豆角、毛豆、蚕豆为主。

4. 水果

水果含有多种多样的营养素，矿物质和维生素占有的比例最大，有机酸（如苹果酸、果酸、柠檬酸等）占有的比例也比较大，它可以增加食欲，也可以提高维生素 C 的稳定性，水果中含有的植物化学物质为人体的健康提供一定保障；另外，水果中含有的丰富的膳食纤维，膳食纤维能使体内的胆固醇降低，降低疾病的发生率，也能协助有害人体健康的物质排出体外。

水果的种类非常多，数不胜数，其内部的蛋白质、脂肪和硫胺素占其总重量的比例都不高，碳水化合物、胡萝卜素、维生素 C 占其总重量的比例因水果种类的不同而不同，而且相差较大。像橘和杏这两种水果，胡萝卜素含量最多；草莓，猕猴桃和橙子这三种水果，维生素 C 含量最多；枣这种水果，铁的含量最多。

葡萄干、柿子饼、蜜枣等是新鲜的水果经过晒干加工而成的，经过加工内部的维生素 C 损失较多，但是储存和运输比较方便且味道也独有风味。另外，我国有大量的野果，他们含有鲜果所拥有的基本营养素，也含有一些抗氧化物质，但抗氧化物质的含量因为种类的不同有明显的差异。

5. 畜禽肉

畜禽肉包括禽类和牲畜的肉、内脏，是食用价值比较高的食物。禽肉有鸡肉、鸭肉和鹅肉等，牲畜肉有牛肉、羊肉和猪肉等。畜禽肉类的味道鲜美，烹调方式多种多样，容易被消化，最重要的是其含有优质的蛋白质、脂肪、维生素，营养丰富。

（1）蛋白质。蛋白质占畜肉总质量的 15% 左右，是利用率较高的优质蛋白质，营养价值很高，而且这种蛋白质中含有大量人体必需的氨基酸，很容易被人体吸收。蛋白质占猪肉总质量的 13% 左右，占鸡肉总质量的 20% 左右，占鸭肉总质量的 16% 左右，占熟肉总质量的 18% 左右。禽肉中含有的蛋白质数量高于猪肉，而且都是完全蛋白质，对老年人、体质虚的人、病后初愈的人都有益处。鸡肉中含有丰富的赖氨酸和甲硫氨基酸，赖氨酸含量比猪肉高10%，对人类来说鸡肉是补充氨基酸的极好食物，可以弥补牛肉及猪肉的不足。

（2）脂肪。畜肉类中的脂肪主要是饱和脂肪，这些脂肪中包含甘油三酯和少量的卵磷脂、胆固醇等，其中，胆固醇主要存在于动物的内脏和大脑中。猪肉中的脂肪对心脑血管不利，而禽肉中的脂肪中含有不饱和脂肪酸，很容易被消化吸收。

（3）碳水化合物。畜禽肉中的碳水化合物主要存在于肌肉和肝脏中，存在的形式是糖原形式，动物在死后由于酶的分解其糖原含量会减少。

（4）矿物质。畜禽肉中矿物质的含量占总质量的 1% 左右，钙的含量占总质量的 0.0079%，铁的含量较丰富，存在形式是血红素铁，由于血红素铁的利用率高，所以人类摄入的铁主要来自畜禽肉。

（5）维生素。畜肉中含有丰富的 B 族维生素，畜肉的肝脏中维生素 A 含量丰富，尤其是鸡肝维生素 A 含量最多，另外，鸡肉中富含的维生素 A 远远高于猪肉、牛肉中的维生素 A。

6. 水产品

水产品包括动物和植物，动物有鱼类、软体类和甲壳类，植物有海藻类。水产品中含有丰富的蛋白质和矿物质。例如，深海鱼含有丰富的二十碳五烯酸和二十二碳六烯酸，对于心血管疾病很有益处；贝壳类含有丰富的锌，对人体很有益处；鱼油中含有丰富的维生素；海产品中有碘，能满足人体对碘的需要；海参中含有丰富的生物活性物质，对于人类延缓衰老很有帮助，也能减少慢性疾病和癌症的发生。

（1）鱼类的营养特点。鱼类中含有的蛋白质属于优质蛋白质，优质蛋白质的显著特征有两个：①肌肉纤维比普通蛋白质的短；②肌浆蛋白和肌球蛋白不紧密。因此，鱼类中的蛋白质容易被人体所消化。另外，鱼类中的脂肪基本上都是不饱和脂肪酸，非常容易被人体消化，鱼类中一些维生素（维生素 A、维生素 D、维生素 E）的含量较多，是人类摄入维生素的重要来源之一，鱼类还有丰富的钙、硒等，如鱼类中的海鱼，含有大量的碘，但是淡水鱼含有的碘比较少。

（2）甲壳类和软体动物类的营养特点。甲壳类和软体动物类包括虾、蟹、扇贝、乌贼和章鱼等。甲壳类和软体动物类含有大量的蛋白质，更重要的是其中含有人体所需的所有氨基酸，色氨酸和酪氨酸两种氨基酸所占的比例比牛肉中的要高；贝类中的牛磺酸所占比例高于鱼类中牛磺酸所占比例；甲壳类和软体动物类的维生素含量与鱼类的维生素含量相似。另外，虾有强壮补精的功效，虾皮有很好的补钙功效；蟹有化瘀、通经络的功效。

7. 蛋类及蛋制品

日常生活中经常能见到鸡蛋、鸭蛋等，属于蛋类，人体很容易吸收蛋类中的各种营养素。

（1）蛋白质。蛋白质占鸡蛋总重量的 12% 左右，蛋黄中的蛋白质比蛋清中的蛋白质少，另外，鸡蛋中含有的氨基酸很容易被人体吸收，而且都是人体必需的氨基酸，因此，鸡蛋营养价值非常高。

（2）维生素。蛋类中含有大量的维生素，基本都集中在蛋黄。

（3）矿物质。蛋类中的矿物质基本都在蛋黄中，其中，钙、磷、铁、锌、硒等矿物质尤为丰富，蛋类中的硒含量会随着饲料中硒含量增加而增加。蛋类中的碘含量会随着饲料中碘含量增加而增加，而且饲料中增加碘，也能促进硒的吸收，因此，我们可以通过控制饲料成分的方法生产出富含硒或者碘的鸡蛋，"富硒蛋""富碘蛋""高钙蛋"等特殊品种的蛋类在市场上已经流传。

8. 其他食物的营养特点

（1）茶叶。茶叶经常出现在我们的日常生活中，中国南部地区的人喝茶的比较多，对身体比较好，因为营养素含量丰富，能补充人体所需的营养素，如蛋白质（占总含量的 25% 左右）、碳水化合物（占总含量的 23% 左右）。而且茶叶有提神的作用，生意人喜欢喝茶。茶叶中含有的茶多酚是效果最好的抗氧化剂之一，能降低癌症的发生概率，经常适量地喝茶可以使人变得更容易抵抗衰老。茶叶中含有很多咖啡因，夏季茶叶中的含量比春季茶叶中的高，通常情况下，茶叶中含有的芳香物质是在加工茶叶过程中产生的。

（2）蜂蜜。蜂蜜是由花蜜酿制而成，花蜜是由蜜蜂采集而来。因为花蜜来自不同种类的植物或者来自不同季节的同种植物，所以蜂蜜的质量是不同的，其中，枣花蜂蜜的质量是最好的。蜂蜜的构成成分非常多，几十甚至上百种，而且基本都是人体所必需的营养物质，其构成成分中的糖占蜂蜜总重量的比例最大，以果糖等形式存在；构成成分中的有机酸占蜂蜜总重量的比例比较大，以苹果酸、甲酸、乳酸等形式存在；构成成分中的维生素占总重量的比例也比较大，包括维生素 D、维生素 E、硫胺素等。

蜂蜜中含有丰富的营养素，是很好的营养品，能治疗一些疾病，对人体有很多益处，如清热解毒、补充营养、减轻体寒症状。

（二）合理膳食的结构

随着社会的发展，我国居民的膳食结构也在逐渐变化，明显增加了对脂肪的摄入量。其实，我国居民的膳食结构整体上没有发生本质的变化。因此，我国传统的膳食结构仍然需要扬长补短。

第一，主、副食划分明显。我国传统的膳食结构，主食（米、面、杂粮等）和副食划分比较明显。米、面、杂粮等这些主食主要组成成分是淀粉，淀粉在消化过程中需要一定时间的水解，所以不会出现葡萄糖过剩的情况。西方人的饮食中蔗糖比较多，膳食结构的主食、副食划分比较明显，在进食时以主食为主，副食为辅，搭配得较合理，碳水化合物占总能量的66%左右；脂肪占总能量的24%；蛋白质占总能量的10%左右。西方许多国家主食、副食划分不明显，容易摄入过多的脂肪，有时脂肪超过总能量的35%，容易引起高血压、肥胖症等疾病。

第二、荤、素混食。通常情况下，西方国家的膳食结构基本都是以单一品种的多道菜组成。例如，餐桌上基本上都有一份猪排、一份牛排或者一份烤面包等；而中国人喜欢荤素混合，也喜欢一道菜里面包含多个品种的菜，看起来有食欲，营养价值也高。因为肉类和蔬菜的酸碱度不同，所以荤素组合能使营养搭配比较合理而且酸碱度适宜。

第三，豆类及豆制品。我国居民的膳食结构，豆类及豆制品比较多，豆类及豆制品中的蛋白质比较多，还有一些有益物质，如植物激素大豆异黄酮、皂角苷。其中，大豆异黄酮具有雌激素活性，经常食用可以延缓衰老；皂角苷能促进脂肪的分解，对人体有益处。

第四，鱼虾类。我国居民的膳食结构中，鱼虾类的荤菜比较常见，临海地区更是如此。鱼虾类食物含有丰富的蛋白质、丰富的胶原蛋白和脂蛋白。其中，蛋白质是优质蛋白质，胶原蛋白是能美容的物质。另外，鱼肉类的脂肪含量比较少，含有的脂肪几乎都是不饱和脂肪酸，对治疗冠心病和动脉硬化有良好的作用。

（三）合理膳食的关键

我国由最近两次全国膳食调查结果、全国疾病状况调查结果提出了我国居民膳食指南。

第一，食物多样、谷类为主。我国居民的饮食是非常多样化的，但是即使样式再多，也没有哪种食物包含人体所需的所有营养素，所以如果想持续保持身体健康，一日三餐就要做到多样化，为人体尽量提供种类繁多的营养素。通常情况下，食物大概包括五大类：谷类及薯类、动物性食物、豆类及其制品、蔬菜水果类、纯热能食物，这五类食物的营养特点在本章的第三节有介绍。随着社会经济的发展，居民有时重视动物性食物超过谷类和蔬菜水果，这样饮食中蕴含的能量和脂肪比较多，长期食用容易患高血压、高血脂等疾病，所以中国居民膳食指南中提出以谷类为主。

另外，要注意合理搭配粗粮和细粮，粗粮对身体非常有好处，而细粮经过了很多加工，蕴含的维生素和矿物质等有很大损失。

第二，多吃蔬菜和水果。蔬菜和水果中维生素含量非常高，另外，一些蔬菜和水果中含有丰富的矿物质和膳食纤维，人体内的维生素、抗氧化物质和矿物质，大部分都来自蔬菜和水果。水果中含有的葡萄糖和果胶对人体健康起到促进作用。

第三，多吃薯类。薯类中淀粉和膳食纤维的含量很高，平时饮食中适当增加薯类。

第四，常吃奶类、豆类及其制品。奶类中除了含有丰富的优质蛋白质外，还含有丰富的维生素和钙，是极好的补钙食品。我国居民膳食中提供的钙普遍低于推荐供给量，甚至只到了推荐供给量的一半。根据研究结果得出，膳食中钙的含量充足可以避免佝偻病、骨质疏松，因此要加大力度生产奶类食品。

同样地，豆类中含有丰富的优质蛋白质、钙和不饱和脂肪酸等。为了避免过多肉类对人体的伤害，也为了提升蛋白质的摄入量，国家提倡多食豆类及豆制品食物。

第五，常吃适量鱼禽肉、瘦肉、蛋。鱼禽肉、瘦肉、蛋等动物性食物含有丰富的优质蛋白质、矿物质和脂溶性维生素，动物性食物蛋白质中的氨基酸符合人体对氨基酸在结构和数量上的需要，其中，禽肉中铁的含量比较丰富且容易被吸收，食用价值很高；鱼类中含有不饱和脂肪酸，可避免血栓的形成；动物肝脏中维生素、叶酸的含量非常丰富；动物脑和内脏中胆固醇含量丰富，不适宜食用太多。

肥肉和荤油还有非常丰富的脂肪，能量也非常高，容易引起肥胖症和一些慢性疾病，因此我国居民在选择肉类时，可以适当多选择禽肉和瘦肉。

第六，平衡食量与体力活动，保持合理体重。人类的体重受到食量（提供能量）和体力活动（消耗能量）的影响。

当食量过多而体力活动很少的时候，会剩余很多能量，这些能量会以脂肪的形式堆积起来，体重就会增加；当食量过少而体力活动较多的时候，能量就不够人体正常生活，体重就会减少，劳动能力也下降。因此，要保持进食量和体力活动相互平衡。

身材瘦弱者要增加进食量，供人体的需要，体力活动比较少的人群要适当增加体力活动，如慢跑、快走、游泳等。运动能增加抵抗力，减少疾病的发生，提高工作效率，还有利于保持合理体重。另外，饮食中的三餐要合理，三餐所提供的能量要符合人体的标准。

第七，清淡少盐的糖食。如果一个人的饮食长期保持清淡少盐，不太油腻也不太咸，那么这个人的身体比较健康。正是因为我国居民在多数情况下喜欢比较咸的食物，摄入的食品通常比其他国家的居民要多，所以，我国居民患高血压的概率比其他国家的要高，因此食盐不适合吃太多，至于人体所需的钠，除了从食盐中摄取，也可以从味精、酱油中摄取。

第八，饮酒应限量。中国居民在节假日或者特殊的场合经常喜欢喝酒，度数比较高的酒含有非常高的能量，但是营养素含量微乎其微，大量饮酒或者长期饮酒可以降低食糖，这样人体就会缺乏很多营养素，严重的会患酒精肝、高血压、中风等疾病，对身体健康和社会治安都有危害，因此，严禁居民大量饮酒，严禁居民长期饮用度数很高的酒。

第九，食用干净而且没变质的食物。每个居民都知道病从口入，在选择所要食用的食物时，我们要注意两点：①仔细观察并仔细闻闻，食物要干净而且没有变质；②食物要符合国家标准。另外，进餐时也要注意卫生：①进餐的环境要卫生；②餐具要干净；③空调食物的人员的健康卫生状况；④一起用餐的人员的健康卫生状况。

第四章　促进体质健康的运动处方制定实施

第一节　运动处方及其内容

一、运动处方的内涵界定

运动处方这一术语，自20世纪50年代被提出，20世纪60年代末被世界卫生组织采用，目前已得到广泛的认可。随着运动处方应用范围的扩大，运动处方的概念不断被修改和充实。这一概念明确了运动处方的制定者、处方的对象、处方的依据、处方的内容以及处方的目的等，强调了应以处方的对象（患者或体育健身者）为中心，制定一个具有个性化的运动处方。按照运动处方进行科学锻炼，既安全可靠，又有计划性，可在短期内达到健身和疾病康复治疗的目的。"运动处方的普及与推广在高质量提升大众科学健身水平、有效防治慢性疾病方面发挥着至关重要的作用。"①

二、运动处方的核心要素

根据受试者的个人健康状况，明确了运动处方的目的，完成相应的功能评定后，就可以为受试者制定运动处方。一个完整的运动处方应包括运动处方实施目标、锻炼内容、总运动量、实施进度、实施过程中医务监督的力度和注意事项等内容。

---

① 《运动处方中国专家共识(2023)》专家组.运动处方中国专家共识(2023)[J].中国运动医学杂志,2023,42(1):3.

（一）锻炼目标

制定运动处方之前，首先应当明确锻炼的目标，或称为近期目标。

以心肺耐力为主的锻炼目标，可以提高心肺功能、减肥、降血脂，或防治冠心病、高血压、糖尿病等。对力量和柔韧性为主的运动处方的锻炼目标，应当具体到进行锻炼的部位，如加大某关节的活动幅度、增强某肌群的力量等。力量为主的运动处方中，需要确定增强何种力量以及采用何种力量训练方法等，如动力性力量还是静力性力量训练，向心运动还是离心运动。

康复锻炼运动处方中，首先需要考虑康复锻炼的最终目标，或称"远期目标"。如达到使用轮椅进行活动、使用拐杖行走、恢复正常步态、恢复正常生活能力和劳动能力、恢复参加运动训练及比赛等。近期目标中，应该规定当前康复锻炼的具体目标，如提高某个或某些关节的活动幅度，增强某块肌肉或某组肌群的力量，需要增强何种肌肉力量等。

（二）锻炼内容

锻炼内容即锻炼时应采用的手段和方法。为提高全身耐力，以选择有氧运动为主；肢体康复功能的锻炼，可采用抗阻练习、柔韧性练习、医疗体操和功能练习、水中运动等；偏瘫、截瘫和脑瘫患者需要使用按神经发育原则采用的治疗方法，并且常常需要采用肢体伤残代偿功能训练、生物反馈训练等。

（三）运动量

运动量的大小，取决于多种因素，综合起来有以下方面：

第一，运动强度。有氧运动中，运动强度取决于走或跑的速度、蹬车的功率、爬山时的坡度等。力量和柔韧性练习中，运动强度取决于给予助力或阻力的负荷重量。运动强度制定是否恰当，关系到锻炼的效果及锻炼者的安全。应按照个人特点，规定锻炼时应达到的有效强度和安全界限。

第二，持续时间。以耐力为主的运动处方中，主要采取"持续训练法"，应该规定有氧运动持续的时间；以力量和柔韧性为主的运动处方中，则需要规定完成每个动作所需要的时间。

第三，重复次数、完成组数及间隔时间。力量为主和柔韧性为主的运动处方中，应规定每个练习需重复的次数（次/组）、完成组数，以及次与次、组与组之间间隔的时间。不同的锻炼方案将收到不同的锻炼效果。

第四，运动频率。指每周锻炼的次数。运动频率跟锻炼的目标有着一定的关系，也与运动强度、受试者的健康状况等有关。

第二节　运动处方的制定与实施

一、运动处方制定的类型

（一）有氧运动（心血管耐力）运动处方

多大强度运动量才能获得健康体适能的益处，是为每位健身者在制定运动处方时所必须关注的，应依据运动处方内容确定有氧运动处方的组成。

1. 运动强度

对于大多数成年人，采取中等及较大强度相结合是较为理想的、提高健康体适能的运动强度。只有获得了受试者和患者在递增负荷试验中推测的最大运动能力值时，才能完整地讨论运动强度。一直以来，都是使用公式"220-年龄"来推算男女的最大心率。这个公式使用简单，但是变化范围较大（对于40岁以下的男女，其推算值较实际低；而对于40岁以上的男女，推测数值较实际高）。另外，也可以使用多种方法来计算运动强度，包括储备心率、储备摄氧量、主观疲劳感觉、推测的最大心率、最大摄氧量百分比、代谢当量以及每分钟消耗的能量。

2. 运动量和运动持续时间

运动持续时间用一段时间内进行的运动锻炼活动总时间（如每节训练课、每天或每周）来表示，或者用总的能量消耗表示。运动锻炼可以是连续性的，也可以是在一天中以每次至少持续运动10分钟间隔的多次运动进行。

每周通过运动锻炼和运动消耗的总能量与所获得的健康体适能益处之间

存在剂量反应关系。每周通过运动锻炼累计消耗至少 1 000 千卡的能量确实可以得到健康体适能益处，这一数值运动锻炼大约相当于每周运动 150 分钟或每天运动 30 分组，强度为中等强度的运动。

对于一些体适能较低的健身者来说，每周小于 1 000 千卡的运动量也能提高其健康体适能水平。但是对于大多数成年人来说，更大的运动量会得到更多的健康体适能益处，同时更大的运动量也有助于促进降体重和长期保持降体重成果。目前，最大的安全运动量还不清楚，虽然需要进一步研究来确定，但是，在向运动者推荐每周进行超过 3 500~4 000 千卡的运动量时，需要慎重权衡发生过度训练造成损伤的可能性。

3. 运动频率

美国医学总监推荐在每周的大多数日子里都进行运动锻炼，最好至少每周 5 天，但是美国运动医学会（ACSM）推荐每周进行 3~5 天运动即可。对于运动频率，众多的观点更倾向于以获得和保持健康体适能益处为目的的大多数成年人，推荐每周进行至少 5 次中等强度的有氧运动，或者是每周进行 3~5 天中等强度和较大强度相结合的运动。

4. 有氧运动处方的运动方式

通过采用大肌肉群，有规律的有氧运动可以提高心血管机能，进而提高健康体适能。对于那些技巧性很强的运动项目可以推荐给掌握此项运动技能的健身者。专业人员在为运动处方选择运动方式时，应坚持训练的个性化原则。这一原则体现不同个体对不同的运动方式的生理适应是具有特殊性的。

（二）肌肉力量和肌肉耐力运动处方

肌肉组织的减少会导致新陈代谢率的下降，其中，影响最大的还不是运动代谢率，而是静息代谢率（占 65%），静息代谢率在 30 岁以后每十年以 5% 左右（肌肉含量下降引起的）的速度下降，进行抗阻训练可减缓肌肉组织的下降速率，维持机体的静息代谢率。抗阻训练是运动处方制定中必不可少的组成部分。抗阻训练的目的是能够完成对生理压力较小的日常活动；有效地控制、延缓或预防诸如骨质疏松、2 型糖尿病和肥胖等慢性疾病；同时抗阻训练对老年人维持其正常的生活以及提高其生活质量很重要。

第一，抗阻训练的频率。建议成年人每周对每一个大肌群训练 2 ~ 3 次，并且同一肌群训练的时间间隔至少 48 小时。

第二，抗阻训练的方式。成年人应进行多关节抗阻训练，同时发展主动肌和拮抗肌，避免出现多关节肌的"主动不足"和"被动不足"现象。

第三，抗阻训练重复次数和组数。抗阻训练的强度和每组动作的重复次数是负相关。也就是说，强度或阻力越大，需要完成的次数越少。为了提高肌肉的力量和体积以及在某种程度上提高肌肉耐力，抗阻训练中一组动作的重复次数应该为 8 ~ 12 次。换算成负荷强度大约为 60% ~ 80% 最大重复次数。

如果抗阻训练的目的主要是提高肌肉耐力，而不是增加力量和体积的话，应该采用增加重复次数、缩短组间休息时间、减少组数（如同一肌群进行 1 ~ 2 组）的训练方案。同样，对于更容易发生肌腱损伤的年龄较大和体适能较差的健身者来说，开始实施抗阻训练运动处方时，应以多重复次数（如 10 ~ 15 次/组），中等 RPE 强度为宜。

（三）柔韧性运动处方

推荐给大多数成年人的运动处方方案中柔韧性拉伸训练为：每周至少 2 ~ 3 次对每一大肌群肌腱（如颈部、肩部、上背部和下背部、髋部、臀部和下肢）进行至少 4 次 10 分钟的拉伸。建议采用静力性拉伸、动力性拉伸和动态关节活动度技术来提高柔韧性。考虑动力性拉伸可能会增加运动损伤，健康专业人员一般避免健身者采用此类拉伸方式。进行拉伸训练时，在关节活动范围内要限制出现不适，不要过度拉伸，以免出现损伤。柔韧性训练要点总结如下：

第一，当肌肉充分活动后，牵拉效果最好。

第二，柔韧性牵拉训练应安排在正式运动训练的前面（或）后面。

第三，在进行肌肉力量、爆发力和耐力的运动之后进行牵拉可能效果更好。

第四，柔韧性牵拉也许并不能预防损伤。

第五，每周至少进行 2 ~ 3 天的柔韧性牵拉练习。

（四）神经肌肉控制运动处方

针对中老年人在设计运动处方时，有时必须考虑那些跌倒风险系数高的人群。对其进行神经肌肉控制相关训练，对于提高其平衡能力很有帮助。神经肌肉控制练习包括平衡性、协调性、步态、灵活性和本体感觉训练。建议中年人在进行运动处方训练时每周至少进行2~3天的神经肌肉训练，可采取的方式有太极拳、瑜伽和普拉提以及可以通过单足站立、闭眼单足站立来评定训练效果。利用该方法能测验出反应肌力与平衡功能，有助于判断人体老化程度，此方法简便且实用性强。

二、运动处方制定的核心

第一，效果。运动处方的效果应从三个方面衡量：①健身者对改变自己行为习惯的动力；②个人动力的可持续性；③以不同种类的运动改善体适能的各个范畴。

第二，便利程度。寻求社区健身路径的支持和合适的健身中心，以及得到健身者家属对运动处方的支持。

第三，安全程度（健康检查及风险分层）。目的是找出拥有潜在运动风险，并需要在开始运动计划前接受更多临床评估及运动测试的健身者；找出有特殊需要的个别病人。

第四，个性化原则。运动处方制定者在为健身者制定运动处方时，应与健身者紧密合作，确保运动处方可行，并可达成目标。运动处方应切合健身者的一定情况而制定：①健康状况（包括所患疾病、性别、年龄、风险因素组合、功能障碍等）；②性格特征（包括准备改变的阶段、过往运动习惯、社交支持等）；③健康需要；④个人目标；⑤运动喜好。

第五，享受程度。选择健身者认为有兴趣参与的运动，或已掌握的运动项目，有助于健身者遵照运动处方实行，运动的动力得以持续。在运动计划中加入不同种类的运动项目，不但可以令运动计划更有趣，更可减少因重复进行同一种运动而令肌肉骨骼受压，并使更多肌群得以活动。选择适合运动的时间段，避免进食后不久或气温太高时进行运动。

第六，定期评估。个人对运动的反应可通过一定方法评估：①心率及血压；②主观运动强度评分表（RPE）；③心电图（如适用）；④在分阶段运动测试中直接测试或估计所得出的最大摄氧量；⑤肌力、柔韧度及平衡力。

三、运动处方信息系统

知识库的运动处方信息系统是一个综合性的信息系统，涉及医学、心理学、训练学、教育学、统计学、计算机技术和网络技术等多学科领域。运动处方信息系统涉及国家、体育领域制定的参考标准，同时借助于先进的检测仪器，规范化的量表对采集的数据进行评估，建立数据库系统，体现运动处方信息系统的个性化。运动处方信息系统在开发时要做到规范性、实用性、技术先进性、教育普及性、数据采集多样性、简洁易用性、运动处方个性化、保密性、可靠性、易扩充性及构架灵活性，同时具备数据处理模式多样性、运动处方的导出功能、运动处方实施前后效果的自动生成对比分析功能。同时，运动处方信息系统能满足各级健身会所、各级国民体质监测管理部门、体科所及科研院校相关部门对信息的要求。遵从国家、省部委、地区体育管理部门的信息规范和相关标准。

通过阅读国内外运动处方书籍、互联网查找、沿用经典的调查问卷和运动处方的相关的专家交流广泛收集资料，并对收集来的资料进行研究，从而可以建立健身者个人基本档案信息管理、健身者的基本信息资料管理、问卷调查信息管理、健康体适能测试资料管理、运动试验信息管理、临床测试信息资料管理、运动处方制定导出管理、数据库管理以及权限管理等模块于一体的运动处方信息系统。

第一，个人基本档案信息管理。实现对健身者资料的增、删、修改以及查询功能。

第二，健身者的基本信息资料管理。实现对健身者基本信息进行录入。

第三，问卷调查信息管理。对健身者的行为习惯、生活习惯、运动习惯、饮食习惯，以及家族、既往病史等的问卷调查，记录个人的健康问卷信息资料模块，进行管理。

第四，健康体适能测试资料管理。实现对健康体适能资料的查看、删除操作以及数据的统计功能。体适能评估是通过专门的仪器测试，对健身者的健康体适能的心肺耐力、肌肉力量和耐力、柔韧性、身体成分多个指标进行测试，随后录入健康体适能测试资料管理模块内，为运动处方的制定提供资料。

第五，运动试验信息管理。实现对健身者运动机能进行检查与评估。

第六，临床测试信息资料的管理。实现对健身者临床体检资料的查看、对比操作以及数据的统计功能。临床检测与评估通过专门的体检公司或正规的医院检测中心，对健身者的生理、生化的指标（心率、血压、心电、肺功、血脂、血糖、血流变、全血分析等）进行检测，将测试结果录入或导入临床测试信息资料管理模块。录入健身者的测试信息资料的管理模块，为运动处方的制定提供资料。

第七，运动处方制定导出管理。可以实现个性化运动处方导出。

第八，数据库管理。实现数据的备份和恢复功能。

第九，权限管理。可以进行查询、增减和修改及权限操作。

健身者通过自己的账号进行查询个人的基本信息、健康体适能的状况、临床的生理生化指标和运动处方方案，以及相应的健康教育内容等。

管理者可以通过对健身者的多项指标进行运动处方的导出和运动处方的微调等权限操作。

四、运动处方的实施路径

大力提倡人们增加运动锻炼，静坐少动的趋势在我国乃至全球已开始降低。以行为改变理论为基础的一些干预方法已经成功地帮助个体开始一个短期的运动计划。但是，行为干预对于提高运动锻炼的作用很小或一般，而行为干预对于提高长期规律性运动锻炼的研究结果不一致。

对某些个体来说，个性化的运动处方可能比提高运动的坚持性更有效。对于准备参加运动锻炼的个体进行评价，有助于健康专业人员了解其适应的情况。针对体力活动行为，改变阶段表现如下。

第一，前意向阶段。个体静坐少动并且没有任何开始改变的意向。人们没有认真地思考在接下来的 6 个月中体力活动水平改变的问题或者是否有改变的需要。

第二，意向阶段。仍然静坐少动，但是已打算在未来 6 个月中开始有规律的体育锻炼。

第三，准备阶段。开始有意识地增加体力活动，不过活动水平较低，未能达到获得健康效益所需的活动量（每周至少 3 次，每次至少 30 分钟）。但是他们打算未来的 30 天内加大体力活动量。

第四，行动阶段。已经进行推荐水平的体力活动至少 6 周。这个阶段行为改变的动机很足，感知到的效益大于感知到的障碍。然而，这也是最不稳定的阶段，个体回退到以前阶段的风险最大。

第五，保持阶段。坚持有规律地锻炼至少 6 个月。锻炼行为已经建立，回退的风险低。

（一）实施坚持性的经验推荐

第一，获得健康专业人员对运动计划的支持。

第二，阐明建立运动目标的个体需求。

第三，确定运动的个性化、运动目标的可实现性和客观性。

第四，确保运动的安全性、便利性以及器材设施的良好维护。

第五，确定运动锻炼的社会支持。

第六，确定运动环境支持者和提醒者。

第七，确定自我监测运动计划的动机，运动的结果和成就，如运动日记和计步器。

第八，强调和监测急性运动或即刻的运动效果。如降低血压、血糖等。

第九，强调运动计划的多样性和趣味性。

第十，建立规律运动的时间表。

第十一，介绍有资格、有风度以及热心的运动专业人士。

第十二，实施中等强度，特别是在运动的早期适应阶段，尽可能减少肌肉酸痛和损伤。

（二）以健身者为中心的运动处方

1. 探讨日程安排

（1）关注健身者的日程安排。

（2）表达渴望谈论健康行为。

2. 评估

（1）改变的准备。如"您是否考虑改变一下您的运动习惯?"

（2）了解危险/困难。如"您认为运动会有怎样的危险?"

（3）危险相关症状/疾病的历史。如"您是不是担心运动锻炼会使您感到很累? 对您来说，疲劳是一个困难吗?"

（4）恐惧/顾虑。如"您对运动锻炼有什么顾虑吗?"

（5）对健康行为的看法。如"您今天为什么来找我?"

（6）选择健康行为的历史。如"您曾经是否尝试进行运动锻炼?"

（7）以前在试图改变过程中出现的问题。如"告诉我有关您以前运动锻炼的情况。您遇到了什么问题?"

（8）阻碍改变的问题。如"现在有什么使得您无法开始进行运动锻炼的事情?"

（9）试图改变行为的原因。如"您为什么要进行运动锻炼呢?"

（10）继续进行危险行为的原因。如"您为什么坚持这样做，而不是参与运动锻炼呢?"

3. 劝告

（1）对健身者大力劝告其改变行为方式。

（2）个人风险。

（3）强调改变带来的短期和长期益处。

4. 帮助

（1）利用口头语和非口头语之间关联/助长技巧。采用开放式问题，避免使用规定性陈述，如"你应该……"可以使用直接的眼神交流等。

（2）纠正误区，提供咨询。如"您打算利用更多的运动锻炼在6周内减掉5千克或更多的体重，这是一个不实际、不健康的目标。运动锻炼可以使您在长期运动中保持体重逐渐减少，但是在短期内效果甚微。"

（3）表达感想/提供支持。如"我理解您对开始运动有些紧张。开始的时候的确很困难，但是我相信您是可以做到的。"

（4）找出改变的障碍。如"您提到您的日程安排比较紧。让我们来看看您的安排吧，看看是否可以找出一定的时间进行短时间的运动。"

（5）找出潜在的资源和支持。如"您的伴侣是否有兴趣和您一起运动吗？在您家附近是否有健身房或者公园？"

（6）描述可以改变的内容。如"根据您和我的交流的情况，看来您应该选择一定的运动锻炼。"

（7）在选择中精选。如"在这些选择中，您觉得哪个最好？"

（8）提供资源/材料。如"这是一个节拍器，可以在您步行的时候打出简单的节拍。"

（9）传授技巧/推荐行为改变策略。如"开始一个运动处方实施计划是困难的。有一个可以帮助您的办法，将运动计划画在日历上，把它当作任务来完成。"

（10）适当的时候提建议。如"我认为您会乐意参加瑜伽课程。"

（11）考虑一份书面合同。如"很多人发现签署一份书面合同有助于跟踪运动处方实施计划。如果我们这样做，您觉得可以吗？"

（12）找出障碍并解决问题。如"人们经常碰到使运动变得困难的问题，您认为什么会成为您的问题呢？让我们找出克服这些困难的办法吧。"

（13）鼓励采用支持和应对策略。如"坏天气经常使出去步行很困难。您能够想到一个可以替代的步行场地吗？在坏天气进行其他的运动可以吗？"

5. 随后的安排

（1）重申计划。

（2）安排随后的日程或打电话。

第三节 促进体质健康的锻炼方法

一、提升青少年体质健康的锻炼方案

(一)青少年身体特点与健康锻炼

"学生的体质状况是饱受社会各界关注的,中职学校作为培养国家专业型人才的摇篮,校方和教师都要重视学生的个人体质健康情况,定期进行测量评价以了解学生的身体素质有助于后续健康方案制定,让学生的身体可以得到最科学最合理的锻炼。"[①]

1. 小学生身体特点与健康锻炼

(1)小学生的身体特点。小学生的年龄为7~13岁,分为低年级(7~9岁)和高年级(10~13岁)两个阶段。高年级的学生在男、女生身体形态方面出现一些分化,其中,女生在这一时期陆续开始进入青春发育期,逐渐出现身高和体重快速增长的现象。由于男生发育一般比女生晚1~2年,因而女生在进入青春期后,多数形态指标超过同龄男生,往往出现女生身高比男生高,体重也有超过男生的现象。而男生进入青春期后才逐渐进入快速增长期,身高增长迅速,反超过女生。这一时期城乡学生会出现一些差异,农村学生身高、体重的快速增长往往比城市学生晚一年。

就总体而言,小学生的身高年增长率约为3%~5%,绝对增长值为6~8厘米,最高可达10~12厘米,体重年增长率约为10%~14%,绝对值为5~6千克,最高可达8~10千克。该阶段身高的增长还是以下肢长度增长为主。随着生长发育的进行,下肢肌肉在长度增长的同时,围度有所增长。女生由于进入青春发育期较早,各项围度、宽度增长较快,因此,下肢明显增粗,并出现脂肪堆积,体重百分比升高等现状。男生围度虽有所增长,但由于围度的增长落后于长度,往往使人感觉比较单薄。由于学生骨骼的钙化和肌肉力

---

① 聂正慧.中职生体质健康测量与评价的探析[J].文体用品与科技,2021,6(6):85.

量正处于发育过程，生理方面还没有定型，如果不注意身体姿势的保护（如单侧用力过多或缺乏全面的体育锻炼），就比较容易引起脊柱变形，而影响体质健康水平的发展。

（2）小学生的健康锻炼。初级阶段的体育锻炼中，在内容和形式上要生动活泼，形式多样，内容要避免和大人一样。有两种锻炼方法：在一些游戏中的练习，激发学生的神经兴奋性，培养学生对体育锻炼的兴趣，从而达到锻炼的效果；小学生培训内容的选择，可以结合体育教学，也可用于课外活动，或在家与父母或实践帮助同伴。因为他们在神经细胞分化的皮质中还不完善，而小肌肉群的发展是缓慢的，所以不要求他们做太复杂或精细的技术动作。

2. 初中生身体特点与健康锻炼

（1）初中生的身体特点。初中学生的年龄大多在 12~14 岁，这一时期男女生均进入青春发育期，各项形态指标继续快速增长，但肌肉增长要落后于骨骼的增长。该阶段肌肉生长主要为长度的增长，肌纤维仍较细，肌肉横断面积小，肌肉收缩力量较弱。从外表上来看，初中女生身体形态比较瘦弱细长，这是由于女生各项发育指标增长值和增长率出现高峰的年龄比男生早 1~2 年，导致男女生各项生理指标的差距逐渐拉大，使身高、体重呈现明显的差异。随着初中年级的逐步增高，男生身体的围度、宽度随着年龄的增长而呈上升趋势，尤其在初一年级以后逐步明显，男生的胸围、肩宽、上臂围增长率达到高峰，小腿围度也增长较快，初步体现出男性所特有的轮廓。而女生身体的围度、宽度增长率虽有所减慢，但大腿围与骨盆的增长达到高峰，导致身体下肢增粗十分明显。这一时期女性身体中的脂肪进一步堆积，体脂百分比继续增加，乳房发育明显高出胸部，呈现出女性特有的曲线美。

（2）初中生的健康锻炼。青春期是生命中最重要的时期，因此，青春期是人类发展的关键阶段。研究实践证明，这一时期人体的重量、围度指标受后天影响程度在 50%~70%，其中，身体锻炼起着举足轻重的作用，经常参加体育锻炼可以促进身体的全面增长，具体表现在积极促进学生的成长和发展，提高健康水平。初中生身高增长主要以躯干为主，因此，除了男生发展下肢的练习，还应增加躯干和上肢肌肉的锻炼，一些力量练习促进肌肉围度增加，使身体的发展更加均衡，从而避免身体太单薄，缺乏男子气概。女生需要保持适量的身体脂肪，还要防止脂肪过多堆积。因此，女生应该进行一些有氧运动，用于腰部、腹部、臀部、腿部和胸部的锻炼，以形成更美丽的体形。运动项目中可以安排一些伸展运动、动态力量的运动和较长时间的有氧运动等项目。

3. 高中生身体特点与健康锻炼

（1）高中生的身体特点。高中年级学生多为 15~17 岁，这一阶段男、女生形态指标增长均减慢，但差距继续增大。由于此阶段男、女生下肢长度增长幅度甚微，身高的增长主要是坐高的增长，17 岁后，身高接近成人，而围、宽度指标年增长率也很小。这一时期女生身体基本定型，皮下脂肪增厚，体重、骨盆发育也日渐成熟，髋部和大腿部明显增粗，小腿围度增长较多，但肩带窄、胸廓小，因而形成下肢粗短、上肢单薄窄细的体形，而男生则由于上体围、宽度增长较快，形成上体宽厚、下肢细长的体形。

（2）高中生的健康锻炼。青春期后期，身体发育也逐渐成熟，通过积极参与体育锻炼，可以使男生更加健美，女生可以减少体内脂肪的堆积，使身体更加匀称。女性身体形态锻炼的主要部位是胸部、背部、大腿和臀部，男性主要以肩、上臂、胸、腰和腿进行锻炼，通过一些徒手或运动器械，增加肌肉力量，使身体形态强壮健康。

（二）青少年体质健康锻炼的内容

1. 健身走

健身走所具有的健身价值主要表现在：增强运动素质；增加骨质强度；增强心脏功能；有益心理健康；促进智力开发；促进疲劳消除；促进减肥；预防治疗疾病等。健身走的方法有很多，主要包括散步、踏步走、倒步走、快步走。

（1）散步。散步是一种放松和容易的方式，锻炼效果好，保持身体姿势的正确性，轻松自然，脚平，软土地基，直立，腹部臀部保持与脊柱成一直线，双肩放松，双臂自然下垂合作的脚移动，自然的动作，摇摆，两腿交替屈膝。随着脚跟滚动到脚趾，另一条腿弯曲摆脚落地前，步幅因人而异。散步是运动的一种非常有效的方法，有利于身体的锻炼，也有利于缓解紧张的心理和情绪的改善，训练方法主要有普通走法，臂走法，快速行走，行走背部和腹部按摩手臂的走法。正常行走速度为 60~90 步/分，每次应持续 20~40 分钟。摆动臂行走法，当手臂前后做较大摆动时，步行速度为每分钟 60~90 步。步行速度快为 90~120 步/分，每次走 30~60 分钟。揉腹是中医养生的一种传统方法，用双手走腹推拿按摩腹部，速度 30~60 步/分，每周按摩一次。臂回的走法是走时双手放在腰后，慢慢地走 50 步，然后向前一步。这样重复步行 5~10 次。

（2）踏步走。踏步走是在原地走或稍有向前移动的特殊走法。踏步走时，要求身体直立，两臂自然下垂或屈臂。踏步走时两腿交换屈膝抬腿或前脚掌落地，两臂协同两腿前后直臂或摆动，屈膝抬腿至髋高达到抬腿最高点，直腿或膝落地均可，落地要轻缓、平稳。踏步走锻炼没有任何限制，适合于各种人群。通过锻炼，可提高下肢、腰腹部肌肉力量和内脏器官系统的机能。踏步走的方法主要有以下四方面：

第一，踏步走两腿交换频率因人而异，一般来说，以每腿 35~45 次/分为宜。踏步者也可以根据自身的身体素质情况，不断提高抬腿高度与两腿交换频率。

第二，踏步走脚落地最好用前脚掌先着地，然后滚动全脚着地，注意脚的缓冲，身体重量落在前脚掌上。

第三，每天早晚进行两次原地踏步走的锻炼，在踏步走中要不断创编出新的组合踏步法，如踏步 4 拍一转体、按音乐节拍踏步、闭眼原地踏步、有氧台阶踏步、有氧踏板等。

第四，踏步时用脉搏控制运动负荷，健康成人踏步走脉搏最高可达 180 次/分；一般练习者踏步走脉搏达到 120~150 次/分即可达到健身最佳效果。身体不适者原地踏步走脉搏最高控制在 120 次/分。运动时，进行变速度原地高抬腿踏步走，能达到减肥目的。

（3）倒步走。倒步走即向后走，两腿交替向后，增强大腿肌肉和背部肌肉的力量，同时也有益于小脑的健康，有利于提高身体的柔韧性、协调性。一步一步可以使人集中精力，心理稳定，自主神经系统可以增强，使神经系统和肌肉组织比正常运动得到更全面的锻炼。该步骤适用于所有年龄段的肥胖人群，也适用于腰部损伤、慢性腰部疾病的康复训练，也可预防脑萎缩。

（4）快步走。快步走是一种步幅适中或稍大、步频加快、步速较快（130~250 米/分）、运动负荷稍大的健身锻炼方法。快步走时，身体适度前倾 3~5 度，基本姿势为抬头、垂肩、挺胸、收腹收臀。在行走过程中，两臂配合双腿协同摆动，前摆时肘部成 90 度，手臂高度不高于胸，后摆时肘部成 90 度，两手臂在体侧自然摆动，两臂摆幅随步幅的变化而变化。双腿交换频率加快，步幅尽量稳定，前摆腿的脚跟着地后迅速滚动至前脚掌，动作要柔和，后脚离地。

2. 健美操

健美操属于有氧健身运动的一种，是在有充足氧气的前提条件下，通过一些动作来提供能量，给人体有氧系统的运动方式。健美操属于全身性运动，它需要持续一段时间才能完成整个动作，运动强度属于中低强度，健美操运动有利于训练运动员的有氧耐力，促进运动员心肺功能的协调发展。健美操运动通常安全度是比较高的，基本动作具体如下。

（1）上肢动作。上肢动作锻炼主要包括两个方面的内容，即基本手型和常用上肢动作。通过上肢动作的锻炼，不仅能够进一步增强动作变化的多样性，同时，也能使动作的强度和难度发生一定的变化，从而使观赏价值有所提升。

第一，基本手型。健身是健身健美操锻炼的重点，因此，对手型没有非常高的要求，而要求将注意力放在锻炼大肌肉群上。

第二，手臂动作。手臂动作是多样的，正确的手臂姿态能够将整个身体姿态的完善及动作的艺术风格充分展现出来，因此有非常重要的作用，一般来说，手臂的动作主要有屈伸、举、摆、绕、振、绕环等。

（2）躯干动作。健身健美操运动中，躯干部位也有着非常重要的作用，主要表现为稳定身体，因此，要重点对肌肉力量的平衡进行训练。不同部位的动作锻炼分析如下。

第一，头颈部。头颈部是人体最重要的组成部分，使头颈部动作的训练进一步加强，能够起到收紧肌肉、减少脂肪的堆积、增强颈椎间韧带的弹性、提高头颈的灵活性、促进脑部的血液循环，并有预防颈部骨质增生疾病的发生等重要作用。头部动作的方向主要是前、后、左、右四个方向。基本动作包括屈、转、绕、绕环。在进行头颈部基本动作训练时，为了保证锻炼效果，需要注意：动作应缓慢，颈部肌肉充分伸展，身体保持正确姿势。头颈部动作锻炼的方法主要有五种：①头颈左右屈；②头颈前后屈；③头颈转；④头颈训练；⑤负重法。

第二，胸部。胸部动作练习的方法主要有：①含展胸，直臂或屈臂做内收动作，通常与臂的外展结合进行。②左右移胸，两臂侧平举，胸部左右水平移动。③仰卧胸部。跪撑在垫上，背伸弓腰、低头成预备姿势。为了保证训练效果，需要注意：匀速进行，幅度要大。④跪立挺胸。跪坐，上体前屈，两臂前身伏地成预备姿势。为了保证训练效果，需要注意：匀速进行，幅度要大。

第三，肩部。①提肩，肩胛骨做向上的运动。②沉肩，肩胛骨做向下的运动。③绕肩，以肩关节为轴做小于360度的运动。④肩绕环，以肩关节为轴做360度的圆形运动。

第四，背部。背部肌肉主要有背阔肌、斜方肌、菱形肌和大圆小圆肌，当其收缩时，可使肩关节外展、下沉。背部动作的练习方法主要有两种：①外展。屈臂或直臂做外展动作，通常与臂的内收结合进行；②上举下拉。两臂由侧上举下拉至髋侧。

第五，髋部。健身健美操髋部动作的练习方法主要有四种：①提髋，两脚自然分开与肩同宽，两臂自然下垂。②顶髋，一侧腿支撑并伸直，另一侧腿屈膝内扣，上体保持正直，用力将髋部顶出。在锻炼过程中需要注意的是：两脚自然分开与肩同宽，两臂自然下垂；动作要求幅度大。③摆髋，两腿微屈并拢，髋部向左、右摆动，有一定的腰部动作的配合。直立，两臂自然下垂。④绕髋和髋绕环，两脚自然分开与肩同宽，两臂侧举。

第六，步伐。健身健美操的基本步伐可以大致分为三种，即无冲击健美操步伐、低冲击健美操步伐以及高冲击健美操步伐。

二、提升成年体质健康的锻炼方案

现代社会生存状态使人们的生活节奏越来越快，快节奏的生活，让人们越来越注重工作速度，从而导致休闲娱乐的时间减少。由于业余时间不足，参加身体锻炼的机会越来越少，使人们普遍感到身体健康状态越来越差，这一现状是人们对现代生活的共同感受和体验。以脑力劳动者为主体的人群中，由于整天坐在办公室，缺乏足够的体育锻炼，加上频繁接触电脑，使他们的体质日益下降。具体表现为经常出现头痛、失眠、神经衰弱、精神紧张、免疫力下降等。由于长期得不到锻炼的调节，其症状也会逐步加重，直至影响人们正常的工作和生活。面对这种紧张和压力，有效的解决的办法就是加强身体锻炼。因为强健的体魄是工作的基础，充沛的精力是生活的保障，只有健康才是唯一能够伴随一生的珍贵财富。

（一）健身跑

1. 健身跑的重要作用

随着社会经济的快速发展，人们生活水平的提高，对于健身的需求也在不断地增长，因此，健身跑这项锻炼方式受到了人民群众的喜爱，成为大众健身中最基础的健身运动，能够将现代社会不良的生活习惯进行改变，其重要作用主要体现在以下方面：

（1）进行健身跑锻炼可以使呼吸循环系统的功能得到提升。只要长期进行健身跑锻炼，那么呼吸肌就能得到有效的锻炼，跑步者呼吸肌的力量就会得到有效的提升，在跑步者呼吸的过程中，跑步者的呼吸深度能够得到有效的加深。并且使其肺活量增加，将呼吸的次数减少，同时还能够提升其呼吸的储备功能。

（2）对于长期进行健身跑运动的人来说，跑步者的肌肉的充实程度能够得到有效的提升，且其骨骼的持久能力也能够得到有效的发展。

（3）在进行跑步运动时，身体中的糖会出现较大的消耗。由于其能够增加肝脏的供糖能力，因此长期进行健身跑锻炼，还能够提升跑步者的肝脏的工作能力。

（4）进行健身跑运动，需要其身体的各个部位进行协调工作才能良好地进行锻炼。因此进行长期的健身跑锻炼，能够提升人体的协调能力和规律性，并且通过进行健身跑锻炼，还能够使跑步者的身体各部分的机能得到有效的提升，增强人体的免疫能力和适应力。

（5）进行健身跑锻炼，只要长期坚持下去，就能够将参与者身体中原本具有的大量的不良心理情绪进行改善，如焦虑、紧张等。进行锻炼后，人体内在压力和焦虑都能够得到有效的发泄，使人的精神和身体紧张的状况得到放松，并且使其重新以健康充沛的精神面对生活和工作。

2. 健身跑的主要特征

将以提升身体健康水平为最终目的所进行的跑步运动，称为健身跑。所以，在进行健身跑运动时，要先对自身健康和承受能力进行准确的了解和认识，制订科学合理的健身跑计划。因此，只有能提升身体健康水平，并且具有一定的针对性、科学性、合理性的跑步运动，才能够被称为健身跑运动。而健身跑其实也是大众普遍开展最多的一种基础性的健身运动，其具有以下七点主要特征：

（1）具有较强的可操作性。健身跑作为最为普遍的健身运动，主要是因为其具有较强的简易性和可操作性，其主要体现在不会对场地以及器材进行较高的要求，只要有较长的平整道路就可以进行。

（2）锻炼形式较为灵活且方便，活动量以及强弱程度能够由参与者自身进行掌握和控制，但需要参与者能够对自身的身体情况进行准确的了解和认识。

（3）能够使跑步者的体能储备增强。如果跑步者增强运动量，并且在能够承受的最大负荷中进行运动，就能够提升其心血管系统的运作能力，从而使其体能储备得到有效增强和提升。

（4）有着良好的群众基础。因为健身跑运动能够在各个年龄层以及不同身体状况的人群中适用，没有较高的门槛要求，所以人们在选择健身运动时，会优先选择健身跑运动，具有良好的群众基础。

（5）具有十分明显的健身效果。进行健身跑的过程中，在没有较强的运动强度的同时，能够达到有效的肌肉耗氧量。因此在进行健身跑的同时，就能够使人体的心血管系统更多地参与到运动过程中，使心跳的次数增加的同时，增加了呼吸次数，为肌肉提供氧气的同时，还能够提升其心肺功能，使血液总量得到有效的提升，使肺活量水平以及氧气的运用能力得到提升。

（6）在健身跑的过程中，能够受到一定程度的保护，并且其不会受到天气条件的限制。

（7）恢复快。采用健身跑进行锻炼后，身体的恢复期较短。很多情况下，人长时间不进行体育锻炼后，如果进行剧烈的运动，就会导致其身体长时间不能得到有效的恢复。而采用健身跑锻炼，当参与者的身体机能发生较大的变化后，能够迅速恢复到正常的水平。因此，健身跑这种锻炼方式也受到了广大人民群众的喜爱。

3. 健身跑的基本方法

（1）原地跑。一般将在室内进行跑步运动的锻炼方式称为原地跑运动，进行运动的时间和速度需要跑步者根据自身的状况自行设定，并且当速度加快、时间增加的情况下，其运动的强度和运动量也会逐渐增加。进行原地跑时，跑步者还能选择合适的音乐进行伴奏，提升运动的兴趣和积极性，从而使跑步的锻炼作用更好地发挥出来。不仅健康的人可以进行锻炼，一些慢性病的患者也可以采用原地跑的方式进行一定程度的锻炼。

（2）慢速跑。跑步运动中，慢速跑是较为常见的一种锻炼方式。其需要参与者对自身的身体情况进行有效的了解，并且在跑步过程中，采用匀速慢跑的方式进行锻炼，从而达到锻炼身体的目的。进行健身慢跑有具体的要求，开始需要以 90~100 步/分为最佳状态，之后逐渐增加到 110~130 步/分的速度。而其每天的运动时间应该在 30 分钟左右为最佳，距离在 2.5~3 千米最好。而锻炼的时间，可以每日进行锻炼或者中间间隔一日，如跑步者身体较弱或年纪较大，则其速度可以仅比走路略快，而体质较好的则可以加快速度。

（3）变速跑。变速跑就是指跑步者在进行健身跑的过程中，首先快速地跑，之后进行慢跑，同时快慢跑交替进行的一种跑步方式。进行慢跑的过程中，由于肌肉的活动相对来说较为平稳，因此其肌肉需要的氧气能够得到满足，是一种常见的有氧运动。而当跑步者快速进行跑步时，其肌肉会剧烈地活动，此时就需要更多的氧气，但吸入的氧气不能得到满足，所以其属于无氧运动。进行变速跑的体育锻炼，能够提升其耐力水平和持久力，使其速度和体能得到有效提升，这种跑步方式比较适合体质较好的锻炼者。

（4）倒跑。倒跑在反序运动中是一个重要的健身项目，与正常的跑步形式有较大的差别，其背部向前、面部向后进行跑步运动，且需要两脚向后进行交替运动。倒跑时，需要跑步者的上体呈直的体态，但需要稍向后倾，同时需要抬头挺胸，双眼平视前方，以较小的步伐向后倒退，两臂则可以前后自然地进行摆动，但需要注意周围环境以及身体不能随意进行摇摆。

（5）滑步跑。进行跑步锻炼的过程中，跑步者采用的不是常规的跑步方式，而主要使身体呈侧立姿势，并且进行跑步运动，从跑步者本身来看，其所进行的是向左跑或向右跑，也被称为滑步跑。这种跑步方式大多数人都能够进行锻炼，也有着较为广泛的群众基础，其主要是在进行其他跑步锻炼的中间进行适当的锻炼，能够有效地提升跑步者身体的敏捷性、平衡性以及灵活性。

（6）定时跑。一般两种情况下会进行定时跑：一是需要其每天在固定的时间进行跑步运动，则此次跑步不需要限定具体的锻炼时间及速度，可以在每天均进行跑步锻炼，时间可以随着运动次数的增加而增加；二是在具体的时间段内完成一定距离的跑步策略，而跑步者可以在 10 分钟之内完成 1 000 米的任务量，之后可以随着跑步次数的增加缩短时间，或者增加跑步距离，这样能够有效地提升其身体的耐力和综合素质。

（二）健身球

健身球是集休闲、运动、减肥、修身于一体、相对比较新颖、且具有一定趣味性的新型的健身锻炼运动。健身球能够满足各类人群的锻炼需求，甚至需要进行康复治疗的患者也能够利用其进行有效的康复。健身球具有良好的健身效果，对人体的脊柱以及骨盆位置都能够起到有效的锻炼作用。同时使用健身球进行锻炼，能够使受损伤的机体部位得到有效的恢复和康复，并且还能够提升人体的心肺功能，使锻炼者的平衡力、敏捷度、灵活性和柔韧性得到有效的提升。

健身球运动最早出现在瑞士，最开始主要被利用在医学领域，主要是使神经系统患者进行康复治疗的医疗设备，能够使其恢复运动能力，提升平衡能力。随着社会的发展和科学技术的不断提升，其也逐渐发展成为重要的健身运动，并且受到了广大人民群众的喜爱，并在世界范围内流行起来。

1. 健身球的作用体现

（1）健身球运动对锻炼的人群没有较高的要求，所有身体状况以及年龄层的人群都能够进行锻炼，甚至需要进行康复训练时，也能够使用健身球进行运动，除了其本身就是医疗康复器械外，还由其本身的运动性质决定的。但需要康复的人群需要有人在旁辅助。使用其进行锻炼不仅能够保证锻炼者的安全，而且其产生的对关节的冲击力也要比其他的运动小，能最大限度地减少运动对身体带来的伤害。锻炼者腰部有伤的情况下，不能进行腹部的运动，采用健身球锻炼时，则能够避免对腰部造成二次伤害，同时能够起到锻炼的作用，对腰部有一定的支撑作用。

（2）使用健身球进行运动，还有着一定的趣味性。锻炼者采用较为普遍的运动方式进行运动的情况下，其只能单纯地使用简单的重复动作进行反复的锻炼，容易使人产生疲倦感和枯燥感，如跑步或仰卧起坐等运动。而采用健身球进行运动的情况下，能够将传统的固定化的锻炼方式进行改变，增加了一定的趣味性，能够有效地提升锻炼者的积极性，在热烈的音乐节奏中，能够使心情保持愉快的状态，达到锻炼的效果。运动者不仅能够坐在或趴在球上进行运动，还可以将球举起进行多种多样的运动，具有较强的娱乐性以及趣味性。

（3）健身球运动能够提升锻炼者的平衡能力。通常情况下，传统的健身运动主要是在平稳的地面上进行适当的锻炼，因此不需要对平衡问题进行考虑，平衡能力往往不能得到较好的锻炼。而在使用健身球的情况下，健身球是球状的器具，其平衡力有限，同时锻炼者还需要使用健身球使身体能够从地面脱离出来，因此，就需要具有较强的平衡能力。在球上能够平稳地坐下来，就是对平衡力的一种考验，而需要将腿抬起时，就是在进行平衡力的培养过程。此外，进行健身球运动需要人体的各个部分进行有效的协调，还需要使其能够与球体进行相互的协调作用。如此一来，在提升人体的平衡能力的同时，还能够提升其自身的协调能力。

（4）健身球运动有一定的按摩功能。使用健身球进行健身的过程，当人与球能够融为一体，就达到了最高的锻炼境界。同时使用健身球锻炼，不仅能够起到以上多种作用，还能够起到一定的按摩作用。这主要是因为，健身球操的设计能够使人体尽量和球面进行有效的接触，并且由于健身球材质也有一定的影响，因此具有按摩的功效，能够有效地促进锻炼者的血液循环。

2. 健身球的基本动作

（1）俯身屈腿。俯身屈腿主要能够锻炼到的部位集中在臀部肌肉以及下背部区域。其具体的动作步骤：首先需要锻炼者面部朝下，将胯部紧贴在健身球上，同时双手撑地，两腿分开和肩部同宽，膝盖弯曲，脚背也需要弯曲，同时将脚心呈向上姿态，而锻炼者的大腿就需要和地面呈平衡的状态，在收紧臀部及腹部的同时上下摆动双腿。注意不要拱背，尽量保持球的稳定，不要让球来回滚动。

（2）扩胸抱肩。扩胸抱肩的锻炼部位是胸部、后肩。扩胸抱肩的动作步骤为：身体呈仰卧状，头部、颈部和肩部贴在球上，双手各执一个哑铃（2~4千克，依个人具体情况而定），在胸前交叉，抱肩，两腿分开和肩部宽度一致，同时需要脚尖向前伸。并且将臀部收紧，躯干与地面保持平行，同时张开双臂向两侧伸展，也需要和地面呈平行状态，还需要使锻炼者的肘部呈微微弯曲的状态，不要完全打开，然后还原至初始动作再做。

（3）上臂屈伸。上臂屈伸的锻炼部位是肱二头肌。上臂屈伸的动作步骤为：仰卧在球上，臀部和下背部贴在球上，双脚分开与肩同宽，脚尖向前。锻炼者的手臂应该由上向下伸，并且靠在球的前面部位，同时尽量将臀部收紧，肱二头肌用力并收紧，努力弯曲手臂，使哑铃逐渐提向至肩部。

（4）俯身抬举。俯身抬举的锻炼部位是上臂部、腹部。俯身抬举的动作步骤为：面部朝下，胸部压在健身球上，脚趾撑地。双手各执一个哑铃（2~4千克），肘部微曲，将哑铃向前抬起，尽量使双臂与地面平衡，然后还原再做。

（三）健身舞

健身舞长久以来受到了众多人民群众的喜爱，并且拥有广泛的群众基础，近几年也得到了迅速的传播发展。而健身舞主要是将传统的健身术、日常生活动作以及民间舞蹈和音乐进行有效的结合产生的。而"舞"从古至今，都是人民群众进行健身运动的主要锻炼方式，而音乐则能够对思想感情进行表达和表现，将二者结合在一起，就能使人兴奋且欢乐，不由自主地跟着音乐舞动起来。所以健身舞受到了众多人民群众的喜欢，也有越来越多的人在业余休闲时间，积极地参与到了健身舞的行列之中。

健身舞作为全民健身的主要锻炼方式，在不断的发展之下，其艺术的表现力以及感染力得到了很大的提升，同时能够将人的负面情绪和不良心理进行有效消除，并且能够塑造形体，具有多种优势，常常给人积极向上、欢乐健康的体验。

1. 健身舞的主要作用

（1）练习健身舞能够对运动器官起到良好的作用。长期进行适当的健身舞的锻炼，能够使锻炼者的韧带以及关节的功能得到有效提升，并且增大其活动范围，能使其弹性以及灵活性得到有效的提升，并且通过对肌肉量的增加，能促进运动器官的发展，提升身体健康的水平，避免因器官退化、关节磨损出现较多病症。

（2）健身舞练习能够对心血管系统的运作起到良好的作用。因为健身舞的特性决定了其属于基本有氧运动之一，因此长期进行适当的健身舞锻炼，能够使其心肌功能以及心血管系统的运作能力得到有效提升，在保持血管弹性的同时，还能尽量避免出现心血管疾病，保持身体健康。

（3）健身舞还具有一定的社会功能。音乐和舞蹈往往是结合出现的，并且其结合也具有较多的方式，通过不同的舞步和音乐的结合，也能够产生多种多样的健身舞，因此锻炼者在参与的过程中极富创造力，不仅能够提升其兴趣和积极性，还能够有效地将锻炼者的疲劳赶走。而且由于健身舞往往是群体性的活动，因此在长期的锻炼中，不仅使其身体得到了有效的锻炼，还能够发展更好更多的友谊，从而使身心得到全面的发展。

2. 健身舞的注意事项

（1）健身舞与竞技性的舞蹈之间存在较大的差别，所以需要锻炼者根据自身的实际情况进行锻炼，不要因为出现了动作的误差或错拍等就产生较大的心理压力，要始终保持轻松愉悦的心情，才能够得到有效的锻炼。

（2）健身舞在锻炼的过程中，其动作也较常出现跳跃的步伐，而且以迪斯科最为显著，所以在锻炼过程中，要提前进行适当的活动，并且对膝关节以及踝关节进行保护，同时不要在坚硬的地面进行，应选择舒适的鞋进行锻炼。

第四节　不同需求下的体质健康锻炼

一、健康减肥塑身的适宜锻炼方式

经济的发展使人们的生活水平得到提高，尤其是饮食结构也发生变化，这导致人群中出现越来越多的肥胖现象。

（一）肥胖的危害与原因

肥胖是指体内堆积了过多的脂肪，从而对健康造成了一定程度的损害，逐渐形成的一种慢性非传染性疾病。肥胖给人们带来的危害，除了身体上的，如糖尿病、心脏病、高血压、脂肪肝、呼吸道疾病、儿童疾病、皮肤病、运动力下降、子宫发育不全等，还有心理上的伤害。肥胖时刻都在威胁着人体的健康，尤其是腹部和内脏脂肪堆积过高的人群。关于肥胖产生的原因，可以归纳为以下方面：

第一，体内内分泌代谢异常，体重调节机制紊乱或遗传。

第二，脂肪量摄入过多。

第三，精神紊乱以及体内生物化学因素影响。

第四，运动少，吃得好，睡眠多。

第五，饮食方法不正确，咀嚼过快，次数少。

第六，脊背褐色脂肪细胞机能衰退。

第七，血液中缺少三磷酸腺苷酶。

第八，胆固醇摄入过高。

第九，糖量摄入过多，超出标准摄入量，这些糖量长久地堆积在体内，时间长了就容易形成肥胖等。

综上这些原因，从营养学的角度来看，肥胖是因为营养过剩，即能量的供给大于消耗。而从医学的角度来看，肥胖是因为脂肪细胞数量增加，身体内脂肪过度增多，体重超过正常值的20%，已经对健康造成严重危害的一种超体重状态。

（二）运动锻炼减脂的优势

运动减脂的益处体现在以下六个方面：

第一，使热能消耗量增加。

第二，对安静代谢率和生热作用起到一定的影响。

第三，准确适应能量消耗和摄入，从而使脂肪保持一定的平衡。

第四，有利于肥胖内分泌失调的改善。

第五，有利于心血管、呼吸、消化系统功能的改善，以防止减体脂后的体重反弹。

第六，使肥胖得到一定程度的防止或减轻。

（三）减肥塑身群体的锻炼方法

1. 锻炼的形式、内容和方式

用于减肥塑身的运动，应该以中等强度、较长时间、动力性、全身性的有氧运动为主，辅助的是一些力量和柔韧训练以及大肌肉群参与，如走、跑、游泳、骑车、有氧舞蹈和健身操等（内容）：①走、跑，方便易行，且不受限制，但耗时枯燥及下肢负担重；②骑车，下肢不着地，膝关节负担轻，且可调节运动量；③有氧舞蹈及健身操，这是一种良好的全身性运动，可以提高健身者兴趣，易于坚持，但可能需要经费投入（方式）。此外，身体状况好的练习者还可选择跳绳，每天在进行其他运动的同时跳绳10分钟，其效果相当于500米健身跑的功效。游泳对减肥也有效果，每周3~4次，每次不少于20分钟；还有各种球类，游戏和气功等也可以达到减肥的目的。减肥运动中，关于进行肌肉力量训练的原因，主要包括以下方面：

（1）修型健美的形体，完美的身体曲线只有通过力量训练才能够实现。

（2）使瘦体重得到增加和保持，在节食减去的体重中，肌肉组织占35%～45%。

（3）提高人在安静状态下的代谢率，包括脂肪的消耗，这也是现代减肥运动处方中，会优先安排力量练习的原因。

2. 锻炼的时间和频率

每次运动持续30～60分钟（每次活动能量消耗为300kcal左右），每周至少运动3次；也可早晚各锻炼一次，减肥者每天坚持运动效果最佳。建议减肥者每次持续运动时间最好不要少于40分钟（水平较高者可达90分钟左右），因为运动中脂肪代谢的特点是动员（分解）较慢，常在运动2～4小时后，即便是训练水平高的人，在持续运动20～40分钟后才可能动用游离的脂肪酸提供热能。有氧运动前15分钟，以肌糖原供能为主，脂肪供能在运动15～20分钟后才开始，运动20分钟内基本不减脂肪。运动30～60分钟时由糖原和脂肪同时供能，脂肪供能达40%～70%。运动60～90分钟时，消耗的能量大部分由脂肪提供，脂肪供能所占比例可达90%以上。因此，对于减肥者的运动，每次持续时间至少是20分钟，但为了健康身体的保证，最好不要超过120分钟。减肥运动最佳锻炼时间最好选择在以下三个时段内：

（1）每天16：00～21：00（16：00～21：00为宜，19：00～20：00最佳）：因为晚餐后即19：00～20：00时锻炼，可以消耗晚饭摄取的能量，防止吃饱后睡觉时能量的堆积，同时消耗掉一天多余的热量。

（2）晚餐前2小时（16：00～18：00最佳）：晚饭前跑步与晚饭后跑步都有减肥效果，但晚饭前跑步的减肥效果明显好于晚饭后跑步的减肥效果，其原因主要有以下三种：晚饭前运动时，会动员脂肪供能，降低了运动对含脂类、糖类食物的食欲，使人们较容易减少能量质的摄入；晚饭前跑步，由于运动负荷的增加，不但提高了身体机能，也有利于睡眠的改善和脂肪的代谢；由于晚饭时间相对延后，使睡眠前的饥饿期相应延迟到睡眠期内，不仅避免了饥饿感的痛苦，还再次动员了脂肪供能。

（3）早饭前：早饭前锻炼，其消耗的热量约2/3来源于脂肪，这是因为人在经历了一夜的睡眠后，早上起床后是空腹，体内储存的糖原已被消耗殆尽，运动时无"原料"供应，只有靠分解脂肪供能，所以锻炼效果较好。但注意起床时先喝上一杯温开水和吃少量食品，因为长期在早晨进行空腹锻炼可能出现一些问题：一是空腹跑步时胃里没有吸收一定的糖分，会因跑步而产生脂肪酸，使胃液分泌旺盛，甚至可能导致胃痛和十二指肠溃疡；二是空腹跑步不仅会增加心脏和肝脏负担，而且极易引发心律不齐，导致猝死，尤其 50 岁以上的中老年人，由于利用机体内游离脂肪酸的能力比年轻人低得多，因此发生意外的可能性更大；三是可能导致结石病和低血糖。故建议早晨锻炼不可起得太早，早餐时间也不宜晚于 8：30。

总而言之，晚饭或早饭前跑步可使减肥进入良性循环状态，既可以增加运动量，又减少了能量物质的摄入，所以减肥效果更好。

3. 锻炼的强度及监控

运动强度是健身方法掌控当中最重要因素之一。一般用运动中的心率反映运动的强度，准确测量 10 秒的脉搏乘以 6 即代表运动中的每分钟心率。有氧运动中，减肥运动的强度应为最大吸氧量的 50%～70%，或最大靶心率的 60%～70%（青少年可达 75%）。在此负荷强度范围内运动，脂肪氧化的绝对速率处于理想状态，此时脂肪燃烧最快。

持续运动 30～60 分钟，用最大靶心率的 50% 的负荷强度锻炼，每分钟可燃烧 7 千卡热量，且 90% 的热量来自脂肪；而用最大靶心率的 75% 的负荷强度锻炼，每分钟可燃烧 14 千卡热量，约 60% 的热量来自脂肪。可见低强度长时间的有氧运动更有利于减肥。

二、疾病患者的健康锻炼方案

（一）高血压群体的健康锻炼方案

1. 锻炼治疗高血压的机理

适宜的运动或体力运动对高血压患者的康复有很大的帮助，较轻的高血压甚至能通过适当的运动恢复正常。运动治疗高血压的机理，体现在以下方面：

（1）降低心脑血管发生率：高血压患者坚持运动疗法可以通过全身肌肉的运动，改善血氧循环，使肌纤维增粗增大，肌纤维变发达可以促进血管的再生，使血管系统更加发达，促进冠状动脉及大脑动脉的循环，使血流量加大、血管弹性增强，这些改变既可减少心脑血管病的发生率，还可以降低血压。

（2）增强血管弹性：高血压患者通过运动可以促进肌肉中某些化学物质的产生，这些物质能够帮助人体清除体内的胆固醇，使血管通畅，同时也可改善血管的弹性，预防或减少动脉硬化的发生，延缓高血压病程的发展。

（3）改善脏腑功能：高血压患者通过运动，可以降低交感神经的反应性，从而引起血管舒张；还能够提高迷走神经的兴奋性，迷走神经兴奋可以促使血压降低；还可以增强体质，改善各脏器功能；丰富业余生活，保持轻松愉悦的心情。

（4）调节血液循环：高血压患者坚持运动有助于降低血液黏稠度，改善微循环，增强物质代谢的氧化还原和组织内的营养代谢过程；还可以降低毛细血管、微动脉及小动脉的张力，调节血液循环、降低血压。

2. 高血压群体的锻炼要点

（1）选择合适的运动项目。高血压患者不同于健康人，在选择运动项目时，要根据自身的病情、体质等选择适宜的项目。例如，高血压1级和高血压2级的患者，在病情稳定、血压无波动的情况下，可以选择慢跑、散步、游泳、简单的体操、太极拳、舞剑等。不宜选择激烈角力的运动，如足球、篮球、摔跤、拳击、赛跑、拔河等运动。高血压3级患者更应注意选择动作柔和的运动，只做一些放松机体的运动，如散步、活动肢体等，以不疲乏为度。

（2）运动时应让家人陪伴。运动时不宜离家太远，外出运动时应有同伴同行，这样在运动中如有不适可相互照应。不可空腹做运动，因为运动时需要消耗体力，如果能量不能及时得到补充，易发生心律失常、晕厥、低血糖反应，严重时还可以诱发心脑血管病。

（3）注意运动幅度。高血压患者在运动时，不能猛烈地低头、抬头、摇头、弯腰、蹲着猛然站起，这些体位幅度过大的运动容易引发意外。尤其是高血压患者伴有其他慢性病的，在锻炼时要注意把握好运动量。血压超过180/110毫米汞柱，尤具舒张压过高的患者，运动时容易引起血压恶性升高，所以禁忌进行高强度的运动，应该等血压降下来以后再进行低运动量的运动，然后渐渐增加运动量。

（4）选择合适的运动时间。运动时间不宜选择有雾的早晨，因雾天空气湿度大，空气混浊，灰尘、毒素颗粒都悬浮在空气的水滴中，人吸入以后容易引起呼吸困难、呼吸道感染，诱发哮喘、心脏病等。

高血压伴有高脂血症患者不宜在早晨运动。人体血液流变学说的研究结果表明，人体从晚上 21：00 至次日早晨 6：00，这段时间内血液流动变慢，血液黏度不同程度地升高，至清晨 6：00 达到峰值，这段时间内最好不要运动，以免引起梗死。合理的运动时间应为上午 9：00~10：00 和下午 4：00~6：00，这段时间运动可以取得良好的降压效果。

（5）高血压群体健身的"度"。运动疗法虽然可以强身健体，有利于血压的稳定，使病情恢复、改善心情等，但是就高血压患者而言，运动应保持一定的度，这"度"指的是运动强度不宜过大、运动时间不宜过长、动作不宜过猛。

第一，运动强度要有"度"。运动强度不宜过大，强度过大会适得其反，使血压升高，破坏身体的平衡与稳定。高血压 1 级、高血压 2 级患者主张维持中等量的运动，以心率和年龄为衡量要素，运动后测量心率。

运动中使心率保持在最高心率与最低心率数值之间，为最适宜的运动强度。一个 60 岁的老年人，每次运动后的心率保持在 112~136 次/分为最适宜的运动强度；如果心率超过 136 次/分为运动强度过大，易对身体造成伤害，对病情不利；低于 112 次/分，则称为强度过低，达不到运动疗法的效果。

以上是以心率与年龄为要素的指标来衡量运动强度，也可以根据自我感觉来衡量，运动后微喘、流汗、讲话尚流利、自我感觉不累为适宜的强度，如感觉胸闷、心慌、说话吃力、疲乏则为强度过大。

第二，运动时间要有"度"。运动中，要保持适宜的时长。运动时间太短，达不到康复的目的与效果；时间过长，容易疲劳，伤害人体的正气，正气一伤，邪气必来，有损人体健康。一般而言，运动时间的长短也要根据自身的年龄、体质、病情而定，以自身感觉适宜、无过分疲劳、无特别不适为宜。一般高血压 1 级、高血压 2 级患者，病情稳定的，可以持续 1 小时左右的运动。

3. 高血压群体的科学锻炼

（1）散步。散步能够强健身体、愉悦心情、抗衰老、增加抗病能力。散步也是一种传统而舒适的运动方式，对于高血压患者来说，散步更是一项有益的运动，既安全又柔和。只要持之以恒地锻炼下去就能增强动脉弹性，减少血脂含量，促进硬化斑块的吸收，增加血流的供应，改善病情，预防心脑血管疾病的意外发生。

散步时，最好不要受时间限制，可根据自己的体质和感觉来定。在无身体酸痛的情况下，尽量多走一会儿，一般以 30~50 分钟为宜，每天可以进行两次。散步时间以下午较好，下午人体气血旺盛，有利于改善脾胃功能、增加食欲。

散步应选择合适的速度，中老年人的平均散步速度以每小时 3 千米比较合适，以这种速度行走 1~2 小时，可以有效提高机体的代谢率，同时也能改善人体的糖代谢；高血压伴有糖尿病的患者经常散步，可以使血糖降低。平时可以以 3 种速度进行交替行走。每分钟走 60 步为慢速；每分钟走 80 步为中速；每分钟走 90 步以上为快速。但是合并心、脑、肾等器官病变的高血压患者，不应选择中速和快速，应尽量慢一些，并减少散步时间。

散步不要选择在雨天和风天，此时外出散步会增加高血压患者的负担，且雨天路滑容易摔跤，淋雨更会对身体造成不良影响。也不要选择阴暗、坎坷不平的地方或草深泥滑的小路及面临高崖深水的险地进行散步，应该选择平坦、空气清新、车辆少的地方，如公园中的小路、林荫路，或者乡间小路。

散步时穿的衣服应宽松、透气、舒适，以棉质为佳。鞋要轻便、以软底布鞋为好，不能穿高跟鞋，也不适合穿皮鞋。老年人不宜穿系带的鞋子，走路时脚不停地摆动，容易将鞋带走松而绊倒，且经常弯腰低头系鞋带，也对高血压患者的病情不利。

如果遇到风雨天，或者没有合适的散步地点，可以选择在家里进行散步。第一种方法：将双手扶在椅背上，踮着脚尖，左右交替提起脚后跟，模拟走路，每次可以锻炼 15~20 分钟，可达到和散步一样的效果。第二种方法：在室内或者小庭院里原地踏步走路。如果天气晴朗、风和日丽，还是建议高血压患者尽量到室外散步。

（2）慢跑。慢跑可以改善人体的供氧，慢跑比静息状态供氧多10倍左右，故而可以改善心脏及血管的功能和肺功能。通过适当有效的慢跑，能够减轻体重，降低血压，减少血中的脂质成分。

慢跑前要做好准备工作，如保持精神放松、情绪乐观，适当进食，不可吃得太饱；衣服适当少穿；活动四肢，做一些简单的体操，以利于关节的灵活，尤其要活动踝关节及膝关节，经过5分钟左右的准备活动，有助于在快走之后渐渐过渡到慢跑。

慢跑时两手微握成窄拳，肘关节屈曲约90度，上身略微向前倾，双臂要自然摆动，摆动时要与步伐配合，以协调身体运动时的平衡，同时注意全身肌肉放松，保持身体平稳，脚不宜抬得太高，以免失去平衡。

开始应尽量慢一些，等适应好了再提高速度，根据各自的体质、病情不同，选择适合自己的速度和距离。开始距离适当短一些，运动时心率不超过120次/分，无疲倦感，速度应保持在100~150米/分为宜，跑步的时间可以在10~15分钟，以感觉全身微热为度，不宜大汗淋漓，心慌气短。跑步时呼吸的频率与步伐的频率应协调一致，呼一口气跑两步、吸一口气跑两步，如果还能承受再快一些的速度，也可以两步一呼两步一吸。尽量用鼻子呼吸，因为张口呼吸容易吸进过多的冷空气，造成胃胀、恶心、呕吐，同时由于冷空气的刺激，易引起咳嗽、气急。

慢跑的注意事项为：第一，高血压1级、高血压2级患者病情稳定、血压已得到控制的，可以进行慢跑锻炼；对于高血压3级患者合并心、脑、肾等损害，或血压控制不良，有头晕、头痛、眩晕等症状的，则禁止慢跑活动，而应改成慢走。第二，高血压患者在慢跑过程中如出现心悸、头晕、视物模糊、脑痛、呼吸困难、腹痛等症状，应立即减速并停止慢跑，如有必要应立即去医院进行诊治。第三，高血压患者在慢跑过程中，应携带速效降压药、心绞痛药（救心丸）等，以免在慢跑途中发生心绞痛等来不及救治而发生意外。第四，高血压患者慢跑结束时，应逐渐减速，渐渐地改为步行，使运动量缓慢下降。禁止突然停止运动，这样集中在四肢的血液会迅速回到心脏，加重心脏负担，容易出现头晕、眼花、恶心等症状，严重的能使心搏骤停。

（3）游泳。水中运动时，人体的各个器官都参与其中，消耗的能量多，血液循环也随之加快，改善了人的心肺功能，缓解精神压力，增强体魄，减轻体重，有利于高血压的康复。

游泳时由于水中的浮力加上肢体的运动，使四肢末梢血液更容易流回心脏，使心率加快，血管的压力降低，有利于血管壁的保养，使血管壁的弹性增加、结构性增强，从而使心血冠状动脉的功能及结构也相应改善，有利于心脏的供血，增强了心脏的功能。

水中游泳时，胸部会承受来自水的压力，迫使人体呼吸加深加快，增强肺活量。一般长期游泳的人肺活量比正常人多 800~1 000 毫升，最大吸氧量比正常人增高 2 000~3 000 毫升。游泳能促使呼吸功能增强、呼吸肌发达、肺活量增多、换气更畅通、肺泡功能更好，所以能显著改善肺功能。

游泳运动能够加速胆固醇等脂类的分解代谢，避免脂类在血管壁内沉积，对动脉粥样硬化的高血压患者有良好的辅助治疗作用。

一般原发性高血压 1 级患者，症状不严重者是可以游泳的，这样有利于病情的稳定和康复。但由于游泳的活动量较大，所以每次游泳的时间不宜过长。高血压 2 级、高血压 3 级伴有心、脑等合并症的患者，或者虽然是高血压 1 级但是症状明显的，最好不要参加游泳运动，以免在游泳过程中发生意外。此外，继发性高血压患者在原发病没有治愈的情况下，也不宜游泳。

高血压患者在游泳时一定要做好准备工作，如用冷水擦浴至全身发热、做体操及一些肢体的伸展运动、活动关节肌肉、准备一些急救药品放在岸边等，以防止受伤及其他意外的发生。

（4）爬楼梯。爬楼梯是一种有效的有氧运动方式，能够锻炼心肺功能，促进组织器官的供氧，提高机体的新陈代谢率，增强机体的免疫功能，还能降低血脂、调节神经机能，有助于高血压患者的康复，改善头晕、头痛、失眠等症状。

爬楼梯每分钟消耗热量 58 千焦，卧式休息每分钟消耗热量只有 2.8 千焦，一个体重 40 千克的人爬楼梯 10 分钟消耗热量 840 千焦，下楼梯是上楼梯消耗热量的 1/3。相同的时间里，爬楼梯消耗的热量要比步行高 4 倍，比跑步高 3 倍。如果每日坚持上下楼梯活动，不仅可以增加肌肉、韧带、关节的活动能力，保持或提高下肢各关节的灵活性，还能改善和提高心肺功能，提高血液中高密度脂蛋白的含量，防止动脉粥样硬化导致的心血管疾病的发生。

高血压患者爬楼梯技巧及注意事项具体如下：

第一，爬楼梯前，要先活动活动关节，尤其是踝部、膝部、足的关节，以免扭伤；不要穿有带子的衣服，也不要穿太长的衣服，否则容易被绊倒，穿鞋宜选防滑的软底布鞋，不能穿高跟鞋、皮鞋、有鞋带的鞋。

第二，爬楼梯要循序渐进，不能急于求成，速度宜慢。由慢到快，运动强度以中等为宜，以不喘、不过分吃力为度。每爬 1~2 层时可休息几分钟，每次 15~20 分钟，每天可以爬 1~2 次，时间可以选择上午的 9：00~10：00，下午的 16：00~17：00，不应在饭后和临睡前锻炼。

第三，爬楼梯要保持注意力集中，眼看着脚下，不可分心，手不离扶手，脚踏到实处，并控制好抬腿的高度，不要太高，也不要太低，还要保持腰背挺直，这样有利于提高腿部肌力，也不会造成腰酸背痛。

第四，高血压患者在爬楼梯过程中，如遇到胸痛、腿部发抖、心慌、大汗淋漓、晕眩等不适症状应立即停下来休息，或者去医院就诊。

第五，由于爬楼梯比较单调，对全身的肌肉不能全面刺激，可以将体操和爬楼梯结合起来，这样有助于全身运动。一般的做法是：爬一层楼后，可在转弯平台处，一边休息，一边做些简单的体操，然后再爬，由此可以全面地锻炼肌肉。简单的体操有：双手重叠握住，做向上伸举运动，每层楼可以做 20 次；双手握住楼梯扶手，一侧大腿做向外伸展然后内收的运动，做 20 次；双手握住拉手，做屈肘运动 20 次。

（5）健身球。健身球就是拿两个球放在手里不停地搓转。这项运动能够使指掌关节、手指、腕部关节伸展灵活、弯曲自如，促进掌、指、腕等各肌群的协调运动，防止并纠正脑卒中后遗症的上肢萎缩无力、颤抖等症状。同时还能调节中枢神经系统，增强记忆力，预防老年痴呆，并能降低血压。

如果每天用手掌旋转健身球，一开始转 30 分钟，然后逐渐增加至 1 小时，锻炼 3 个月以后，收缩压可平均下降 20.3 毫米汞柱，舒张压可平均下降 98 毫米汞柱。多数病症较轻的高血压患者在锻炼健身球后停止服用降压药物，稍严重的高血压患者服药量也会显著减少，所以健身球锻炼有着显著的降压效果。

手掌旋转健身球时，球体不停地刺激并按摩掌心。手搓健身球能够疏经通络，活血提神，调节人体的神经功能。通过神经的传导，促使交感神经的兴奋性降低，从而降低血压，解除紧张的状态，保持气血流畅，促使血管修复，恢复血管弹性，改善微循环的功能，保证了心血管系统的良好状态。通过这样的经络与神经调节机制，使高血压患者血压稳定。

搓健身球的方法具体如下：

第一，同向旋转法。每只手同时握两只球在掌中，相互同向旋转，或者左手顺时针旋转，右手逆时针旋转，两只球相互挤着摩擦，要求两只球不能相互碰撞，有空隙，球也不能从手中转落，这样练习一段时间，达到熟练的程度后，还可以用三只球、四只球旋转。

第二，分离旋转法。这种方法较上一种增加了难度，在同向旋转法熟练以后才能练习这种方法，将两只球旋转一会儿，在掌中分离开来，相互不接触。只在掌边侧转动，这种方法更增加了掌指的运动与控制。

第三，内外跳动法。将两只球在手掌中，上下翻腾，上下跳跃，分为外向内跳转和内向外跳转两种方法。外向内跳转时主要用中指和大拇指控制，内向外跳转时主要是用大拇指和掌心控制，在一只球跳向空中的时候，将掌心的另一只球挤向内侧，使空中的球落在外侧，这样交替跳落，循环不断。

第四，节奏性转球。双球在一只手掌中相互碰撞，发出和谐而有节律的节拍声，反复练习，可以像打鼓一样，敲出各种各样的节律拍子。

第五，大小球同转。一只手掌里放一只大一点儿的球，再加几只小一点儿的球同时转动，使大球带着小球转动，小球绕着大球转动，可以使掌指关节和腕部肌肉更加灵活。

健身球以空心为佳，不宜自制实心铁球或石球，这两种实心球过于沉重，也过于冰冷，对指掌关节的健康不利，易引起小动脉痉挛、肌肉强直高血压。患者可先从小号球练起，小号健身球的球体直径约45厘米，一个球重约200克。女性手小者，也可以用袖珍型健身球，直径和重量比小号略小，当指力、控制能力都很好的时候再换大一号的，这样循序渐进地练习。

练习健身球时要保持情绪放松，手指间的伸展、屈曲运用配合要自然、协调，保持节奏感，左右手交替旋转，或者同时转，双手的节奏和两只球之间的节奏也要自然协调。

（6）太极拳。太极是根据易经学说、小医阴阳经络学说、道家导引吐纳学说创造出的一套演示天地万物一理、阴阳一气相涵的武术。太极拳每一个动作都圆润柔和、连绵不断、刚柔相济，很适合高血压患者锻炼。

太极拳的形、意、气相互协调，能够让人融入自然之中，达到全身放松、血管松弛，从而使高血压患者的血压下降，心脏负担减轻，血液循环功能增强。一些高血压患者练习一会儿太极拳后，可使收缩压下降15毫米汞柱，对于高血压1级、高血压2级没有脏器损害的患者，每天打一套太极拳，坚持3个月，对帮助血压恢复正常很有帮助；高血压3级患者在坚持1年以后，可以明显改善头昏、头痛等症状。

练习太极拳的注意事项具体如下：

第一，所选择的练习环境要安静，空气要新鲜。

第二，练习太极拳要保持平和安宁的心情，心无杂念专心于拳。

第三，在练习时，要全身肌肉放松，解除心理及身体负担。

第四，练习太极拳时，呼吸要保持匀和，采用腹式呼吸，呼吸与动作要协调。

第五，练习太极拳时，动作要轻便，灵活自如，用意多，用力少，迈步如猫行，运劲如抽丝，每个动作之间要自然过渡，似行云流水，连绵不绝，手随足动，足随心移，步法要稳，重心要端正，全身协调，速度匀和。

第六，练习时要持之以恒，不间断，这样才能练好，达到锻炼的目的。

第七，根据各自的体质进行选择性练习，如果觉得体力不支，可以只打半套或者几个动作。

（7）气功。高血压患者练习气功，可以协调身体的中枢神经系统，调节神经细胞的生物电流，使之达到良好有序的同步或定向变化，降低交感神经的兴奋状态，以达到降低血压的目的。通过练气功，还可以加快脂质代谢而降低血液中的脂肪含量，使血液的黏稠度降低，改变紊乱的凝血与抗凝系统，改善血管的弹性与管壁的完整性，保证血流的畅通，有利于高血压患者的康复，降低心、脑血管病的发生率。

（二）高脂血症群体的健康锻炼方案

1. 运动锻炼对脂代谢的影响

运动疗法是治疗高脂血症的重要环节。中等强度的有氧运动对机体的脂代谢产生良好的作用。

（1）增加脂肪的燃烧，减少机体过剩的脂肪。脂肪对肌肉供能随运动时间的增加而增加，运动时供能的脂肪来源于肌肉的甘油三酯储备及血中的游离脂肪酸。肌肉的脂肪动员加强，血中游离脂肪酸水平由于继续向肌肉转运而降低，甘油三酯和脂蛋白进一步水解产生更多的游离脂肪酸，血浆甘油三酯水平下降。

（2）有效改善血浆脂蛋白的成分。①降低血液中不利于脂代谢的脂质成分，如总胆固醇（TC）、甘油三酯（TG）、低密度脂蛋白胆固醇（LDL-C）水平，从而防止动脉粥样硬化的发生。②提高高密度脂蛋白固醇（HDL-C）水平，高密度脂蛋白可以将周围组织中的胆固醇运载到肝脏，胆固醇在肝脏转化为胆汁酸或直接通过胆汁从肠道排出，从而促进胆固醇排泄。实验也证明，血清 HDL-C 水平与冠心病发病率负相关，换言之，HDL-C 水平越高的人，冠心病发生的可能性越小。高密度脂蛋白（HDL-C）作为一种载脂蛋白，被医学界誉为"抗动脉硬化因子""血管的清道夫"，换言之，只要血液里的高密度酶蛋白水平达到正常，它可以将血管内多余的胆固醇、甘油三酯等脂质类物质通过血液循环运输到肝脏及其他地方进行分解代谢，同时使人体的脂代谢恢复平衡。

（3）对血浆载脂蛋白（APO）代谢的有益作用。血浆载脂蛋白（APO）是脂蛋白的蛋白质部分，因其在血浆中是唯一明确的生化标志，故它们与动脉硬化的关系较大。APO 有几种类型：包括血浆载脂蛋白-A（APOA）、血浆载脂蛋白-B（APOB）、血浆载脂蛋白-E（APOE）等。APOA 是 HDL 最主要的载脂蛋白，而 APOB 是 LDL 的主要载脂蛋白。冠心病患者的血清中 APOA 水平下降，APOB 水平升高，而且 APOA、APOA／APOB 越低，

APOB、APOB/APOA 越高，冠状动脉病变程度越重。经常进行有氧运动的人群，其血浆 APOA 水平显著高于对照组。长期有氧训练可使健康中年男性和肥胖女性 APOA 提高，APOB 下降，APOA/APOB 比值上升。

（4）脂蛋白酯酶（LPL）活性提高。LPL 是人体内水解甘油三酯（TG）的关键酶。长期有氧运动后 LPL 活性提高，随之 TG 降解增加。

2. 高脂血症群体的科学锻炼

高脂血症患者的科学健身方法，主要是中等强度、长时间周期性大肌群参与的运动。改善脂代谢所需运动强度应低于改善心肺功能的强度，约为40%~60%，最大摄氧量强度或 60%~70%，最大心率（HRmax）大于 80%，强度与低强度效应相同运动频率为 3~5 次/周。每次持续时间为 45~60 分钟（准备活动 5~10 分钟，运动部分 25~40 分钟，整理活动 5~10 分钟）。

也有研究认为，运动频率大于 3 次不会导致血脂的更大改善，甚至有研究发现，每周进行两次运动，共 3 个月也能使 HDL-C 上升 19.3%，LDL-C 下降 12.8%。因此对于高脂血症群体推荐小量、短时、多次、累计完成总的运动时间和运动量，同样可以取得较好的效果。

最好的运动方式是散步、慢跑、骑自行车、游泳、健身操、太极拳、气功等有节奏的全身性运动。患者可以依据各自的体力和爱好来适当选择简便、有效可行的运动项目，有规律科学地进行，才能保持运动锻炼的最佳顺应性。一些放松性治疗，如太极拳、气功等也有较好疗效。也有人建议，采用有氧运动与力量练习相结合的方式，力量练习的负荷为最大重量的 80%。

（三）糖尿病群体的健康锻炼方案

健身对糖尿病患者的好处很多，可以使人心情舒畅，防止糖尿病引起的骨质疏松、心脑血管并发症，而且运动还能消耗血中的葡萄糖，从而有效地降低血糖。

1. 糖尿病运动疗法的作用

（1）降血脂、血压。运动能提升胆固醇中的高密度脂蛋白胆固醇，即"好胆固醇"，有效预防和治疗高血压、冠心病和高血脂。

（2）降血糖。运动能提高身体对胰岛素的敏感性，使少量的胰岛素可以发挥更大的降糖作用，从而可以减少胰岛素的用量，降低人体胰岛细胞的压力。运动还会消耗血中的葡萄糖，从而有效地降低血糖，而且运动结束后降糖作用还能维持几个小时。

（3）提高身体免疫力。运动可以防止糖尿病引起的骨质疏松、心脑血管并发症，增强体质，提高身体的免疫力。

（4）有助于心理健康。糖尿病患者的心理状态问题，不但妨碍积极就医，还容易引起血糖波动。运动可以使人心情舒畅，有助于病情的缓解。

2. 糖尿病群体的科学锻炼

（1）糖尿病运动治疗的适用对象。糖尿病运动治疗的对象主要适合空腹血糖在 16.7 毫摩尔/升以下的 2 型糖尿病病人来说，特别是超重或肥胖者。对于缺乏运动而肥胖的中年以上患者和伴有高脂血症、高血压病的糖尿病人来说，运动锻炼有良好的生理效应，相当一部分人采用运动与饮食相结合的方法可达到控制血糖的目的。

（2）糖尿病人群的健身运动方式。

第一，选择有利于坚持下去的运动方式。首先，步行是较为安全的运动方式，特别对于年龄偏大的糖尿病患者是首选。需要注意的是，步行时应抬头、挺胸、收腹，以免因含胸驼背而引起背部肌肉疲劳，从而影响运动的持续性效果。其次，像打羽毛球也是较为合理的运动方式，而游泳作为消耗体能较大的运动方式，也适用于部分患者。

第二，达到中等强度的运动要求。中等强度的运动，有以下标准来衡量：①运动时心跳加快，但呼吸不急促；②能持续运动 10~30 分钟，略微有些出汗，稍感觉到累，但仍能坚持运动；③第二天起床后，没有疲劳感。

中等强度需结合自身的具体情况而定。如当前体力活动水平低、活动量小的糖尿病患者，在开始进行运动时，以每分钟 60~80 米的速度步行，就属于中等强度；随着体力活动水平提高，步行速度增至每分钟 90~100 米，才能达到中等强度的运动量。

第三，保持循序渐进的运动方式。每天的运动时间可分次累计，但每次持续时间应多于 10 分钟。另外，每周的运动频率应达到 5~7 次，且至少隔天1 次，每周保持 3 天以上，应避免连续 2 天不进行运动。

3. 糖尿病群体健康锻炼的注意事项

（1）糖尿病运动疗法主要适用于轻度和中度的非胰岛素依赖型糖尿病（NIDDM）患者，肥胖型2型糖尿病是最佳适应症。胰岛素依赖型糖尿病（IDDM）患者，由于体内胰岛素绝对不足，必须依赖胰岛素治疗。但对稳定期的IDDM病人，病情得到较好控制后也可进行运动锻炼，以促进健康和正常发育。

（2）选择最佳的运动时间。运动开始的最佳时间是餐后1小时。这时血糖开始升高，运动时不容易发生低血糖。每次运动的时间在30~60分钟，而且要持之以恒，并且每周运动的次数要保持在3次以上。

（3）糖尿病患者空腹运动，容易出现低血糖而发生意外，因此不要空腹运动。如果有晨练的习惯，最好在运动前测一次血糖。如果血糖低于7.0毫摩尔/升，应适当进食后再运动，可以喝一杯牛奶或者吃几块饼干，少食即可。

第五章　职业体能训练及评价

第一节　职业与体育锻炼

一、职业、体育与现代人

（一）现代人应具备的特征

第一，准备和乐于接受未经历过的新的生活经验、新的思想观念、新的行为方式。

第二，准备接受社会的改革和变化。

第三，思路广阔，头脑开放，尊重并愿意考虑各方面的不同意见、看法。

第四，注重现在与未来，守时惜时。

第五，强烈的个人效能感，对人和社会的能力充满信心，办事讲求效率。

第六，计划自己的现在和将来。

第七，热心探索未知的领域，尊重知识。

第八，给人以可依赖性和信任感。

第九，重视专门技术，有愿意根据技术水平高低来领取不同报酬的心理基础。

第十，乐于让自己和后代选择离开传统所尊敬的职业，对教育的内容和传统的智慧敢于挑战。

第十一，互相了解、尊重和自尊。

第十二，了解生产及过程。

第十三，对自己和社会生活及未来持乐观态度。

第十四，具有平等观念和守法意识。

总体来说，现代人的特征可概括为四个方面：①具有人的独立性和个性自由方面的特征，这是现代人最主要的特征；②具有开放性、创造性、开拓精神等方面的特征；③具有科学知识、技术、理性和科学精神等方面的特征；④具有效率、时间观念、自律、责任感和集体精神或群体意识方面的特征。

（二）职业与现代人

现代社会里，几乎每个成年人都从事着某一份工作，人生的大部分时光是在工作岗位上度过的。工作帮人们体现人生意义与价值，给予人们展现自我和能力的机会，使人保持与社会和环境的亲密接触。但是，日益激烈的社会竞争、超负荷的工作量、每日朝九晚五的生活，令不少人感觉到了压力。随着时代的变迁和社会的发展，人们承担着越来越大的各种压力，这对职业人的身心健康产生了不可忽视的影响，进而导致工作效率降低、人际关系紧张、家庭危机、身心疾病等。

（三）现代人更需要体育

"体能训练是运动训练的重要组成部分，加强体育教学，有助于学生改善身体形态，提升器官系统技能活力，促进学生身心健康的发展。"① 社会的飞速发展出现了种种威胁着人类健康的因素，现代人必须提高人体机能来抵御日趋恶化且在短期内无法改变或无法彻底改变的环境因素。而体育是人类生命过程中最有效的一项健康投资，现代人迫切需要体育，体育已成为现代人生活中不可或缺的重要组成部分。随着人类社会的进步与发展，体育的重要性和必要性也将越来越突出。

二、体育与职业人的发展

（一）体育重塑职业人的健康体魄

现代科学技术在社会生活中的应用，使人们的生产方式和生活方式都发

---

① 邹波.浅谈专项体能训练[J].读与写,2017,14(20):201.

生了极大的变化，繁重的体力劳动大大减少，脑力劳动的比重逐步增加。在动作技能上，过去那种大幅度、高强度的劳动动作被现在主要由小肌肉群参与的小幅度、低强度动作所取代。现代化的工作条件，要求人们灵活、准确、协调地控制生产的过程，快速而准确地判断和处理许多仪表的数据，有时还要求屏住呼吸，注视屏幕或凝神细看。这些都使劳动者在生产过程中大脑皮层长时间地高度集中。这种集中要比单纯的肌肉活动对人体的要求更高，更容易使人疲劳，更需要进行生理上和心理上的调节。

体育对人的身心发展起着主导的作用。体育锻炼能促进人脑清醒、思维敏捷。长时间脑力劳动，会使人感到头昏脑涨，这是由于大脑供血不足和缺氧所致。而进行体育锻炼可使疲劳的大脑获得积极休息，改善大脑的供血情况，使大脑保持正常的工作能力。另外，随着人的年龄增长，脑细胞会逐渐衰亡，大脑功能下降，致使人脑变得迟钝，但从事体育运动，可以延缓这种衰老的过程。

体育锻炼能促进血液循环，提高心脏功能。实践证明，经常从事有氧运动，能使心脏产生工作性肥大，心肌增厚，收缩有力，心搏徐缓，血容量增加，这就大大减轻了心脏的负担，从而减少了冠心病、脑卒中等现代文明病发生率。

体育锻炼能调节心理，使人朝气蓬勃，充满活力。从事体育活动，特别是从事那些自己感兴趣的运动项目，能使人产生一种非常美妙的情感体验，心情舒畅，精神愉快。由于运动的激励还可以增强自尊心、自信心和自豪感，增添生活情趣。运动还能调整某些不健康的心理和不良情绪，缓解现代社会所带来的精神压力，消除紧张情绪。

参加体育锻炼还能提高人体对外界的适应能力。从事体育运动能提高人体的应变能力，使人善于应对各种复杂多变的环境。

（二）体育培养职业人的竞争意识

竞争意识是现代职业人必备的心理品质。现代的生产及生活方式，更接近于体育中的比赛，在机会相等条件下，谁的节奏更快些，竞争意识更强些，谁就有可能占据优势。生物的进化过程遵循着自然选择，生存竞争，适者生存、不适者淘汰的规律，这是社会和自然界发展变化的基本法则。体育的竞争持续性恰恰体现了这一法则，只有竞争才有发展，只有竞争才有进步。

随着我国市场经济的建立，人们的生活方式、行为方式和价值观念等方面都发生了巨大的变化，安于现状的行为难以适应社会的这一变化。要在竞争中取胜，就必须敢于面对竞争、参与竞争。积极的竞争意识是成功者必备的素质。体育竞赛强调规则的完整性和准确性，一旦认可，任何人必须遵从。体育竞赛强调机会均等，大家站在同一起跑线上，要求每个人尽自己最大努力去争取、去把握，从而增强了参加者的竞争意识。

(三) 体育培养职业人的团队精神

所有事业和成就都是团队精神的一种反映。任何人都已经不可能在某个领域凭借一己之力取得很大的成就。现代社会科技飞速发展，新技术、新装备更新越来越快，操作也更加复杂，要完成一项工作往往需要多种专门人才共同参与，需要通过集体的知识和智慧才能实现。

体育竞赛非常讲究团结合作，人人都应承认和尊重个人在集体中的价值，都应理解别人在比赛中的地位和作用，每个队员都应无私地进行协作，为提高全队的战斗力而去努力完成自己的任务。体育竞赛尽管只有少数队员代表全队上场比赛，但是它不仅要有几个愿意勇挑重担、善于合作和艰苦奋斗的队员为核心，替补队员心悦诚服地甘当配角，而且还要把全队的利益放在个人利益之上，使场上场下的队员同心同德，努力实现共同的目标。体育运动恰好给现代人提供了一个互相交流、互相尊重、齐心协力去争取胜利的锻炼机会。它可以培养现代人的团队精神，增强合作意识，使自己的思想、情感和行为与集体和谐一致，把自己融化在整体之中，并相信集体努力的成果要比个人努力的成果重要得多。体育竞赛对现代人在实际工作中摆正自己的位置、体现个人的价值、团结一致去实现共同的目标有着积极的作用。

第二节　体能训练的学科基础

一、影响体能训练的生理学因素

（一）影响力量素质训练的生理学因素

1. 最大肌肉横断面积

最大肌肉横断面积指横切某块肌肉所有肌纤维所获得的横断面面积，是由机体肌纤维的数量及肌纤维的粗细来决定的，通常用平方厘米（cm^2）表示。人体每平方厘米横断面积的肌肉在最大用力收缩条件下可以产生 3~8 千克的肌力。机体肌肉的最大横断面积与该肌肉的力量存在正比例的关系，即肌肉的最大横断面积越大，肌肉力量也就越大。

体能训练中，运动员为了增强肌肉力量通常会进行相应的力量训练。力量训练的原理就是最大限度地增大运动员肌肉的横断面积。值得注意的是，肌肉横断面积并不能完全解释力量训练中所表现出的所有生理学现象。

2. 肌肉初长度

运动员的肌力大小与肌肉收缩前的初长度也具有密切的关系，二者呈正比例关系。通常情况下，肌肉收缩前的初长度越长，肌肉收缩的张力及缩短的程度越大。造成这一生理现象的原因主要表现在以下两个方面：

（1）肌肉本身具有弹性，在受到快速牵拉时可弹性回缩。

（2）肌肉拉长时，肌梭感知肌纤维长度变化而产生冲动，通过牵张反射机制提高了肌肉的对抗力，即用肌纤维回缩的形式对抗肌肉被动拉长。

在体能训练中，肌肉初长度往往会对运动员动作的充分发挥产生重要影响。

3. 肌纤维类型

依据肌肉的收缩特性进行分类，肌纤维可分为快肌和慢肌两种类型。二者相比，快肌产生的收缩力更大。因此，运动员的骨骼肌中快肌纤维百分比高、横断面积大、直径大，则肌肉收缩力量大，反之则肌肉力量小。

通常情况下，人体肌纤维的发展状况会在一定程度上受到遗传因素的影响，但是先天条件的影响较小，最重要的是受后天训练因素的影响。例如，在田径运动项目中，短跑运动员拥有较多的快肌纤维。另外，快肌的纤维横断面积、快肌的收缩力量、慢肌的纤维横断面积、慢肌的收缩力量等可以在力量训练的影响下相应增加，但快肌纤维增加的速度比慢肌要快。

4. 神经因素

（1）中枢驱动。中枢驱动是指人体中枢神经系统动员肌纤维参与收缩的能力。体能训练过程中，运动员肌肉收缩力的大小与参与运动的肌纤维的数量具有密切的关系，但并不是所有的肌纤维都在肌肉进行最大用力收缩时参加收缩。就缺乏训练的运动员而言，机体只能动员肌肉中60%的肌纤维参加肌肉的收缩活动，优秀的运动员在运动中，肌肉的收缩可以同时动员肌肉中90%以上的肌纤维。中枢驱动作用是支配运动员机体中肌肉的运动神经元放电频率及其同步变化，通过力量素质训练能够有效提高运动神经元的放电频率，进而增强中枢驱动能力。

（2）神经中枢对肌肉工作的协调及控制能力。运动过程中，动作的完成是机体不同肌肉共同工作的结果，机体的不同肌肉群是在相应的神经中枢支配下进行工作的。因此，运动员应注意改善机体神经中枢对肌肉工作的协调和控制能力，提高主动肌与协同肌、固定肌、对抗肌等之间的协调能力，使不同的肌肉群能协调一致地共同工作，才能发挥肌肉群的最大力量。研究发现，主动肌运动受力量训练的影响，力量训练可以提高肌肉在收缩时产生的力量的大小。

（3）中枢神经系统的兴奋状态。中枢神经系统的兴奋状态会促使机体大量释放肾上腺素、乙酰胆碱等生理活性物质，进而促使肌肉力量增强。根据研究发现，人在极度激动或危险等紧急情况下会发挥超大力量。产生这种现象的主要原因可能是机体发生了两种变化：①人的情绪极度兴奋，导致肾上腺素分泌大量增加；②大量增加的肾上腺素提高了肌肉的应激性，同时，神经中枢发出了强而集中的冲动，机体的"储备力量"得到了迅速的动员。

儿童少年时期，力量训练能引起肌肉力量的大幅增加，但在肌肉力量增大的同时，肌肉体积的增长速度较为滞后。在力量训练的后期，机体肌肉力量的进一步增加会在很大程度上更加依赖肌肉体积的增长。这些内容表明，机体的神经系统功能的完善对肌肉功能的发育有重要的影响，而且适应机制在人体力量训练的不同时期表现也各不相同。

除以上几种因素外，性别、年龄、激素等也是影响运动员力量素质的重要生理因素。

（二）影响耐力素质训练的生理学因素

1. 有氧耐力

（1）氧运输系统的功能水平。呼吸系统、血液、循环系统共同构成了人体的氧运输系统。氧运输系统的功能和任务主要是完成运输氧气、营养物质和代谢的产物，对机体的有氧耐力有重要的影响。氧运输系统的功能水平也称最大氧运输能力，主要受以下两方面因素的影响：

第一，血液的载氧能力。血液中血红蛋白含量的高低会对血液载氧能力产生影响，研究表明，1 克血红蛋白可以结合 1.34 毫升氧气，血红蛋白含量与同血液结合的氧气量呈正比例关系。一般情况下，成年男性机体内每 100 毫升血液内，含有血红蛋白约为 15 克、氧容量约为 20 毫升，女性和少年儿童则较少。优秀的耐力项目运动员的血红蛋白含量可达 16 克/100 毫升血液，血液的载氧量也比一般人多。

第二，心脏的泵血功能。最大心输出量（心脏每搏输出量与心率的乘积）对心脏泵血功能具有较大的影响。最大心输出量与肌肉组织在单位时间内获得的血流量及单位时间内氧气的运输量成正比。和一般的运动员或普通人相比，优秀的耐力项目运动员的心室腔容积大、心室壁厚；心脏每搏输出量也更大（优秀运动员为 150~170 毫升，普通人为 100~120 毫升），即使在高达 200 次/分的心率时，每搏输出量仍不减少；心肌收缩力也较大，射血速度也较快。

（2）神经系统的调节能力。

第一，神经系统长时间保持兴奋性。

第二，神经系统具有良好的抑制节律性转换能力。

第三，运动中枢与内脏中枢具有较好的协调活动能力，以保持肌肉收缩和舒张的良好节律。

第四，运动器官和内脏器官之间应有良好的协调和配合。

因此，有效改善神经系统的调节功能，使运动员的神经系统的活动可以更加适应耐力运动的需要，是运动员提高耐力素质的重要生理学基础和原因之一。

（3）骨骼肌的氧利用。骨骼肌的氧利用情况对耐力素质训练也具有一定程度的影响。

第一，人体的肌肉组织主要从流经其内部的毛细血管的血液中摄取和获得氧气。因此，生理学认为，肌纤维类型、肌纤维的有氧代谢能力对机体肌肉组织摄取和利用氧气的能力有重要的影响。在机体的肌纤维中，I 型肌纤维比例与其所在的肌肉的有氧代谢酶的活性、肌肉摄取和利用氧的能力成正比。实践证明，优秀的耐力项目运动员的慢肌纤维比例高，氧化酶的活性高，线粒体的数量多，毛细血管分布密度大，肌肉摄取和利用氧气的能力高。

第二，影响耐力的机体机制中，心输出量是其中的核心影响因素，肌纤维类型的比例构成及其有氧代谢能力是次要的影响因素。

第三，机体在运动时，骨骼肌的氧利用能力受无氧阈的影响。以无氧阈的最大吸氧量比值为例，比值越高，肌肉的氧利用能力越强。一般人的无氧阈约为 65%，优秀耐力运动员的无氧阈可高达 80% 以上。

（4）能量供应水平。运动员在参加耐力性运动时，机体的大部分能量都来源于机体内部肌糖原和脂肪的有氧氧化。因此，机体的肌糖原含量不足以明显影响运动员的耐力水平，运动前或运动过程中，通过合理训练而使机体的肌糖原储备增加、有氧氧化的能量利用效率提高、肌糖原利用节约、脂肪利用比例提高等，对提高运动员的耐力素质十分有益。

（5）能量利用效率。单位耗氧量条件下，机体在运动中做功的能力就叫作能量利用效率。根据相关研究证实，如果运动员的其他机体因素相同或相似的情况下，耐力素质高低的差异更多的是来自机体能量的利用效率，影响率最高时可达 65%。

2. 无氧耐力

（1）骨骼肌的糖无氧酵解供能能力。骨骼肌的糖无氧酵解供能能力对运动员的无氧耐力具有重要影响。肌糖原在运动中的主要作用是通过无氧酵解为机体提供能量，这也是运动中无氧耐力的主要能源的来源。运动过程中，肌糖原的无氧酵解能力主要受肌纤维百分构成以及糖酵解酶催化活性的影响。不同代谢性质的运动项目中，运动员的肌纤维百分构成和糖酵解酶活性明显不同，这也是构成运动员无氧耐力差异的重要原因之一。

（2）肌肉对酸性物质的缓冲能力。运动员而言，肌肉对酸性物质的缓冲能力影响着其耐受能力。细胞内以及机体内环境的理化性质的改变会影响机体的运动能力，尤其是影响机体的耐力。机体内部的理化性质的变化主要是由肌肉糖酵解引起的，H+肌肉糖酵解的产物可以在机体的肌细胞内大量累积，甚至可以扩散到血液中改变血液的酸环境，进而导致肌肉中酸性物质增加，影响机体的耐力素质水平的正常发挥。

人体中，肌肉和血液中存在缓冲酸碱物质，保持机体内环境 pH 值的稳定。这种缓冲物质是一种混合液，由弱酸（如 H_2CO_3）、弱酸与强碱生成的盐（如 $NaHCO_3$）按一定比例组成。提高机体的耐酸能力是提高机体的无氧耐力水平的有效途径之一，当然，无氧耐力训练并不能直接提高运动员机体对酸碱物质的缓冲能力，而是训练提高和强化了运动员因酸碱物质产生的不适应感，从而提高了运动员的耐受能力。

（3）神经系统对酸性物质的耐受能力。神经系统对酸性物质的耐受能力在一定程度上也影响着运动员的无氧耐力素质。总体来讲，人体的内环境是酸性的，安静状态下，人体血液的平均 pH 值为 7.4，骨骼肌细胞液的 pH 值约为 7.0。这是因为酸性物质在机体内积累的速度很快，肌肉和血液中存在的能缓冲酸碱的物质来不及进行足够的缓冲以维持酸碱平衡。运动状态下，机体的骨骼肌细胞内和血液 pH 值会有所下降。其中，血液 pH 值可能降到 7.0 左右，骨骼肌细胞液的 pH 值可降到 6.3。

机体的神经系统不仅可以协调运动肌的驱动，还可以协调不同肌肉群之间的活动。这对于提高运动员的无氧耐力水平具有十分重要的作用。而神经系统的以上两个协调功能会受到机体中大量酸性物质的影响，合理与科学的无氧耐力训练有助于运动员在运动中提高神经系统的耐受能力，对抗运动中产生的大量酸性物质。

（三）影响柔韧素质训练的生理学因素

1. 肌肉、韧带的弹性

影响运动员柔韧素质训练的直接因素主要是肌肉组织、韧带组织的弹性。当然，不同年龄段、性别、训练程度的人，其机体肌肉组织、韧带组织的弹性是不一样的。另外，中枢神经系统的兴奋性也会在一定程度上影响肌肉组织的弹性变化，如在比赛中，运动员的情绪高涨，其柔韧性通常会比平时要好。

2. 神经过程转换的灵活性

神经过程转换的灵活性对运动员的柔韧素质也具有十分重要的影响。人体在运动过程中，一方面，肌肉的基本张力与神经系统兴奋、抑制过程转换的灵活性有关，中枢神经系统对抗肌间协调性的调节、中枢神经系统对肌肉紧张和放松的调节等都能有效地提高肌肉的张力；另一方面，肌肉的张力与神经过程分化抑制的发展也有密切的关系。因此，提高机体的柔韧性，必须重视对机体神经过程转换的灵活性的训练。

3. 关节的柔韧性

关节的柔韧性与关节周围组织的大小密切相关。关节周围组织（肌腔、韧带、肌肉、皮肤等）的大小与伸展性、关节生理结构都会影响关节的柔韧性。在关节周围的组织中，肌腱与韧带有助于加固关节。一方面，肌肉可以从外部给予关节一定的加固力量；另一方面，韧带的抗拉性能将关节的活动限制在一定的范围内，避免关节在运动中受伤。对于运动员来说，发展关节的柔韧性主要是对限制关节活动的对抗肌施加影响，使关节的对抗肌可以主动牵拉伸展，从而减少对关节活动范围的限制，提高关节的伸展度和柔韧性。此外，增进跨过关节的韧带肌腱和皮肤的伸展性则是运动员提高机体关节柔韧性的有效方式和重要方法。

（四）影响体能训练效果的生理评定

1. 运动员在安静状态下的生理学适应特征

（1）运动系统的特征。

第一，骨骼肌。体能训练对骨骼肌的影响主要表现为肌肉的体积增大、横断面增大、肌肉力量增加等方面，这是由于体能训练尤其是力量训练可以促进氨基酸向肌纤维内部转运，使肌肉组织中收缩蛋白质的合成增加，从而引起肌肉肥大和肌力的增长。通过系统的体能训练可有效提高机体的抗氧化能力。研究发现，耐力训练可以提高肌组织超氧化物歧化酶（SOD）和谷胱甘肽过氧化物酶（GPX）的活性。肌肉抗氧化酶活性的提高也是骨骼肌运动性适应的重要生物学特征之一。

另外，运动负荷、训练状态及抗氧化剂的补充等也是影响肌组织抗氧化能力的主要运动性适应因素。根据相关实验研究证明，运动负荷大、训练状态良好以及抗氧化剂的外源性补充都对机体抗氧化能力具有重要的作用。因此，要想增强机体抗氧化能力，一定要注意做好这几方面的准备工作。

第二，骨骼。体能训练对骨骼的影响主要表现在骨密度等方面的变化。由于每个运动员的实际情况不同，其训练水平、训练年限及运动项目都会存在一定的差异，因此会对骨密度造成不同的影响，使其产生不同的变化，并呈现出有差异性的特点。运动员所进行的运动是否科学、合理，也在很大程度上影响着骨骼的生长。适宜的运动可以有效地增加峰值骨量，减缓随年龄增长而发生的骨质疏松。运动员骨矿物质含量依运动等级而有所不同，男子健将级运动员的骨矿物质/体重（BMC/BW）高于二、三级运动员，女子健将级运动员骨矿物质/体重（BMC/BW）高于一、二、三级运动员。由此可知，运动员的骨密度会随其训练水平的提高而不断增加。

因不同运动项目的特点各具差异，因而对骨骼也会产生不同的刺激作用，因此，就会导致骨密度的生长也不一样。据实验研究结果显示，投掷、摔跤等力量性项目的运动员骨密度最高，而耐力性项目运动员的骨密度最低。之所以会有这样的结论，主要是由于不同的运动负荷刺激对骨骼产生影响的途径不同，所以骨矿物质合成效应也不同。负荷强度与 BMC/BW 之间有密切的关系，力量型运动项目的负荷强度高于其他项目，因此，BMC/BW 处于较高水平。耐力运动还会对运动员的激素产生一定的影响，从而影响骨密度的变化。例如，过量的耐力运动可使女运动员血液中雌激素水平降低和男运动员血液中雄激素水平降低，导致骨代谢过程中骨的吸收大于骨的形成，从而使骨密度降低。此外，运动员身体不同部位的骨密度具有训练部位的特异性，即在运动过程中，持续长时间处于运动或用力状态的部位，该部位的骨密度要高于其他非运动或用力状态的部位。

（2）氧运输系统特征。

第一，循环机能。体能训练对运动员的心脏形态结构和心血管机能都会产生十分显著的影响。其中，安静时心率缓慢和心脏功能性增大是主要的表现形式。优秀的耐力项目运动员，其安静时的心率只有 40~50 次/分，甚至更低，表现出明显的机能节省化现象。运动性心脏增大主要表现为心肌肥厚和心脏容积增大，并具有运动项目的专一性。耐力性和力量性项目运动员出现心脏增大的现象较为多见，耐力性运动员主要表现为心脏容积的增大，而力量性运动员主要表现为心肌的肥厚。

第二，呼吸机能。呼吸机能方面，经过长期体能训练的运动员和没经过体能训练的人存在十分明显的区别。通常情况下，经过长期体能训练的运动员主要表现为：呼吸肌力量较强，肺活量大，呼吸深度和肺泡通气量大，气体交换的效率高；呼吸肌耐力较好，连续 5 次肺活量测定值（每次间隔 30 秒）逐渐增大或者平稳保持在较高水平。而没有经过体能训练的人则达不到如此良好的状态。此外，对于人体对呼吸运动的控制能力，通常是用闭气时间来衡量的，闭气时间的长短与运动员训练水平密切相关，运动员训练水平越高，闭气时间就越长，相反，训练水平较低，则闭气时间相对就会较短。体能训练可以提高人体对呼吸运动的控制能力。

第三，血液。与没有经过系统的体能训练者相比，经过长期系统训练的运动员的血液成分并没有很明显的差别，只表现在某些项目运动员的血液指标有所改变，如耐力性项目的运动员红细胞和血红蛋白数量增多、血液中某些酶的活性升高等。

（3）神经系统的特征。长期系统的体能训练对中枢神经系统机能会产生积极的影响。优秀的短跑运动员神经过程的灵活性高、反应时间短，而长跑运动员神经过程的稳定性相对较高。此外，运动员各种感觉器官的机能也有所提高。由此可以看出，安静状态下优秀运动员在身体形态结构和生理机能等方面都表现出良好的适应性变化，能够为训练效果的评定提供参考和依据。

不仅在安静状态下，经过系统体能训练的运动员能够显示出良好的机能特征，在从事运动时也能够表现出机体机能的动员、生理反应程度以及运动结束后的恢复过程方面有着明显的优势与特征。由此可以看出，神经系统对于氧的运输具有非常重要的作用和意义。所以，在评定体能训练效果时，通常将运动员在完成定量负荷和极限负荷运动时的生理指标作为评定的主要依据和标准。

2. 运动员在运动与恢复期的生理学特征

（1）运动员对定量负荷的反应特征。

第一，心肺机能变化较小。在心肺机能变化方面，经过系统训练的运动员和没有经过系统训练者是有较为显著的差别的。其中，没有经过系统训练者主要是靠加快心率和呼吸频率来增大每分心输出量和肺通气量。经过系统训练的运动员完成定量负荷时心肺机能的变化较小，心率和心输出量较没有经过系统训练者低，心率增加的幅度较小，而每搏输出量增加较多，呼吸深度大，呼吸频率较慢。

第二，肌肉活动高度协调。在完成相同的定量负荷时，经过系统训练的运动员的肌肉活动程度较小，主动肌、对抗肌和协同肌之间高度协调，肌电振幅和积分值较低，在相对安静时动作电位几乎完全消失，表明有关中枢的活动高度协调。

（2）运动员对极限负荷的反应特征。

第一，最大摄氧量。最大摄氧量是反映心肺功能的综合指标，最大负荷运动时没有经过系统训练者只有 2~3 升/分，而优秀运动员可高达 5~6 升/分。

第二，氧脉搏。氧脉搏是指能够反映心脏工作效率的有效指标。优秀耐力项目的运动员在极限负荷运动心率达 180~190 次/分时，摄氧量可达最大摄氧量的 90%~100%，氧脉搏平均达 23 毫升，相当于安静时的 6 倍。当心率进一步增加时，氧脉搏有下降的趋势。由此可以看出，尽管优秀运动员表现出较高的氧脉搏，但是，其心率水平却没有出现过高的现象，而是保持在相对比较适宜的状态。由此可知，体能训练具有增强机体氧运输系统功能的重要作用，进而使心脏的工作效率也有一定程度的提高。

第三，最大做功量。最大做功量是指受试者在递增负荷达极量时所完成的功。有训练的运动员最大做功量和做功效率都明显高于没有系统训练者。

与没有经过系统体能训练者相比，优秀的运动员在完成极限负荷工作时表现出较高的机能水平和运动潜力，并且在运动开始时，机体机能动员得快，运动结束后机能恢复得也快。

第四，最大氧亏积累。最大氧亏积累（MAOD）是指人体从事极限强度运动时（一般持续时间 2~3 分钟），完成该项运动的理论需氧量与实际耗氧量之差。最大氧亏积累是衡量机体无氧工作能力的主要标志，优秀短跑运动员最大氧亏积累值明显高于耐力项目运动员。因此，运动员在进行不同的运动项目训练时，应注意最大氧亏积累的变化，从而有效避免对运动项目的训练效果产生消极的影响。

二、影响体能训练的心理学因素

（一）体能训练的心理学基础

1. 心理定向

心理定向指的是动作开始以前以及完成动作过程中心理的准备状态和注意的指向性。心理定向对于掌握和提高技术动作非常重要，能够造成诸多积极的综合反应，并且促进心理活动的调整。准确的心理定向能够帮助人的动作在内容、结构等方面调整得完全符合技术特点，这样进行体能训练时就能够及时地在头脑中设计完成动作的模式，并依据模式进行自身的全部行动。运动员在进行体能训练的过程中，练习方法和手段不同，会引导其形成不同的心理定向，而不同的预先心理定向对形成不同的技术特点和技术风格会产生重要的影响，这是由于不同的运动员注意力集中点不同而造成的。

2. 运动知觉

运动知觉是人脑对外界事物和人体自身运动状态的反映。是一种由许多感觉要素构成的复杂知觉，如重力感觉、速度感觉、肌肉感觉、用力感觉等。人脑对外界事物的运动状态的反应是客体运动知觉，人脑对自身运动状态的反应则被称作主体运动知觉。这两种运动知觉在体能训练中各有其独特作用。

运动员的体能训练是以运动操作为基础实现的，而准确、协调的运动操作，是以高度分化的运动知觉为基础的。因此，精确分化的运动知觉在体能训练中的作用非常重要，良好的运动知觉能够保证在体能训练中做出各种各样的动作。

3. 情绪

情感是人们对客观事物是否能够满足自己的需要而产生的体验。情绪是情感体验过程的具体形式。情绪对体能训练起着非常重要的作用，一般来说，良好的情绪可以起到"增力"作用，如明显地增强人的活动能力，使人体运动能力进一步提高等。而不良的情绪的"减力"作用则是显而易见的，具体表现为精神不振、无精打采、心灰意冷、注意力不集中等。

因此，情绪对运动员进行体能训练的影响很大。如果运动员带着不稳定的情绪去参加体能训练，又不能很好地控制自己，则其很难掌握好动作技能。倘若其情绪稳定、精神饱满、注意力集中、斗志昂扬，就一定能在体能训练中收获更多。

4. 意志

意志是人为了实现既定目标而支配自己的行动，并且在行动时自觉克服困难的一个心理过程。需要指出的是，意志与行动是作为一个整体而存在的。参与体能训练能使运动员拥有坚强的意志品质，运动员坚强的意志品质对于其掌握动作技能、增强身体素质等方面十分有益，具体表现在以下四个方面：

（1）运动员在体能训练中肌肉有时会处于非常高的紧张程度之下，并且需要完成各种不同难度的动作，此时意志努力能够满足完成动作的需要。

（2）运动员在参加体能训练时需要高度集中注意力，在意志努力作用下，克服外部和内部刺激的不良影响。

（3）运动员在参加体能训练时由于机体各系统全面运转，容易导致疲劳，甚至是运动损伤的产生，意志坚强者能够克服由于疲劳和运动损伤而产生的消极情绪，并坚持长期参与体能训练。

（4）体能训练中的某些动作强度大、危险性高，会给运动员增添畏惧心理，而坚定的意志则有助于运动员克服这种畏惧恐慌的心理。

5. 注意力

注意力是心理活动对一定对象的选择性指向和集中，是一种心理状态。在进行体能训练时往往强调注意力的集中。

（二）体能训练的动机

动机是个体的内在过程，在体能训练中指推动个体从事体能训练活动的心理及内部动力。

1. 动机的分类

（1）按动机来源分类。

第一，内部动机。内部动机是以生物性需要为基础，通过积极参加体能训练来展示自己的能力，从而体验到强烈的满足感的动机。内部动机能够汲取内部力量，能够从内部驱动运动员的行为。内部动机能够对人起到激发作用，其行为的动力就是运动员内部的自我动员。

第二，外部动机。外部动机的基础是社会需要。运动员希望通过参与体能训练来满足自身社会性需要的动机就是外部动机。外部动机能够汲取外部力量，能够从外部驱动人的行为，其行为的动力来自外部的动员力量。

第三，内部动机与外部动机的关系。内部动机与外部动机从实际上来讲是相互影响、相互促进的。外部动机对内部动机的影响可能是积极的，也可能是消极的。外部动机既能加强内部动机，也能削弱内部动机。

（2）按兴趣分类。

第一，直接动机。直接动机是指以直接兴趣为基础，指向体能训练过程本身的动机。一些运动员对于参加体能训练非常感兴趣，认为在体能训练过程当中能够将其潜力显现得淋漓尽致，使自己获得极大的满足，受到这种思想驱动的动机就是直接动机。

第二，间接动机。间接动机是指以间接兴趣为基础，指向活动的结果的动机。一些运动员对体能训练本身的兴趣并不是很大，仅认为这是为在训练过程中获得良好的效果所必须克服的困难，这种动机就是间接动机。

（3）动机的作用。

第一，始发作用。动机可引起和发动个体的活动。

第二，强化作用。即动机是维持、增加或制止、减弱某一活动的力量。

第三，指向或选择作用。即动机可引起和发动个体活动的方向。

2. 动机的产生

（1）内部条件。个体因缺乏某种东西而引起内部的紧张状态就叫作内部条件。这种状态能够使人产生愿望，并推动行为，使人产生做事的动机。

（2）外部条件。个体之外的各种刺激统称为外部条件，各种生物性和社会性的因素都可称作外部条件，外部条件能够引发外部动机的产生，对运动员有着重要的影响作用。

3. 动机的培养与激发

（1）满足运动员的各种需求。

第一，追求刺激和乐趣的需要。体能训练过程中，如果进行得非常枯燥，就会导致运动员失去练习的乐趣，导致其运动动机下降。因此，在体能训练过程中，应当注意五点：①要使运动员的能力与练习难度相符；②要使练习在方法和手段上更加多样；③要让所有人都积极参与；④要允许运动员在练习过程中有更多的自主权；⑤练习中的任务分派要符合不同运动员的特点，使其完成任务不会感到吃力，并且享受其中的乐趣。

第二，获得集体归属感的需要。任何人都有归属的需要，甚至对一些人来说，对体能训练的参与目的就是要在集体当中找到归属感。其参与动机就是渴望能够归属于他人、为他人所接受，他们更需要集体带来的心理安慰，而不是有明确的目的。

因此，体能训练过程中，要以集体成员的资格作为激励来激发这一类运动员的参与热情，运用集体的行为规范、目标以及集体的荣誉感来激发，使他们的运动动机更为强烈。

第三，展示自我的需要。体育运动中，展现自己的价值是很多人追求的目标。这种需要的特点往往取决于运动员的归因，因而从这一角度可以将运动员分为成功定向与失败定向两类。运动员非常重视自我价值感这一精神财富。在运动中充分展示自己的才能能够让他人承认自己的价值，甚至他们只要自认为有价值、有能力就能得到极大的满足。而失败定向的学生则需要教练员帮助其确立正确的目标，要通过一些积极有效的措施和手段对其需要进行满足，这样才能真正有效地激发和培养他们的内部动机。

（2）运用强化手段培养动机。强化是对于可接受的行为给予奖励或撤除消极刺激的过程。正确使用强化手段可以激发外部动机，同时对内部动机也是非常好的培养。如果运用不得当，强化手段可能又会对内部动机和外部动机造成破坏。通常强化的效果要强于惩罚的方法，但适当的时候也要运用惩罚的手段。运用强化手段培养动机时需要注意：①对应获得奖励的行为和条件进行规定。奖励要有度，不能使运动员觉得自己被控制；②最好对达到标准的优异表现进行没有规律的强化；③运动员间的相互强化值得鼓励；④运动员必须明白奖励并不是目的，而是能力、努力和自我价值的标志。

（3）依从、认同和内化方法培养动机。

第一，依从方法。依从方法就是利用外部奖励和惩罚来激发运动动机的方法。依从方法对一些尚未建立起良好的行为习惯、自我观念比较淡薄的运动员是激发其动机的最佳手段。

第二，认同方法。利用教练员与运动员之间的关系来对运动员的运动动机进行激发，这种方法就是认同方法。认同方法是依从法的一种隐蔽形式。要成功利用认同方法，教练必须维护好与运动员的关系，让运动员遵从要求成为一种自觉行为。

第三，内化方法。通过启发信念与价值观来激发内部动机的方法就是内化方法。在运用依从方法、认同方法以及内化方法激发运动动机时，应注意：①随着运动员年龄的增长和心智的成熟，内化方法是最适宜最有效的方法；②在运动技能发展的初级阶段，依从方法是最为有效的；③运动员不同的归因控制点使激发其运动动机时也应运用不同的方法；④对于以上方法均不适用的运动员，应根据其目标来选择激发其动机的方法。

（4）自我调整以引发动机。使别人适当控制自己的生活能够有效地加强动机，提高成就，使责任感和自我价值感得到非常大的发展。这对于运动动机的培养和激发是非常重要的。

通常，体能训练中，教练员的练习过程安排往往是最适合于运动员发展的，但比教练员更了解自身情况的人还是运动员自己。他们如果能够学会自己设置训练计划，那么可能会使训练计划变得更加完善。因此，教练应根据运动员的能力和水平，适当地下放权力，对运动员的责任心、自觉性和决策能力进行培养。这样除了能够培养和激发内部动机外，运动员在生活中获得的经验也会使其受益匪浅。

（5）变换训练方法以引起动机。对体能训练的环境进行适当的改变是培养与激发体能训练动机的间接方法。环境的改变包括物质和心理两个方面。物质环境的改变可以从练习场地、练习设备条件等方面入手，而对心理环境的改变则可以通过取消对运动员的消极评语、对运动员分组进行适当改变、改变传统的练习方法等来实现。

三、体能训练的营养学因素

（一）体能训练中糖类的消耗与补充

1. 糖类的营养功能与来源

（1）糖类的营养功能。"膳食给人体提供营养，营养是人体活动的物质基础，能够维持人的各项生理功能。"[1]

第一，供给能量。糖类在体内最主要的营养功能就是供给能量。糖是人体最经济的热能来源，它在体内可迅速氧化，及时提供能量。脂肪和蛋白质氧化供能受机体供氧条件的限制，但肌糖原在肌肉活动时能快速氧化供给能量，不受机体氧供条件的影响和制约，满足机体需要。

第二，构成神经和细胞的主要成分。糖是一种重要的机体的构成物质，在所有的神经组织和细胞核中都含有糖的化合物。糖蛋白不仅是细胞的组成成分之一，而且还是结缔组织的重要组成成分，糖脂、核糖和脱氧核糖核酸参与构成神经组织。

第三，抗生酮作用。脂肪在体内氧化靠糖类供给能量。如果糖类供给不足，脂肪就氧化不全，即产生酮体，酮体在体内积存过多可以引起酸中毒，所以糖类有抗生酮的作用。

---

① 张佳.健康饮食对体育运动员体能训练的影响研究:评《食品营养与健康》[J].中国酿造,2019,38(11):后插4.

第四，保肝解毒作用。糖与蛋白质结合成糖蛋白，通过保持蛋白质在肝中的储备量，摄取充足的糖量，能够使肝糖原的储备量有所增加，从而使肝对某些化学毒物等有毒物质的解毒作用进一步加强。糖原对各种细菌引起的毒血症也有解毒作用。由此可以看出，糖原不仅能够保护肝脏，使其不受有害因素的损害，而且还能使肝脏保持正常的解毒功能。

第五，促进蛋白质的吸收和利用。糖对于蛋白质在体内的代谢过程有着重要作用。当糖和蛋白质同时食用时，有利于氨基酸的活化以及蛋白质的合成，这种作用就是糖节约蛋白质的作用。

第六，维持心脏的正常生理活动。心脏的正常活动离不开磷酸葡萄糖和糖原的热能供给。由于神经系统中只能储存很少的营养素，只能利用葡萄糖进行热量的供给，因此，神经系统热能的唯一来源是血中的葡萄糖。当血糖降低，就会降低心脏和肌肉的工作能力，严重者还会出现昏迷、休克甚至死亡。

（2）糖类的主要来源及供给量。

第一，糖类的主要来源。糖的主要来源是粮食（米、面、玉米等）、豆类和根茎类食物（甘薯、马铃薯等）中所含的淀粉，此外，水果、瓜类也含糖。我国人民的膳食习惯是多糖膳食，糖在膳食中的比例较高，一般情况下没有必要在膳食之外另补充糖。

第二，糖类的供给量。糖的供给量与消耗量应根据工作形式和劳动强度而定，劳动强度越大、时间越长，糖的需要量就越多。一般情况下，糖占每日总热量供给量的60%~70%。体内糖储备很少，因此，必须从每日膳食中摄取。但摄入蔗糖过多时，对身体有很多危害，如糖尿病、肥胖病、心血管病、近视、龋齿等疾病的发生都与摄入过多的糖有关。

2. 糖类的消耗

糖类是体能训练时热能的主要来源之一，在实用体能训练中的利用程度决定了体能训练者是否能具备良好的耐久力，从而顺利完成规定的体能训练强度，达到一个很好的体能训练效果。糖类易消化、耗氧少，代谢的产物主要是水和二氧化碳，在体能训练时会随时被排出，补充不及时，就会形成供需脱节，在没有及时补充而又继续体能训练的情况下，对糖类的大量需要只能来自体内贮备的糖原，从而造成糖原枯竭，对于体能训练者来说会造成不良的影响。

3. 糖类的科学补充

（1）补充糖类的意义。

第一，高水平的糖原储备能够进一步提高运动者的抗疲劳能力。除此之外，运动前或赛前进行糖类补充，在优化肌肉和肝脏糖原储备、运动时血糖稳定的维持以及保障 1 小时内快速运动能力和长时间运动末期的冲刺力方面，都具有非常重要的作用和意义。

第二，进行体能训练过程中进行糖类的补充，不仅能够使糖代谢环境得到显著改善，保持运动中血糖浓度，维持高的糖氧化速率，节省肝糖原，减少蛋白质的消耗，而且还能够进一步提高运动能力，因此，补充糖类具有非常重要的意义。

第三，坚持长时间在体能训练过程中进行糖类补充，还可预防和延缓中枢性疲劳的发生。

第四，糖类的及时补充，其意义还体现在维持血糖浓度、减少应激激素、稳定免疫功能等方面。

第五，在进行体能训练后进行糖类的补充，在肝糖原和肌糖原的合成与储存的加强、疲劳消除和体能的恢复、促进等方面意义重大。

（2）补糖的方法。运动前补糖的方法有两种：①大运动负荷训练和比赛前数日，将膳食中碳水化合物占总能量比重增加到 60%～70%（或 10 克/千克体重）；②运动前 1～4 小时补糖 1～5 克/千克体重，固体糖和液体糖均可，但运动前 1 小时补糖最好使用液体糖。

（二）体能训练中蛋白质的消耗与补充

1. 蛋白质的营养功能

（1）构成机体组织与细胞的主要成分。血液、肌肉、骨、皮肤等都由蛋白质参与组成。另外，蛋白质还对机体生理功能起到调节作用，是体内缓冲体系的组成部分，能够使酸碱平衡得到有效保持。人体每天所需要热量的10%～14%来自蛋白质。

（2）供给能量。蛋白质除了能够在糖和脂肪供给的热量不足的情况下氧化分解释放出热能外，正常代谢过程中，陈旧破损的组织和细胞中的蛋白质还会分解释放出能量。另外，体内蛋白质更新分解代谢中也能放出能量。由此可以看出，蛋白质能为身体提供能量。

（3）构成酶和激素的成分。蛋白质是许多具有生理功能的物质的主要组成成分。酶本身就是蛋白质，正常体温情况下，广泛参与人体各种各样的生命活动，如肌肉收缩、血液循环、呼吸消化、神经传导、感觉功能、能量转化、信息加工、遗传素质、生长发育和繁殖以及各种思维活动。此外，对代谢过程具有调节作用的激素、承担氧运输的血红蛋白、进行肌肉收缩的肌动、肌球蛋白和构成机体支架的胶原蛋白等本身都是蛋白质。

（4）构成免疫作用的抗体。一类球蛋白是有免疫作用的抗体，在体内和病原体（抗原）起免疫反应，从而能保护机体免受细菌和病毒的侵害，提高机体的抵抗力。

（5）维持酸碱平衡。在维持体内酸碱平衡和水分的正常分布方面，蛋白质也具有非常重要的作用。

2. 蛋白质的主要来源及供给量

（1）蛋白质的主要来源。蛋白质的最好来源是动物性食物和植物性豆类食物。动物性蛋白与植物性蛋白相比较，具有更大的优越性。它所含的氨基酸的组成方式和人类的蛋白质相类似，营养价值也高，故称"优质蛋白质"。含蛋白质较多的食物有肉类、鱼类，其蛋白质含量一般为10%~30%；奶类为1.3%~3.8%；蛋类为11%~14%；豆类为20%~49.8%；谷类一般含蛋白质6%~10%。

（2）蛋白质的供给量。蛋白质在体内的储存量甚微，营养充分时可储存约1%。蛋白质的需要量与机体的活动强度、肌肉数量的多少、年龄及不同的生理状况等条件有关。蛋白质的供给量一般成人应占热能供给总量的10%~12%，儿童少年为12%~14%。正常成年人蛋白质供应量为每千克体重1~1.5克。

3. 蛋白质的消耗

蛋白质在运动中供能的比例最小。蛋白质在运动中供能的比例取决于运动的类型、强度、持续时间及体内肌糖原的状况。体内肌糖原储备充足时，蛋白质供能仅占总消耗的 5% 左右；肌糖原耗竭时可上升到 10% ~ 15%；一般运动情况下，蛋白质提供 6% ~ 7% 的能量。骨骼肌可选择性摄取支链氨基酸（亮氨酸、异亮氨酸和缬氨酸）在长时间耐力型运动中进行氧化供能。

高强度和大运动负荷的训练比赛可造成肌肉组织的损伤，而组织细胞的修复需要蛋白质的参与。运动后休息期机体蛋白质和氨基酸的合成代谢增强，以利于组织细胞的修复和骨骼肌支链氨基酸的储备。剧烈运动或高温下运动机体排汗增加，汗氮和尿氮排出量增多。同时，运动可使与运动有关的组织器官如肌肉、骨骼增大增粗，这些都说明运动会引起蛋白质的消耗量和需要量增加。

4. 蛋白质的科学补充

（1）补充蛋白质和氨基酸的意义。体能训练时，蛋白质的功能主要有：帮助损伤的组织快速修复和再生；调节许多代谢过程如体液平衡、酸碱平衡、营养素的输送等；促进抗体、补体和白细胞的形成，提高免疫机能；促进肌肉蛋白质合成，增强力量；当糖原储存大量消耗时，氨基酸分解代谢可以直接参与供能；氨基酸还可以进行糖异生，维持体能训练中血糖水平，有助于提高体能训练持久力。

由此可知，蛋白质、氨基酸缺乏都将削弱体能训练机能，所以补充优质蛋白质和某些特殊氨基酸，对提高体能训练中的人体代谢能力具有重要的作用。

（2）补充蛋白质的方法及要求。进行耐力体能训练的人，当食糖和能量摄入充足时，每日蛋白质需要量是 1.0 ~ 1.8 克/千克体重。体能训练水平越高，需要量增加越多。连续数天大负荷耐力体能训练时，每日补充蛋白质 1.0 克/千克体重，身体仍然出现负氮平衡，这表明体内蛋白质分解多于补充，而以 1.5 克/千克体重摄入蛋白质时，身体处于正氮平衡。力量性项目体能训练者蛋白质供给量要比普通人多。力量体能训练者在轻量体能训练时每日需要蛋白质 1.0 ~ 1.6 克/千克体重。

（三）体能训练中维生素的消耗与补充

1. 体能训练与维生素 A

维生素 A 是形成眼视网膜中视紫质的原料，具有保护角膜上皮防止角质化的作用。如果缺乏，往往会导致夜盲症、眼干燥症等疾病的发生。因此，视力要求较高的运动项目如射击、射箭、乒乓球、跳水等，对维生素 A 的需要量比较高，一般运动员维生素 A 的推荐摄入量为每日 1 500 微克，视力活动紧张项目为每日 1 800 微克。维生素 A 长期大量摄入可引起中毒，不可补充过多。动物肝脏、深黄色或深绿色蔬菜、红黄色水果、蛋黄等食物中富含维生素 A。

2. 体能训练与维生素 B_1

维生素 B_1 是糖代谢中丙酮酸等氧化脱羧所必需的辅酶的组成成分，还与神经递质乙酰胆碱的合成与分解有关。维生素 B_1 缺乏时，运动后的丙酮酸及乳酸堆积，使机体容易疲劳，并可引起乳酸脱氢酶活力减低，影响骨骼肌与心脏的功能。

运动员很少出现严重的维生素 B_1 缺乏症，一般仅发生维生素 B_1 不足或边缘性缺乏。我国运动员维生素 B_1 的推荐摄入量为 3~5 毫克/天，高于我国普通成年男女的膳食参考摄入量（分别为 1.4 毫克/天和 1.3 毫克/天）。维生素 B_1 主要来源为米、面、核桃、花生、芝麻和豆类等粗糙的粮食的胚芽和外皮部分，故加工越精细，损失越多。另外，瘦猪肉、动物肝脏等物质中也含有维生素 B_1。

3. 体能训练与维生素 B_2

维生素 B_2 是构成体内多种呼吸酶的辅酶的成分，与体内的氧化还原反应和细胞呼吸有关。维生素 B_2 缺乏的运动者，容易出现肌肉无力、耐久力受损害、疲劳等症状。我国推荐运动员维生素 B_2 的适宜摄入量为 2.0~2.5 毫克/天。维生素 B_2 主要来源于动物肝、肾脏、青菜等食物中。

4. 体能训练与维生素 C

维生素 C 具有很强的还原性，参与氨基酸和蛋白质的代谢。运动使机体的维生素 C 代谢加强，短时间运动后血液维生素 C 的含量升高，但长时间运动后下降。不同的运动负荷后，无论血液中维生素量是升高还是下降，组织维生素 C 均表现为减少。运动机体维生素 C 不足时，白细胞的吞噬功能下降。运动者在过度训练时，血液维生素 C 的水平和白细胞吞噬功能都下降。维生素 C 还有消除疲劳、提高耐力以及促进创伤愈合等作用。

维生素 C 分布很广，水果、叶菜类、谷类等食物中都含有丰富的维生素 C。其易受储存和烹调破坏，所以，蔬菜、水果应以新鲜、生食为好。我国推荐的运动员膳食维生素 C 的摄入量在训练期为 140 毫克/天，比赛期为 200 毫克/天。进行极限或次极限强度运动时，每消耗 1000 千卡能量，需供给维生素 C 22~25 毫克。在进行长时间中等强度的运动负荷时，运动时间超过 2 小时（如长跑、马拉松等），每消耗 1 000 千卡能量，需供给维生素 C 30 毫克。

5. 体能训练与维生素 E

维生素 E 具有抗氧化作用，促进蛋白质的合成和防止肌肉萎缩等生物学作用，可提高肌肉力量。运动员在高原或在低氧低压条件下训练，补充维生素 E 可以提高最大摄氧量，减少氧债和血乳酸。食物油、奶、蛋等食物中富含维生素 E。我国推荐的运动员膳食维生素 E 摄入量为 30 毫克/天，如果在高原训练，则增加到 30~50 毫克/天。

第三节　职业体能训练的核心原则

一、自觉性原则

自觉性原则是指在训练过程中，运动员或者学员在教练员的引导下，自觉、主动地学习和运用有关知识和技能，加深对训练目的性的认识，掌握运动技能，提高竞技能力，独立自主地参与规划和制订训练计划，以及进行比赛和采用正确的决断。运动员或者学员是训练过程的主体，是知识、技能的接受者，只有具有自觉学习、提高身体素质或者运动成绩的强烈愿望，才会专心致志地接受长期的艰苦训练。只有运动员或者学员对所进行的训练的目的、意义、作用以及自己的未来发展有正确理解，激发起训练或者比赛的积极情绪时，才会心甘情愿、不打折扣地完成每一次训练任务。

二、一般和专项训练原则

一般训练是指在运动训练过程中，以多种身体练习、训练方法和手段，全面提高运动员或者学员的各种器官系统的机能，发展运动素质，改善身体形态和心理品质，掌握一些有利于提高专项的其他项目运动技术和理论知识，全面地发展运动员或者学员的各项身体能力。

专项是指实际工作活动以及与运动员训练水平相似的比赛本身。专项训练是指在运动训练过程中，以专项运动本身的动作及比赛性练习，以及与专项动作相似的练习进行训练，其目的是最大限度地提高运动员或者学员的专项成绩及工作活动能力。

一般训练的基础上，体能训练必须根据各运动项目的技术、战术和专项能力特点充分发展专项所需要的运动素质，以促进运动员或者学员直接创造优异运动成绩。专项体能训练有助于使运动员或者学员在身体形态以及机能方面对该项目的特殊要求产生适应，为此，在训练过程中要根据运动项目的特点和运动员、学员的实际情况，科学地确定一般体能训练及专项训练的比例，一般体能训练的内容和手段也必须突出重点，紧密结合运动专项需要，充分发展与专项运动密切相关的最重要的运动素质和机能，进行有针对性的练习。

三、系统训练原则

系统训练原则是指持续地、循序渐进地组织运动训练过程的训练原则。运动员或者学员从训练开始到创造出优异成绩，直至运动寿命的终结，都应该按照体能发展的运动规律，作出相应的合理规划，持续不断地进行训练，对长期训练不同发展阶段的体能训练，从内容、比重、手段、负荷等方面也应作出系统安排。

系统的持续训练是取得理想训练效果的必要条件，人体对训练负荷的生物适应必须通过机体自身的各个系统、各个器官、各部分肌肉乃至每个细胞的变化，逐步去实现。各运动项目的知识及竞技能力各要素的发展都有各自的体系和内在联系，反映了各运动项目由低到高、由易到难、由简到繁发展的规律。所以，以一定的顺序安排训练内容，选用训练方法和手段，使运动员或者学员循序渐进地掌握技术、战术，提高身体素质、提高运动能力，并逐步提高要求，才能取得良好训练效果。

四、适宜负荷原则

适宜负荷原则是指根据运动员或者学员的现实可能和人体机能的训练规律，以及提高运动员或者学员体能能力的需要，在训练中给予相应量度的负荷，以取得理想训练效果的训练原则。运动员或者学员在训练中承受了一定的运动负荷后，必然会产生相应的训练效应。但并非施加了负荷就一定会产生良好的训练效应，训练负荷的安排对训练效应的好坏有着重要的影响。所以，合理安排训练负荷意义重大。机体对适宜的负荷产生适应，如果负荷过小，不能引起机体必要的应激反应；如果负荷过大，则会出现劣变反应。实践中，能够根据训练任务、对象水平，逐步且有节奏地按照人体机能的适应规律加大运动负荷，遵循"加大—适应—再加大—再适应"的原则。

五、恢复原则

恢复原则是指及时消除运动员或者学员在训练中所产生的疲劳，并通过生物适应过程产生超量恢复，提高机体能力的训练原则。人体机能能力和能量储备由负荷后暂时下降和减少的状态恢复到负荷前水平的过程，称为恢复。在恢复过程中，能源物质的补偿在一定时间内超过原有水平，这种现象叫作超量恢复。超量恢复在持续一段时间后再降到原有水平，即完成了一次训练负荷后恢复的全过程。

一定范围内，运动负荷越大，消耗越剧烈，恢复过程就越长，超量恢复也越明显。正是由于运动训练能引起超量恢复效应，使运动员或者学员竞技能力的提高成为可能并为之奠定了物质基础。所以，运动训练中的恢复，并不是满足于回到先前水平的恢复，而是追求超量恢复。

第四节　体能的测定与评价方法

一、身体成分的测定与评价

（一）腰臀比测试

过多的腹部脂肪与疾病（如心脏病和高血压等）发生是直接相关的。因此，腹部有大量脂肪堆积的人腰臀比高，他们比腰臀比低的人更容易患心脏病和高血压。

测量腰臀比的步骤：①测量工具为无弹性的卷尺。站立，不要穿宽大的衣服，否则会使测量结果产生偏差。测量时，卷尺紧紧地贴在皮肤上，但不能陷入皮肤，测量数值应精确到毫米；②测量腰围时，把卷尺放置于肚脐水平处，并在呼气结束时测量；③测量臀围时，把卷尺放在臀部的最大周长处；④完成测量后，用腰围除以臀围，得出腰臀比例。

（二）身体质量指数测试

身体质量指数（BMI）是与体内脂肪总量密切相关的指标，主要反映全身性超重和肥胖。由于 BMI 计算的是身体脂肪的比例，所以在测量身体因超重而面临心脏病、高血压等风险上，比单纯的以体重来认定更具准确性。其计算公式为体重除以身高的平方。其评价标准包括：①肥胖的世界标准：BMI 在 18.5～24.9 时属正常范围，BMI 大于 25 为超重，BMI 大于 30 为肥胖；②肥胖的亚洲标准。亚洲人体格偏小，用肥胖的世界标准来衡量就不适宜。亚洲人的肥胖标准应该是 BMI 在 18.5～22.9 时为正常水平，BMI 大于 23 为超重，BMI 大于 30 为肥胖。②肥胖的中国标准：中国人虽属于亚洲人种，体重指数的正常范围上限应该比亚洲标准低些。中国人体重指数的最佳值应该是 20～22，BMI 大于 22.6 为超重，BMI 大于 30 为肥胖。特别要强调的是，不是每个人都适用 BMI 的，不适用 BMI 指数来衡量的人员有：未满 18 岁；运动员；正在做重量训练；怀孕或哺乳中；身体虚弱或久坐不动的老人。

(三) 身体成分评价

就男性而言，理想的体脂在 10% ~ 20%；就女性而言，则是 15% ~ 25%。此体脂的范围称为最适范围。在这个范围内，与体脂有关的各种疾病的发生率较低。体脂高于最适范围，就容易产生疾病。值得注意的是，体脂百分比低于最适范围，同样也是不佳的。事实上，体脂所占比例低也会出现各种健康问题，这是因为体脂所占比例低往往与营养不良和肌肉功能减弱有关。

二、肌肉力量的评价

(一) 一次重复最大量测试

虽然这种测试肌肉力量的方法被广泛应用，但对上了年纪的或身体条件较差的人是不适宜的。由于这种测试会导致损伤，被测者应在经过几周力量练习、并在技术和力量方面都有所提高的情况下进行测试，以免受伤。年纪较大或脑力劳动者需进行 6 周的力量练习，而大学生只需 1~2 周的力量练习便可参加 1RM 测试。1RM 测试旨在测验被选定的局部肌肉群的力量，先做 5~10 分钟有关肌肉群的准备活动，然后，选择毫不费力举起的重量进行练习，并逐渐增加重量直到只能举起一次。真正的 1RM 测试是测一次能够举起的最大量。大学生年龄段的测试成绩标准、计算测试成绩的方法是：1RM 重量除以体重再乘以 100，即为肌肉力量。

(二) 肌肉力量评价

测试完肌肉力量后，应对结果作出评价。在进行肌肉力量结果评价时，需要注意选择适合的评价指标，并与个体的目标和背景相匹配。同时，还需要确保评价过程的标准化和可重复性，以便对比和追踪肌肉力量的改变。此外，结合其他评价指标和身体成分数据，可以获得更全面的肌肉力量结果评价。

三、柔韧性的测定与评价

(一) 躯干柔韧性测试

坐位体前屈测试主要是评价躯干弯曲的能力,这一方法牵拉的是背部浅层肌肉和大腿后部肌肉。

测试方法:上体垂直坐着,两腿伸直,脚跟并拢,脚尖分开约 10~15 厘米,用整个脚底面顶着盒子。然后两手并拢,两臂和手伸直,渐渐使上体前屈,并尽可能地用两手指指尖轻轻地推动标尺上的游标向前滑动,直到不能继续前移为止,保持这一姿势 3 秒。测量 3 次,取最好成绩,记录的成绩以厘米为单位,数值精确到小数点后 1 位。

特别需要注意的是,在测试前,应做短时间的牵拉练习作为热身活动。为了减少受伤,应避免在测试中快速运动。

(二) 肩部柔韧性测试

肩部柔韧性测试评价的是肩关节的活动范围。测试方法:站直后,举起右手,前臂向体后下方弯曲,并尽量向下伸展,同时,用左手在体后去触及右手,尽可能地使两手手指重叠。完成右手在上的测试后,以相反的方向进行测试(左手在上)。一般总是一侧的柔韧性要好于另一侧。

两手手指所重叠的距离就是肩部柔韧性测试的得分(单位为 cm)。测量手指重叠的距离应取近似值。例如,某一重叠距离为 1.9 厘米,应记为 2.5 厘米;如果两手手指不能重叠,得分应记为-2.5 厘米;如果两手手指刚好碰到,得分应为 0。

在肩关节柔韧性测试前,应有一个短时间的牵拉练习作为热身活动。为了预防受伤,应避免在测试中快速移动。

(三) 柔韧性评价

即使经常参与体育锻炼,躯干和肩部柔韧性也可能较差。实际上,只有经常进行牵拉练习才可能有超过一般水平的柔韧性。因此,无论目前柔韧性如何,都应该确立目标,并经常进行牵拉练习来提高自己的柔韧性。

第六章　体能素质训练及方法

第一节　速度素质训练及方法

"速度素质是指人体快速运动的能力。"[1] 在人体与器械整体运动中，速度是指人体—器械整体快速运动的能力。

速度素质是个体神经—肌肉支配系统反应的灵活性、反应时、肌肉收缩速度等综合能力的体现。速度素质是指以最短时间通过一定距离的能力，以最短时间完成一定幅度动作的能力，神经冲动以最短时间通过反射弧的能力。

速度是运动员的基本素质之一，在他们的体能训练中起着重要的作用。一些运动（如100米短跑）是比运动员的速度。虽然有些体育赛事并不比速度，但速度也对运动表现有直接影响。

一、速度素质训练的一般方法

（一）重复法

规定最大速度指数的重复方法。移动速度训练中显示最大速度指数，并且一些运动练习是强制性的重复，如快速重复的轻杠铃推举。用哑铃重量重复跳跃，同时保持正确的运动，一次又一次地快速跳跃。重复短距离跑步，使用各种沉重的金器进行最后的快速重掷。

变化训练程序的重复法。变化训练的程序是指在横移速度训练中适当改变速度和加速度，并以适当的比例与程序相结合。虽然在一定的最大速度下

---

① 　沈明磊.浅谈对学生运动速度素质的培养[J].中文信息,2016(5):143.

进行训练是提高运动速度的重要因素，但重复如此，它创造了一个动态的固定模式。因此，在最高速度指标和重复练习时，训练计划按一定的方式变化，使运动员对练习的速度变得陌生，以培养更好的移动速度。

（二）游戏法

游戏法，是指采用游戏的形式进行速度训练的一种方法。"速度障碍"是由于在速度训练时反复进行某一动作的训练，这种多次重复的训练形成动作的动力定型，使之在动作的空间特征和时间特征上，如动作的幅度、方向、动作的速度和频率等各种指标都相对稳定，形成所谓的"速度障碍"。防止"速度障碍"的形成，要突出速度力量的训练，采用多种训练手段，如游戏、球类等活动。例如，100米跑要达到预定的成绩，既可以通过专门短跑训练来达到，也可以通过全面身体练习并把重点放在速度力量的训练上来达到。

（三）比赛训练法

比赛训练法，是指在竞争条件和要求下，营造竞争氛围和环境的开放式训练方式。显然，在使用比赛训练法来训练动作速度时，练习者的心理和情感不同于其他训练方法。大多数练习者都表现出高度的情绪和兴奋。研究表明，使用竞技训练方法会显著增加运动前的人体血糖和乳酸水平，这有助于身体更好地运作。兴奋也会对交感神经系统产生影响，延迟疲劳的发生，这使人体能够成功地以高强度速度进行训练。比赛训练法中，神经系统处于非常温和的兴奋状态，这有助于发挥交换兴奋和抑制神经过程的能力。

二、速度素质训练的具体方法

（一）反应速度训练的原理及方法

1. 反应速度训练的运动原理

反应速度，是指个体运动员的听觉、视觉、触觉、动觉对各种信号刺激的反应时间，即反应时。这种能力取决于神经传递反射弧的灵敏性。机体的感受器感受到刺激时，信号由感觉神经元传入神经中枢，再由中枢神经发出指令，经运动神经元传出至效应器，肌肉收缩产生动作，这一神经—肌肉反射过程的快慢决定了反应速度的快慢。短跑运动员起跑时蹬离起跑器的时间长短，取决于运动员听到发令枪声后"推手"和"蹬腿"的反应时长短。优秀短跑运动员的起跑时间为 0.15 秒左右，0.18~0.20 秒的反应时是优秀水平的反应时。球类项目的运动员的反应时取决于视觉反应时和动觉反应时。如乒乓球运动员能在 0.15~0.18 秒时间内"看"到对手的发球并迅速作出回球的动作反应。特殊情况下，如既盲又聋的运动员，反应时取决于触觉等感觉的反应。反应速度的遗传力达 0.75。反应速度的训练主要是充分挖掘遗传潜力，熟练掌握技术动作，集中注意力及改善专项反应时。

2. 反应速度训练的具体方法

（1）听信号起动加速跑。在慢跑中听到信号后突然起动加速跑 10~15 米，重复 8~10 次。

（2）小步跑、高抬腿跑，听信号后加速跑。原地小步跑、高抬腿跑，听到信号后突然加速跑 15~20 米，重复进行。

（3）俯卧撑听信号跑。俯卧撑听信号后突然起跑 10~15 米，重复进行。

（4）听信号转身起跑。背对前进方向，听到信号后迅速转身 180 度，起动加速跑 10~15 米，重复进行。

（5）听枪声起跑。站立式或蹲踞式，听枪声后起跑 20~30 米，3~5 组 3~6 次，强度为 90%~95%。

（6）反复突变练习。练习者听各种信号后分别做上步、退步、滑步、交叉步、转身、急停等动作。

（7）利用电子反应器。依据不同的信号，用手或脚压电扣，计反应时。

（8）两人对拍。两人面向站立，听到信号后用手拍击对方的背部，在规定时间内，拍击次数多者为胜。

（9）反应起跳。练习者围圈站立，圈内 1~2 人，站在圆心手持小树枝或小竹竿，持竿人持竿画圆，竿经谁脚下谁起跳，被竿打上者进圈换人，可突然改变方向。

（10）"猎人"与"野鸭"。"猎人"围圈而立，站在画好的圈内，1~2 人手持皮球击打圈内的"野鸭"，"野鸭"为"猎人"的 1/3，"野鸭""猎人"

互换角色。

（11）找伙伴。练习者绕圈慢跑，听到"三人"或"五人"口令后，练习者立即组成规定人数的"伙伴"，不符合规定人数的为失败组，失败组罚做俯卧撑、高抬腿等练习。

（12）追逐游戏。两队相距2米，分为单数队和双数队，听到"单数"口令，单数队跑，双数队追，反之亦然。在20米内追上为胜。

（13）起动追拍。两人一组前后距离为2~3米慢跑，听到信号后开始加速跑，后者追上前者用手拍对方的背部，20米内追上为胜。

（14）多余的第三者。练习者若干，呈两人前后面向圈内围一圆圈而立，左右间隔2米，两人沿圈外跑动追逐，被追者可跑至某两人前面站立，则后面的第三者立即逃跑，追者追该第三者，被追上者为失败，罚做各种身体练习。

（二）移动速度训练的原理及方法

1. 移动速度训练的运动原理

移动速度即位移速度，通常以通过一定距离的时间或单位时间内通过的距离来表示：$V = S/T$。跑速和游速＝步（划）长×步（划）频。决定步长的因素有肢体长度、关节柔韧性和肌肉力量。腿长及髋关节柔韧性好的运动员其蹬摆的动作幅度较大，但是如果缺乏足够的肌肉力量和动作速率也不能获得较大的移动速度。决定动作频率的因素有神经支配的灵敏性、神经冲动的强度和兴奋性、肌肉收缩速度、肢体交替运动的协调性及技术动作的熟练程度。

就移动速度而言，步长与步频的最佳搭配是获得最大速度的有效途径。移动速度包括平均速度、瞬时速度、加速度、角速度、角加速度、初速度、末速度。100米跑10秒，是指平均速度；起跑蹬离起跑器的时间约0.15秒是瞬时速度；100米跑的前30米跑时间为2.58秒是加速度；跳远的助跑最后一步速度是末速度；跳远起跳腾起速度是初速度；自由泳运动员手臂的划水动作可以视为肘关节和肩关节的角位移运动，产生角速度和角加速度。

一个项目中或在一个项目的某一动作环节中，可能同时包括反应速度、动作速度和移动速度，如起跑动作；也可能包括动作速度和移动速度，如途中跑。各种速度之间存在互为相关的关系。

2. 移动速度训练的具体方法

（1）小步跑转加速跑。行进间快频小步跑，听信号后转为加速跑。20～30米×2～3组×2～3次，组间歇5分钟。

（2）高抬腿跑转加速跑。行进间高频高抬腿跑，听信号后转为加速跑。10～15米×2～3组×2～3次，组间歇5分钟。

（3）后蹬跑转加速跑。快速后蹬跑，听信号后转为加速跑。20米+20米×2～3组×2～3次，组间歇5分钟。

（4）高抬腿车轮跑转加速跑。行进间高抬腿车轮跑，听信号后转为加速跑。15米+20米×2～3组×2～3次，组间歇5～7分钟。

（5）单足跳转加速跑。单足跳10～15米，听信号后转为加速跑20米，2～3组×2～3次，组间歇5分钟。

（6）交叉步转加速跑。交叉步跑5～10米，听信号后转体加速跑20米，2～3组×2～3次，组间歇5分钟。

（7）倒退跑转加速跑。倒退跑10米，听信号后转体加速跑20米，2～3组×2～3次，组间歇5分钟。

（8）加速跑。加速跑60米、80米、100米、120米，3～5组×3～5次，组间歇5分钟。

（9）变加速跑。20米加速跑达到最高速度时减速跑10米再加速跑20米，以此类推跑完一定的距离，组间歇5分钟。

（10）站立式起跑。听信号或枪声站立式起跑30米×3～5组×3～5次，组间歇5～8分钟，强度为90%左右。

（11）蹲踞式起跑。听信号或枪声蹲踞式起跑30米×3～5组×3～5次，组间歇5～8分钟。

（12）行进间跑。加速跑20～30米，到达指定的标记后行进间跑20～30米，行进间跑的距离可长可短，20～80米，重复2～3组×2～3次，组间歇5～8分钟。

（13）重复跑。强度为90%～100%，距离短于比赛距离的1/3，重复4～6

组×4~6 次，组间歇 5~10 分钟，如 100 米×5 组×5 次，组间歇 10 分钟，次间歇 5 分钟。

（14）上坡跑。上坡跑坡度为 7~10 度，30 米、60 米、80 米×2~3 组×3~5 次，组间歇 5~8 分钟。

（15）下坡跑。下坡跑坡度为 7~10 度，30 米、60 米、80 米×2~3 组×3~5 次，组间歇 5~8 分钟。

（16）上、下坡跑。在 7~10 度的坡道上往返跑，30 米上坡跑，30 米下坡跑，重复 2~3 组。

（17）顺风跑。风速 3~5 级，顺风跑 30 米、60 米、80 米×2~3 组×2~3 次，组间歇 5~7 分钟。

（18）牵引跑。在牵引机的牵引下按照一定的速度跑 20~60 米，重复 2~3 组×2~3 次，组间歇 5~7 分钟。

（19）让距离追赶跑。2~3 人一组，根据个体的速度水平前后相隔 2~5 米的距离，听信号后起跑，后者在规定距离内追上前者，重复 2~3 组×2~3 次，组间歇 5~7 分钟。

（20）接力跑。8×50 米、4×100 米、4×200 米、4×400 米接力跑。

（21）固定距离或固定步数反复跑。在需要起跳准确性高的项目中，如跳远、撑竿跳高、跳马，运动员要经常练习固定节奏的助跑速度。30~45 米×4~6 组×3~6 次。

（22）各种方式的跨栏跑。改变栏高，改变栏间距，改变栏间跑的步数和节奏，改变栏架的数量等。

（23）摸乒乓球台角移动。听信号后 30 秒左右移动摸乒乓球台两角，重复 2~3 次，间歇 2~3 分钟。

（24）变向带球跑。6 人站成一排，间隔 5 米，每人一球，根据教练的手势做前后、左右的带球、变向、急停、转身带球跑，重复 2~3 次。

（25）各种球类的移动速度练习。根据各种球类项目移动速度的特点，设计具有项目技术、战术特点的移动速度练习手段，如足球的进攻和防守的移动速度，乒乓球、羽毛球、网球运动员的脚步移动速度。

（三）动作速度训练的原理及方法

1. 动作速度训练的运动原理

动作速度是指在单位时间内完成动作的多少。动作速度包括完成整套动作的速度、完成单个动作的动作速度和动作速率。体育运动中，整套动作是指一次完成的完整动作，如掷标枪的"最后用力"动作，自投掷臂一侧的脚着地的"转蹬"开始，经另侧脚着地完成"满弓"形，至"转髋"—"转肩"—"鞭打"—"出手"为止，为一个整套的完整动作。"最后用力"过程的动作速度是指整套动作的平均速度。实际上整套动作的速度是加速度，尤其是"鞭打"动作，自躯干至手腕的"鞭打"动作是连贯的动量传递和逐渐加速过程。单个动作的动作速度是指在整套动作中完成某一动作或完成某一动作环节的动作速度，如"鞭打"动作速度、"出手"速度。动作速率是指动作的频率及单位时间内完成动作的多少。动作速度的大小取决于神经—肌肉系统的调节，取决于肌肉收缩的速度和相对力量、速度力量的大小，取决于肌肉动作的协调性和技术动作的熟练程度。力学上，动作速度包括动作的平均速度、瞬时速度、加速度及角速度、角加速度。

跳远的起跳速度是平均速度，腾起初速是瞬时速度，也是加速度。平均速度与瞬时速度是相对的，瞬时速度是单位较小的平均速度，取决于动作时相的选择。在有支撑和无支撑旋转运动中，动作速度是角速度和角加速度。掷铁饼是有支撑旋转运动，在运动员的持饼三周旋转中，角速度是逐周增加的，至铁饼出手瞬间，由于旋转运动的突然停止使器械沿切线方向运动，角加速度变为线加速度，铁饼沿斜直线飞出。例如，自由式滑雪空中技巧是有支撑和无支撑的旋转运动。虽然规则规定在跳台上转动要扣分，但是运动员的空中无支撑转动的动力却来源于台面的支撑转动，首先是不对称的摆臂引起的转动，其次是通过改变沿身体横轴和纵轴转动的转动半径使纵轴转动角速度增加，从而准确地完成空中的多周转体运动。

2. 动作速度训练的具体方法

（1）听口令或节拍器摆臂。两脚前后开立或呈弓箭步，听口令或节拍器快速前后摆臂 15~30 秒，2~3 组。

（2）原地快速高抬腿或支撑高抬腿。站立或身体前倾支撑肋木快速高抬腿 10~30 秒，4~6 组。

（3）仰卧高抬腿。仰卧快速高抬腿 10~30 秒，也可以拉橡皮条。

（4）悬垂高抬腿。手握单杠悬垂，两腿快速交替做高抬腿动作，20~50 次，2~4 组。

（5）快速小步跑。15~30 米，3~5 组，最高频率，强调踝关节屈伸当中的连贯性和协调性。

（6）快速小步跑转高抬腿跑。快速小步跑 5~10 米，身体前倾转快速高抬腿跑 20~30 米，4~6 组。

（7）快速小步跑转高抬腿转加速跑。小步跑 10 米转高抬腿跑 10 米转加速跑 10~20 米。

（8）高抬腿跑转加速跑。快速高抬腿跑 10~15 米转加速跑 20 米。

（9）高抬腿跑转车轮跑。高抬腿跑 10 米转车轮跑 15 米，2~4 组×4~10 次。

（10）快节奏高抬腿跑。高抬腿慢跑，听信号后加快节奏以最快频率跑 10~15 米。

（11）踏步长标记高频跑。在跑道上画好步长标记，在行进间听信号踏标记高频快跑 15~20 米，2~4 组×4~6 次。

（12）跨跳接跑台阶。跨步跳，听信号后快速跑台阶，要求逐个台阶跑，步频最高，如台阶固定可以计时跑，4~6 组×6~8 次。

（13）连续建立跨栏跑。5~6 副栏架，栏间距短于标准栏间距 1~2 米，要求栏间跑加快频率，讲究动作节奏和加速跑，2~4 组×4~6 次。

（14）听节拍器或击掌助跑起跳。短程助跑，听信号加快最后三步助跑和快速放脚起跳，2~4 组×8~12 次。

（15）侧跳台阶。练习者侧对台阶站立，侧跳台阶，两腿交替进行，2~3 组×6~8 次。

（16）左右腿交叉跳。在一条线上站立，沿着线两腿向左右两侧方向交叉跳，交叉跳时大腿高抬，快速转折，动作速度加快，20~30 米×4~6 次。

（17）上步、交叉步、滑步或旋转投掷轻重量的器械。铅球、铁饼、标枪等投掷运动员在发展专项动作速度时往往"最后用力"投掷较轻重量的器械。

（18）纵跳转体。原地纵跳转体 180 度或 360 度，连续跳 10~20 次。

（19）跳抓吊绳转体。助跑跳起双手抓住吊绳，后仰收腹举腿，转体 180 度跳下，10~15 次。

（20）快速挥臂拍击沙袋。原地或跳起快速挥臂拍击高悬沙袋，30 次 × 3~5 组。

（21）转身起跳击球。吊球距地面 3 米左右，原地起跳用手击吊球后在空中转体 180 度。落地，接着转身起跳击球，连续 5~10 次，重复 3~5 组。

（22）快速挥臂击球。原地或跳起挥臂击高吊的排球，连续击打，动作速度要快，有鞭打动作，20~30 次，重复 2~4 组。

（23）起跳侧倒垫球。在排球网前站立，听信号后双脚起跳摸网上高物，落地后迅速垫起教练抛来的排球，连续 10~15 次，重复 3~4 组。

（24）两侧移动。两物体高 120 厘米相距 3 米，练习者站在中间左右移动，用右手摸左侧物体、左手摸右侧物体，计 30 秒内触摸物体的次数，重复 3~4 次。

（25）对墙踢球。距墙 4~6 米站立，以脚内侧或正足背连续接踢。从墙上反弹回来的球，20~30 次，重复 3~5 组。

（26）移动打球。6 人站成相距 2 米的等边六角形，其中，5 人体前各持一球，听信号后徒手运动员快速移动循环拍打持球者手中的球，每次移动拍打 20 次，每人完成 2 次循环为一组，重复 2~4 组。

（27）快速移动起跳。在篮板左下角听信号后起跳摸篮板，落地后迅速移动到右侧跳摸篮板，8~10 次，重复 2~3 组。

（28）上步后撤步移动。根据教练的手势或信号在乒乓球台端线做上步后撤步移动练习，移动速度快，持续 30 秒，重复 2~3 次。

（29）交叉步移动。在乒乓球台端站立，听信号后左右做前交叉步移动练习，结合挥拍击球动作，动作速度加快，移动 20 秒，重复 2~3 组。

（30）技巧、体操、弹网运动员的转体练习。组合动作接转体动作尤其是接多周转体动作，要求运动员不仅要具有速度力量等素质，而且还要有快速的动作速率及熟练而协调的技术能力。

（31）高山滑雪中的"小回转"练习。在雪道上设置若干小回转旗门，练习快速、准确回转过旗门。

第二节　力量素质训练及方法

一、力量素质训练的内容与方法

力量训练是体能训练的重要环节，对运动员提高竞技能力，取得优异成绩具有十分重要的作用。

（一）力量素质训练的内容体系

1. 肩部力量训练

（1）胸前推举。

方法：两手持铃将杠铃翻起至胸部，然后立刻上推过头顶，再屈臂将杠铃放下置于胸部，再上推过头顶，反复练习。

作用：主要发展三角肌侧前部肌肉，以及斜方肌、前锯肌、肱三头肌力量。

（2）颈后推举。

方法：站直，打开肩膀向后举起杠铃。然后将杠铃滑到脖子后面，直到你的手臂伸直，重复这个过程。可以在锻炼时坐着，或者使用宽握或紧握。

作用：基本同胸前推举。

（3）翻铃坐推。

方法：同时握住身体前方的杠铃，用双手降低胸部。用双手将杠铃稍微举过头顶。然后轻轻地降低脖子后面的杠铃。然后将杠铃从脖子后面、头后面推，然后慢慢将杠铃推到身体前方的下胸。

作用：主要发展三角肌群和斜方肌力量。

2. 上臂力量训练

（1）颈后臂屈伸。

方法：身体直立，两臂上举反握杠铃（也可正握，但反握比正握效果好），握距同肩宽，做颈后臂屈伸动作。

作用：主要发展肱三头肌力量。

（2）颈后伸臂。

方法：一腿在后直立，另一腿在前。两手各握拉力器一端置颈后，两肘外展，两臂用力前伸使两臂伸直。

作用：主要发展肱三头肌上部和外侧部力量。

（3）弯举。

方法：身体直立，反握杠铃，握距同肩宽，屈前臂将杠铃举至胸前。可坐着练习，也可用哑铃等器械练习。

作用：主要发展肱二头肌、肱肌、肱桡肌等力量。此外，也可采用仰卧弯举、肘固定弯举、斜板哑铃弯举进行练习。

（4）双臂屈伸。

方法：不负重或脚上挂重物，捆上沙护腿、穿上沙衣等，在间距较窄的双杠上做双臂屈伸。

作用：主要发展肱三头肌、胸大肌、背阔肌力量。

3. 前臂力量训练

前臂力量训练主要采用少组数（3~5组），多次数（16次以上），组与组之间间歇很短的练习方法。

（1）腕屈伸。

方法：身体直立，两手反握或正握杠铃做腕屈伸，前臂固定在膝上或凳子上，腕屈伸至最高点，稍停顿，再还原。

作用：主要发展手腕和前臂屈手肌群和伸手肌群力量。

（2）旋腕练习。

方法：身体直立，两臂前平举，反握或正握横杠，用屈腕和伸腕力量卷起重物。

作用：主要发展前臂屈手肌群和伸手肌群力量。

4. 腹部力量训练

（1）仰卧起坐。

方法：仰卧凳上或斜板上，两足固定，两手抱头，然后屈上体坐起，再还原，反复进行。

作用：主要发展腹直肌、髂腰肌力量。

（2）半仰卧起坐。

方法：躺在地板上或运动。双手握住哑铃放在脑后。弯曲膝盖时，上半身向前向上滚动。练习时请记住，上半身抬起时，下背部和臀部不能抬离地板或长凳。深吸一口气，放松并呼气，两次收缩之间暂停2秒。还可以将重量放在上胸部以进行更多训练。

作用：主要发展腹直肌上部力量。

（3）蛙式仰卧起坐。

方法：仰卧垫上，两脚掌靠拢，两膝分开，两手置头后，向上抬头，使腹肌处于紧张收缩状态，2秒后还原重新开始。

作用：主要发展腹直肌力量。

（4）仰卧举腿。

方法：卧仰在斜板上，两手置于身体两侧握住斜板，然后两腿伸直或稍屈向上举至垂直。

作用：主要发展腹直肌、髂腰肌力量。

（5）悬垂举腿。

方法：两手同肩宽，上举握住单杠，身体悬垂，然后两腿伸直或稍屈向上举至水平位置，反复练习。

作用：同仰卧举腿。

（6）仰卧侧提腿。

方法：仰卧垫上，然后侧提右膝碰右肘，触肘后停1秒。然后侧提左膝碰左肘，反复练习。

作用：主要发展腹内、外斜肌力量。

（7）屈膝举腿。

方法：屈膝，两踝交叉，两掌心朝下放在臀侧，仰卧垫上。然后朝胸的方向举腿。直到两膝收至胸上方，还原后重新开始。

作用：主要发展腹直肌下部力量。

（8）举腿绕环。

方法：背靠肋木，两手上举正握肋木悬垂，两腿并拢向左右两侧轮换举腿绕环，反复进行。

作用：主要发展腹直肌、腹内外斜肌力量。

5. 全身力量训练

（1）窄上拉。

方法：与肩同宽站立。在单杠附近，双臂放松与肩同宽，深蹲、深蹲和提铃在杠铃抬高到大腿中部和小腿中部时保持胸部和腰部。整个人顿时显出力气，臀部，双腿伸直，脚后跟、手肘抬起。

作用：主要发展骶棘肌、斜方肌、前锯肌、臀大肌、股二头肌、半腱肌、半膜肌、大收肌、股四头肌、三角肌、肱肌、小腿三头肌、屈足肌群力量。

（2）宽上拉。

方法：宽握距握杠，预备姿势同窄上拉，当杠铃上拉到大腿中上部时，迅速做出蹬腿、伸髋、展体、耸肩、提肘、起踵动作。宽上拉也包括膝上拉、悬吊式上拉、直腿拉、宽硬拉等多种做法。

作用：基本同窄上拉。

（3）高抓。

方法：强力保持技术由四个部分组成：准备、提铃、力量和蹲下支撑。准备，然后举起铃铛，将它拉到与力同宽的地方。半蹲支撑从举重开始。在这一点上用力时肘部向上杠铃将惰性移动，腿将自由移动。身体在单杠和头顶上下降时的钟声。摆动前臂，肘部形成一个"轴"，以支撑头顶上方的肩部。

作用：主要发展伸膝、伸髋、伸展躯干及肩带肌群力量，并能有效地发展爆发力。

（4）箭步抓。

方法：预备姿势、提铃、发力同宽拉。在发力即将结束时，做前后箭步分腿，与此同时，将杠铃提拉过头顶，伸直两臂做锁肩支撑。

作用：基本同高抓并能有效发展爆发力。

（5）挺举。

方法：挺举由两部分组成：将铃铛举到胸前和提起。深蹲技术通常用于将重举到胸部，这些包括准备、举铃、力量训练，不包括蹲起和起立。前三个部分就像紧绷的引体向上。深蹲是当杠铃升高到腰带高度时，双腿主动向两侧伸展，膝盖弯曲，肘部同时弯曲，肘部以肩膀为"轴"旋转，将杠铃抬至胸部，靠在锁骨和肩膀上。

作用：提铃部分主要发展各相应部位的肌肉。同时也会发展全身协调用力及爆发力。

（6）高翻。

方法：将杠铃从地面提至胸部，提铃至胸时下蹲高度为半蹲，其他要领基本同挺举下蹲翻。

作用：基本同挺举提铃部分。

（7）箭步翻。

方法：与推力基本相同。除了较窄的方法，即臀部向前和向后推动小腿。杠铃绕胸部旋转站立：先伸直前腿，然后拉半步，再向前拉后腿。在水平线上彼此平行站立并重复练习。

作用：基本同挺举提铃部分。

（8）高翻借力推。

方法：用高空翻将杠铃抬到胸前，然后坐下，用力将杠铃推到手臂正上方的位置。要求把杠铃抬到你的脸上，收紧胸部和腰部。也可以在颈部或训练凳上进行。

作用：此练习若在练习架上做则主要发展上肢力量，作用同上挺部分；若提铃至胸后再做这个练习，作用基本同挺举。

（二）力量素质训练的一般方法

1. 发展最大力量

（1）巴罗加式极限强度负重训练法。巴罗加式极限强度负重训练法主要是通过极限强度负荷提高对机体神经系统的刺激作用，适用于高水平运动员的力量训练，有利于提高相对力量。巴罗加提出了四种不同的负重训练方式，每种方式以训练课为单位进行变化。训练方式的选择，主要取决于运动员的练习效果。

（2）阶梯式极限强度负重法（保加利亚"循序渐进"训练法）。阶梯式极限强度负重法主要用于精英运动员的最大力量训练，超过一天的最大体重，再分两组减 10 千克，再分两组减 10 千克，然后开始增重至当天最大体重，最终减量。

（3）静力性训练法。静力性力量训练法曾被广泛应用，后来逐渐减少。静力收缩对肌肉耐力作用效果不明显，但对发展最大力量有积极的作用。静力性训练有三种方式：①在某一关节角度，承受高于运动员本人潜力的重量；②针对特制的固定物用力推、顶、拉；③一侧肢体用力，另一侧肢体相抵。

进行静力性最大力量的训练时，优秀运动员的训练强度为最大力量的80%~100%，收缩持续最长时间为 12 秒。初学者和未经过专门训练的运动员应以较小的刺激强度和 6~9 秒的持续收缩时间进行练习。此外，停止静力性力量训练后，经训练所获得的最大肌肉力量大约在 30 周以内可完全消失。若每 6 周进行一次训练，肌力下降趋势缓慢，需 60 周以后才会完全消失。

（4）电刺激力量训练法。电刺激力量训练法是一种新的"非负荷"性的最大力量训练方法。用这种方法两周后，可增加肌力 20% 左右，尤其在训练后紧接着进行电刺激，效果更好。

2. 发展速度力量

速度力量的决定因素是肌肉收缩速度，许多运动项目都是在快速节奏或爆发用力的情况下完成的。

（1）爆发力训练。爆发强度是在短时间内以最大加速度克服阻力的能力。打击的力量由参与活动的所有肌肉群的联合动作决定。爆发强度是决定速度力大小的因素，爆炸力的增加取决于最大能量水平的发展。如果没有充分发挥最大爆发力，爆发力也不会达到很高的水平，因此，爆发力训练方法适合爆发力发展。爆发力训练的一个重要方面是训练中使用的主要冲动。这与进行的锻炼类型和力量大小密切相关。例如，在跑步时，运动员的腿部力量冲动是其体重的 3.5 倍。因此，爆发力训练的主要动机是加速。在非间歇运动

（如跳远、投掷）中，爆发力是取得好成绩的关键因素。在间歇性事件（如快速运行）的情况下，爆炸会快速重复。因此，应根据每个项目的特点制定爆发力。

大多数发展爆发力的方法都涉及快速努力和等长练习。快速加载方法由两种训练模式组成，具体如下：

第一，中等强度速度力量法。中等强度速度力量法的特点是70%～85%强度，最大速度训练4～6组，每组重复3～6次。这种方法对提高肌肉力量的爆发效率极为有效。爆发式发展值得特别关注。在田径、体操、击剑、水肺潜水和所有分体式运动（如排球）中的投掷和跳跃中，爆炸的力量直接影响运动表现。因此，这种方法可用于提高爆发力。您也可以安排不那么剧烈但速度较快的运动（如剧烈运动等）。

第二，快速低强度力量法。快速低强度力量法的特点是采用30%～60%的强度，3～6组练习，每组5～10次，使爆发力训练有针对性的发展，使练习的结构以及如何以最具竞争力的方式锻炼肌肉速度力量法的原理是速度的增加是优化的标志。快速加载方法对于培养运动员的速度感知和传播快速运动反应非常重要。等长训练法，又称超长训练法，实际上是一种将撤退训练和约束训练相结合的训练方法。超等长运动中，肌肉会愿意先工作，肌肉会拉伸很多。这次训练的目的是将纯粹的能量转化为爆发性的能量。生理机制是当肌肉以收缩方式工作时的拉伸反射。肌肉被拉伸到超出其自然长度，这会产生伸长反射，可以产生更有限的收缩以形成有效的井喷。发展爆发力的等距练习方法和内容包括纵跳、蛙跳、连续步等各种跳跃练习，包括跳过围栏多级跳跃、全速跳跃等练习，可以根据每个运动员的具体训练要求和条件进行选择。

（2）反应力训练。反作用力是指运动中的人体快速制动并以很大加速度向相反方向运动的能力。当人体运动时，肌肉链会减慢人体运动的速度，导致反射性拉伸。非标准的威慑距离下，活动肌肉被拉伸，肌肉在加速路径中迅速收缩和缩短。因此，收缩反应模式是主动肌肉伸展和收缩循环的一种形式。

反应力有两种主要类型：一种是跳跃为主的弹跳反应力，另一种是以击打、鞭打、踢踹为主的击打反应力，两种收缩形式的区别在于各种刺激之间的关系。典型的深度跳跃响应模型中，伸展是因为正在减慢向下运动的身体受到重力的推动，人们通常将其称为等长运动。肌肉拉伸是由相反肌肉的力量引起的，这种拉伸的肌肉不起作用。因此，伸展和收缩的循环比深跳要慢得多。

二、不同肌肉收缩形式的力量训练方法

力量训练的方法多种多样，以肌肉收缩形式进行分类的训练方法主要分为向心性力量训练方法、离心性力量训练方法、静力性力量训练方法、快速伸缩复合训练方法等。

（一）向心性力量的训练方法

向心性力量训练又称为动力性的克制收缩练习，是指肌肉从拉长的状态中缩短以克服阻力而完成动作。肌肉在收缩时起止点彼此靠近，因而动力性收缩练习也可以视为肌肉的向心性工作。这一方法最显著的特征是动作快速、功率较大，能有效地提高肌肉力量、速度和肌肉耐力。

运动员开展向心性力量训练时，能够满足运动员的一些专项需求，不同的目的需要不同的训练负荷、次数、完成时间以及间歇时间。

1. 屈膝仰卧起坐

练习目的：锻炼腹直肌。

（1）练习起始姿势：仰卧在垫上，屈膝，脚后跟靠近臀部，双臂交叉于胸前或腹前。每次动作的开始位置相同。

（2）向上运动阶段：屈颈、下颌靠近胸部，保持双脚、臀部及腰部平稳地贴在地面上，向大腿方向弯曲躯干直到后背离开垫子。

（3）向下运动阶段：打开弯曲的躯干，颈部伸展，回到起始姿势；保持脚、臀部、腰部、手臂姿势不变。

2. 水平杠铃卧推

练习目的：锻炼胸大肌、三角肌前部和肱三头肌。

（1）起始姿势：水平仰卧在长凳上，身体与凳子及地面保证"五点"接

触；身体在凳子上的位置调整到眼睛正好在支架下方；双手闭锁式正握抓杠，握距略宽于肩；将杠铃由支架取下时，肘关节伸直，保持杠铃位于胸部上方；每次重复均由此位置开始。

（2）向下运动阶段：向下移动杠铃，接近胸部乳头水平，手腕要牢固，前臂与地面平行，两侧前臂平行，保持身体和器械与地面"五点"接触。

（3）向上运动阶段：向上推杠，直到肘关节完全伸直；手腕紧张、固定，两侧前臂平行，并与地面均平行，保持"五点"接触；不要拱腰或挺胸迎杠。

3. 站姿划船

练习目的：锻炼三角肌、斜方肌的上部。

（1）起始姿势：以闭锁式正握抓杠，握距略窄或等于肩宽；垂直站立，两脚与肩同宽，膝部微屈；杠铃静止处于大腿前方，杠端指向两旁，两肘关节完全伸展。

（2）向上运动阶段：沿腹部与胸部，提铃至下颌，杠杆向上运动的过程中，肘关节始终朝向两侧，同时维持躯干和膝关节的位置不变，一定要避免发生踮脚尖或者向上摆杠的情况。当杠铃处于最高处时，肘关节和肩部、腕部保持同等的高度或者略微高于后者。

（3）向下运动阶段：让杠杆保持较慢的速度降低回归到起始姿势，保持躯干和膝部的姿势不变。

4. 前蹲举

练习目的：锻炼臀大肌、半膜肌、半腱肌、股二头肌、股外侧肌、股中间肌、股内侧肌和股直肌。

（1）起始姿势：运动员立于杠下，双脚平行站立；将杠铃扛在肩上；伸腰、伸膝举杠。

（2）向下运动阶段：运动员保持背部平整直立，逐渐将肘部抬起，挺胸并充分扩胸；以较慢的速度屈髋、屈膝，同时使躯干和地面始终保持着一个不变的角度；保持脚跟在地面上，膝部位于脚正上方，继续屈髋、屈膝直到大腿与地面平行，切勿躯干变圆或前屈，或脚后跟离地。

（3）向上运动阶段：运动员保持背部平整直立，将肘部逐渐抬高，挺胸并充分扩胸，保持相同的速度伸髋、伸膝（保持躯干与地面的角度固定），保持脚跟在地面上，膝部在脚的正上方，躯干不要前屈或背变圆，继续伸展颈部与膝部回到起始姿势，完成一组动作。

5. 后蹲举

练习目的：锻炼臀大肌、半膜肌、半腱肌、股二头肌、股外侧肌、股中间肌、股内侧肌和股直肌。

（1）起始姿势：以闭锁式正握抓杠（握宽取决于杠的位置），双脚与肩同宽；将杠置于上背部和肩部。

（2）向下运动阶段：保持背部挺直、肘关节抬高，挺胸并充分打开的姿势；在保持躯干与地面角度固定的情况下，缓慢地屈腰、屈膝；保持脚跟在地面上，膝关节不要超过脚尖；持续屈髋、屈膝直到大腿与地面平行，切勿躯干变圆或前屈，或脚后跟离开地面。

（3）向上运动阶段：保持背部平直，抬高臀部，挺胸并充分打开，以相同速率伸髋、伸膝（保持躯干与地面角度固定）；保持脚后跟在地面上，膝部在脚的正上方；切勿躯干前屈或背部变圆；继续伸颈、伸膝直到起始姿势为一组动作完成。

6. "早上好"练习

练习目的：锻炼臀大肌、半膜肌、半腱肌、股外侧肌、股中间肌、股内侧肌和股直肌等。

（1）起始姿势：采用闭锁式正握抓杠法；运动员站立在杠铃下方；将杠铃平衡置于上背部和肩部，在三角肌后部的上方，即颈部底端（握宽略大于肩宽）；利用上背与肩部肌群，抬高肘部来支持杠铃；挺胸，并充分打开，头部微往上倾斜；两脚分立与肩同宽（或稍宽）、脚尖稍微向外，所有持续反复动作皆由此开始。

（2）向下运动阶段：练习始于迟缓地屈髋，在下降过程中，臀部沿着水平方向不断向后方移动；保持背部平整直立并将肘部抬高，在下降过程中要避免背部弯曲；杠铃略微位于脚尖的后侧；脚后跟要避免脱离地面，在下降过程中，膝关节略微弯曲；继续向下直至躯干基本上和地面保持平行。

（3）向上运动阶段：通过伸展髋关节，抬起杠铃；在上升过程中保持背部平直和膝关节微屈；继续伸手慢慢回到起始位置。

7. 坐姿肩上推举

练习目的：锻炼三角肌的前部和中部、肱三头肌。

（1）起始姿势：坐下且背部倾斜保持五点身体接触，采用闭锁式正握把手；把手与肩部顶端成一直线，必要的话调整座椅高度，以便与把手位置相吻合。

（2）向上移动阶段：往上推把手直到手肘完全伸展；保持五点身体接触；切勿弓起后背或用力锁肘。

（3）向下移动阶段：肘关节缓慢弯曲降低把手到起始姿势。

8. 侧向提肩

练习目的：锻炼三角肌。

（1）起始姿势：以闭锁式中间位握住哑铃；双脚和肩部或者髋部保持同等宽度，膝部略微弯曲，垂直站立，双眼目视前方；把哑铃置于大腿两侧，掌心相对，保持肘关节微屈。

（2）向上移动阶段：向两侧上方将哑铃逐渐举起，肘部和上臂同时向上移动，上身保持直挺，膝关节略微弯曲，双脚平稳站立，一定要避免随意晃动身体，或向上摆动哑铃，将哑铃上举到上臂与地面平行或与肩同高。

（3）向下移动阶段：使哑铃缓慢下降回到起始姿势，保持躯干直立，膝部微屈。

9. 站位下拉

练习目的：锻炼肱三头肌。

（1）开始姿势：以闭锁式正握抓杠，抓握距离为 15~30 厘米，两脚开立与肩同宽，膝部微屈垂直站立，将器械缆绳直线下拉，稳定抓住；往下拉杠至上臂与躯干旁，弯曲手肘至前臂平行于地面或略高；所有持续反复的动作皆由此开始。

（2）向下移动阶段：下拉横杠至手肘完全伸展；保持躯干垂直，上臂固定，切勿用力锁肘。

（3）向上移动阶段：让手肘慢慢地弯曲回归至起始状态；保持躯干手臂和膝部的姿势不变，当完成一组动作以后，将横杠缓慢移回休息状态。

（二）离心性力量的训练方法

离心性力量是指在退让工作中表现出来的力量。同一肌群的最大离心收缩力量是向心收缩的1.4~2倍，平均在1.5倍。每块肌肉力量训练的方式具有差异，此处主要探讨几种较为常见的肌肉离心性力量训练方式。

1. 慢速训练法

慢速训练法是一种较为特别的外部负荷方法。这种方法通过慢速放下或者在离心时期重点刺激的方式。当加大训练刺激时，拉伸会造成肌肉出现变化，从而强化肌肉的力量、作用。

坐姿肩上推举，训练步骤如下：

（1）双手紧握哑铃，接着将哑铃举过双肩；上臂位于躯干两侧；用1秒的时间将哑铃往上推，直到双臂完全伸直。

（2）利用3~4秒慢速平稳地将双臂慢慢下放到身体的两侧，在离心阶段重点刺激肌肉。继续使用这个慢速离心训练技术重复练习。

2. 双起/单下离心训练法

（1）双侧交替技术训练法。运动员一般使用常用重量的40%~50%进行特定肌肉的练习，随着运动员对这一训练方法越发熟练，可使用任何重量完成训练。例如，一名运动员一般可以完成高强度的150磅45度蹬腿练习（在45度蹬腿架器械上），这意味着运动员可以完成10次150磅重复运动。那么在练习双起/单下方法时，运动员一开始应使用40%~50%的重量进行训练。

运动员能够重复训练双腿向心蹬腿，之后再运用另一侧腿重复练习收回动作。整个过程称为双起/单下双侧交替方法。

注意：训练过程中，需要让运动员在1秒完成向心蹬腿动作，并在3~4秒的时间里完成单腿收回动作。

（2）同侧技术训练法。运动员选择重量同第一种训练法（训练动作同上）。在练习双侧交替技术时，运动员可以用双脚完成向心蹬腿动作，接着再使用单腿收回动作。运动员可以重复练习双腿向心蹬腿，接着使用同侧腿重复收回动作。在达到要求次数后，换成另外一侧腿重复训练，整个过程称为双起/单下同侧交替方法。

注意：在训练过程中，需要让运动员 1 秒完成向心蹬腿动作，并在 3~4 秒的时间里完成单腿收回动作。

3. 超负荷离心训练法

超负荷训练法对应于验证的渐进超负荷理论概念，为了充分发展力量，一定要合理地刺激人体自然适应过程，从而让骨骼可以有效应对全新的挑战。

水平杠铃卧推（动作要点可查向心力量训练），训练步骤如下：

（1）选择运动员通常用的力量负荷。假设该运动员能以 100 千克完成 10 次卧推，但是无法完成 11 次。刚开始可以选择运动员经常训练重量的 105%，即 105 千克。

（2）进行慢速离心训练的方法，先以 1 秒完成向心动作，将杠铃推起，然后再以 3~4 秒完成离心动作。

（3）随着运动员能力的提升，可以逐渐增加最大负重（如增加到 107%、110% 等，甚至达到 125%）。

注意事项：由于超负荷离心训练法需要承受的负荷量较大，所以运动员在训练时一定要做好完备的保护举措，特别是在施展向心动作阶段。

（三）静力性力量的训练方法

静力性力量训练，是肌肉的等长收缩形式，作为发展力量的一种方法，静力练习又被称为等长练习。运动员在开展静力性力量训练时，其肢体必须维持着一定固定不变的姿势，为了抵御外界的阻力，工作肌在不缩短或者无法缩短的状况下形成了最大张力或者相关张力，然而肌肉的长度却不出现任何的变化。

静力性力量训练的方法有很多种，此处主要从四种情况来讨论静力性力量训练的方法：①通过增减支撑点的数量来增减静力性力量训练的难度；②通过改变力矩来增减静力性力量训练的难度；③通过改变支撑面来增减静力性力量训练的难度；④通过增减外加阻力来增减静力性力量训练的难度。

1. 腹桥

练习目的：发展核心肌群的力量与稳定性。

动作要点：起始状态，运动员俯卧于垫子上，双肘垂直支撑于胸部正下方，双脚彼此分开和肩部保持同等宽度，前脚掌支撑，眼睛目视地面，头部、肩部、髋部与踝部控制在一个平面内，身体始终保持静止。

注意事项：运动员一定要在规定的时间范围内把控自身、调整身体姿势，确保动作的品质，有意识地调节呼吸。

2. 臀桥

练习目的：发展核心肌群的力量与稳定性。

动作要点：仰卧于垫上，双腿屈膝，双脚撑于地面上，双臂自然垂放于体侧。向上顶髋，肩部、躯干、膝部处于同一平面上。

注意事项：在规定的时间范围内调整身体姿势，并调整呼吸。在规定的时间内控制身体姿势，注意调整呼吸。

3. 侧桥

练习目的：发展核心肌群的力量与稳定性（脊柱的抗侧屈）。

动作要点：身体呈直线侧卧于地板上，左手放于躯干正下方，双脚并拢，左肘屈肘成 90 度撑起躯干，双腿伸直。完成动作至规定时间，回到起始姿势，对侧相同。

注意事项：撑起躯干时，腹肌收紧，收下颌，伸髋，使躯干保持直线姿势，身体躯干、支撑手臂与双腿几者呈直线，并未表现出丝毫的弯曲状。

（四）快速伸缩复合训练方法

快速伸缩复合训练法的英文名称为"Plyometric"，其核心的意思是一种增强肌肉爆发力的训练方法。早期，我国将其翻译为"超等长训练"，后来也有地区将其翻译成"增强式训练"。近年来，又赋予了其新的名词："快速伸缩复合训练"。"Plyometric"这一词在国外早期的时候很多的生理学家还给它赋予了其他名字，如"拉长—缩短周期（SSC）"。之后，学者们又赋予了快速伸缩复合训练新的定义：在最短的时间范围内让肌肉表现出最大的力量，是速度与力量的结合体，这种速度力量能力即爆发力。从动作模式的角度去定义快速伸缩复合训练就是肌肉在快速伸展后快速收缩这一动作，训练动作模式的意义就是让肌肉和肌腱的弹性能量和牵张反射的能量在接下来的快速收缩中得到释放，提高动作的输出功率。

1. 药球弹床卷腹

练习目的：发展腹部肌群爆发力、动力传导能力、上肢传导能力、上肢离心收缩能力和神经肌肉的协调能力。

动作要点：双手拿着药球，仰卧于弹床对面；直臂卷腹爆发用力将药球砸向弹床，克制弹床回弹能力回到屈肘持球姿势，循环进行。卷腹抛球—回弹制动—卷腹抛球阶段转换迅速，形成拉长—缩短循环周期。

注意事项：保持屈膝姿势，臀部、双脚不能离地。

2. 高台俯卧撑击掌

练习目的：发展上肢肌群力量。

动作要点：脚搭放于高台上，做出俯卧撑的姿势，在伸肘时迅速投入力量，推起身体，在瞬间击掌以后立即重新做回屈肘的姿势，并重复施展之前的动作。

注意事项：初级运动员可以不加高台或膝关节着地做俯卧撑速推。

3. 跪姿药球弹床侧抛

练习目的：提高旋转爆发力、动力传导能力、腹外斜肌离心收缩能力和核心区稳定能力。

动作要点：双手持药球，侧跪于弹床；躯干旋转爆发用力将药球砸向弹床；克服弹床回弹能力，回到初始动作，循环进行。旋转—制动—旋转阶段转换迅速，形成拉长—缩短循环周期。

注意事项：保持屈肘姿势，避免上肢使用力气。

4. 多边形跳跃

练习目的：提高下肢快速伸缩复合能力与神经肌肉控制能力。

动作要点：正向站立在由栏架摆放的规则图形里，身体保持直立状态；沿着既定路线不断跳进或跳出，身体一直面向一个方向；膝关节略微弯曲缓冲落地。

注意事项：以侧向或者背向的方式进行跳跃时，应当注意保持与把控身体姿势。

5. 跳深后跳向第二跳箱

练习目的：提高下肢爆发力与神经肌肉控制能力。

动作要点：站立于跳箱上，形成舒展、灵活的站立姿势，两脚分开和肩部保持同等宽度，面对另外一个跳箱，脚尖临近跳箱前端；双臂摆动，两脚跨出箱面，双脚落地；落地之后立即跳上另一跳箱。

注意事项：当跨出箱面时，避免向下走或向上跳，不然便会导致练习高度出现变化，在最大限度上缩减接触地面的时间，提升跳箱的高度，能够有效增大强度。

第三节　耐力素质训练及方法

耐力是指生物体长时间工作以克服工作时的疲劳的能力，是运动员身体素质的关键指标之一，任何运动都需要恒定的耐力水平。对于一些运动来说，如中长跑和竞走等田径技术水平和比赛成绩的提高通常取决于耐力水平的提高。

一、耐力素质的分类与评价

耐力素质，是指人体肌肉在长时间工作或运动中对抗疲劳的能力，是反映人体健康水平或体质强弱的重要标志之一，在人体体能素质中发挥着极为重要的作用。在各项体能素质中，各个素质之间并不是独立存在的，耐力素质可以与其他素质，如力量、速度、柔韧等素质相结合，形成机体的力量耐力和速度耐力。

通常将疲劳分为智力上的疲劳、感觉方面的疲劳、感情上的疲劳及体力上的疲劳等。而在运动训练的过程中，大部分是由运动带来的肌肉活动而产生体力上的疲劳，这是训练所得到的必然结果，没有疲劳的训练，就不是真正意义上的训练。而当产生运动疲劳后，机体的运动能力会随之下降，运动的时间长短也会受到影响，所以疲劳又阻碍了运动训练的发展，因此，必须在运动训练过程中克服自身的疲劳。而这种克服疲劳的过程，也恰好反映出了耐力水平的高低。

（一）耐力素质的分类

不同的运动项目对机体体能的要求都不同，而耐力素质作为体能素质中重要的身体素质之一，在各种运动项目中，同样有着自己不同的特征和标准。机体耐力素质可以按照以下标准进行分类：

1. 按运动时间划分

（1）短时间耐力。通常将运动持续时间在 45 秒至 2 分钟的项目所需的耐力称为短时间耐力。完成这类运动项目所需的能量大多是通过机体的无氧代谢过程来提供的，在这些运动过程中，短时间产生较高的氧债。而这类运动的运动成绩受机体力量与速度耐力素质的影响较大。

（2）中等时间耐力。通常将运动持续时间在 2~8 分钟的运动项目所需的耐力称为中等时间耐力。完成这类运动项目的负荷强度一般要比长时间的耐力项目的负荷强度要大。通常机体在运动过程中，氧不能完全满足机体的运动需要，会在运动过程中产生一定的氧债。造成这种情况主要是因为无氧系统与运动速度成正比的关系。在 1 500 米跑的过程中，无氧系统的供能几乎可以达到总供能的 50%，而在 3 000 米跑的运动过程中，无氧系统的供能只能占到总供能的 20% 左右。这就说明了在运动中机体对氧的吸收和利用的能力，可以对机体的运动能力产生直接的影响。

（3）长时间耐力。通常将运动持续时间超过 8 分钟的运动项目所需要的耐力称为长时间耐力。这类运动项目的整个过程都是由氧系统进行供能的，对机体的心血管和呼吸系统进行高度动员。通常在此类运动过程中，运动员的心率可达到 170~180 次/分，心排血量为 30~40 升/分，脉通气量可达到 120~140 升/分。

2. 按身体活动划分

（1）身体部位的耐力。身体部位的耐力主要是指机体的某一身体部位在进行长时间运动时，对抗疲劳的能力。例如，机体在对上肢或下肢进行较长时间的反复力量训练，练习部位的肌肉出现酸胀、疼痛的感觉，如果继续训练，该部位就会出现肌肉活动困难的现象，这种对抗肌肉疲劳的能力表现，就是身体部位耐力水平的表现。在体能练习中，这种局部耐力水平的提高取决于一般耐力的发展水平。

（2）全身的耐力。全身的耐力主要是指整个身体机能在运动训练中，机体对抗疲劳的综合能力，可以反映出机体的综合耐力水平。

3. 按氧代谢方式划分

（1）有氧耐力。有氧耐力是机体在氧气供应充分的情况下，坚持长时间运动的能力。机体的有氧代谢能力是机体对氧气的吸收、运输和利用能力的综合表现。机体想要提高自身输送氧气的能力，就必须要进行一定的有氧耐力训练，只有这样才能提高机体的新陈代谢能力，增强承受运动负荷的能力。例如，大多数的球类运动项目和田径运动中的马拉松、越野跑、长跑、长距离竞走等长时间运动项目都需要有较高的有氧耐力水平。

（2）无氧耐力。无氧耐力是机体在氧供应不足的情况下，坚持长时间运动的能力。一般情况下，无氧耐力运动项目的氧供应很难满足机体的运动需要，机体会在无氧条件下进行运动，产生较大的氧债，而这类运动所产生的氧债，一般都需要在运动结束后才能得到偿还。因此，机体进行无氧耐力训练的主要目的是提高自身抗氧债运动的能力。而在无氧耐力中，我们还可以将其分为非乳酸供能的无氧代谢和乳酸供能的无氧代谢两种形式。

（3）有氧与无氧混合耐力。有氧与无氧混合耐力是一种介于有氧耐力和无氧耐力之间的特殊耐力，进行此类运动时，机体的有氧和无氧代谢同时参与供能，通常运动的持续时间长于无氧耐力而短于有氧耐力。例如，拳击、摔跤、柔道、跆拳道等对抗性项目，以及田径运动中 400 米、400 米栏和 800 米等项目都是需要有氧和无氧混合耐力的。

4. 按运动项目耐力划分

（1）一般耐力。一般耐力一般是指机体多肌群、多系统长时间工作的能力。不管运动项目的特点，如何拥有良好的一般耐力，是达到各种训练要求的基础。但是，由于一般耐力是不同形式耐力的综合表现，对不同的运动项目来说，项目特点对它也有不同的要求。因此，在进行一般耐力训练时，应充分考虑一般耐力与专项耐力之间的关系。

（2）专项耐力。专项耐力是指机体为了获取专项成绩，最大限度地动员机能能力，克服专项负荷所产生的对抗疲劳的能力。专项耐力会根据运动项目的不同，而表现出不同的特点。例如，短距离跑、蹬自行车等项目的专项耐力需要有保持较长时间高速度的速度能力；举重、摔跤、拳击、体操等项目的专项耐力需要有力量性的力量耐力和静力性耐力；球类项目的专项耐力需要有在较长时间内保持带有大量极限强度动作（快速移动、进攻、防守、打击）的抗疲劳的能力。通常专项耐力的训练，机体会承载较大的训练量和负荷强度，并且会随着不同训练阶段的变化，而使身体训练、技术训练的负荷总量有规律地增长。在专项耐力的训练过程中，机体还会建立一定的专项耐力储备，促使机体更好地完成专项训练任务。

5. 按肌肉工作方式划分

（1）静力性耐力。通常将机体在长时间的静力性肌肉工作中克服疲劳的能力称为静力性耐力，在射击、射箭、举重的支撑、吊环的十字支撑等项目中都有所体现。

（2）动力性耐力。我们通常将机体在长时间的动力性肌肉工作中克服疲劳的能力称为动力性耐力，在长跑、滑雪、游泳等运动项目中都有所体现。

（二）耐力素质的评价

机体的耐力素质在众多体育运动项目中占据着重要的地位，对这些项目的运动成绩具有极为重要的影响。而对耐力素质的评价，可以通过一定的评价指标来进行评定。例如，一般耐力的评定指标通常是以机体持续完成运动的时间或距离来进行评定的，常用的方法是耐力跑的时间或 12 分钟跑的距离；而有氧耐力通常以个人的最大吸氧量和无氧阈为评定指标；无氧耐力一般则以无氧性运动的成绩结合血乳酸浓度的变化为评价指标来加以评定；肌肉耐力是依据肌肉完成规定强度的练习次数、平均做功能力或者表面肌电信号平均功率频率变化斜率等物理和生理指标进行检测与评价。需要指出的是，这些评价指标也会随着耐力的不同分类，而发生一些变化。

二、耐力素质训练的基础内容

（一）间歇跑训练

方法：练习者采用快跑一段距离后，再慢跑或走一段距离的中途有间歇的跑法。跑的速度、距离与间歇时采用慢跑或走以及练习的次数，应根据练习目的而定。

作用：发展专项耐力水平。

要求：快跑的速度应使脉搏达到每分钟 170～180 次，中间间歇；慢跑或走时，使脉搏应控制在每分钟 120 次左右时再重复下一次练习。

（二）重复跑训练

方法：固定跑的距离，多次重复，进行该段距离的跑，重复跑时的速度、距离、重复次数等应根据练习目的和练习者的具体情况而定。

作用：发展专项耐力和一般耐力，提高无氧代谢能力水平。

要求：每次练习之间的间歇时间以心率恢复到 100～120 次/分为限，再进行下一次练习。

（三）持续慢跑训练

方法：练习者采用较慢速度持续跑较长的距离，发展有氧耐力。跑的速度、距离、重复次数等应根据练习目的确定。

作用：发展一般耐力，提高有氧供能能力。

要求：在持续慢跑时，心率每分钟应达到 150 次左右为宜，以发展练习者的一般耐力。

（四）变速跑训练

方法：是一种按一定距离变换速度的跑法。在跑的过程中，用中等速度跑一段距离后，再以较慢速度跑一段距离。

作用：发展有氧和无氧代谢能力，提高一般耐力和专项耐力水平。

要求：中速跑与慢速跑交替进行相同的距离或中速跑的距离较慢速跑稍短一些，变速的交替次数依练习目的而定。

（五）追逐跑训练

方法：在田径场或自然环境中，采用多人相互追逐的跑。追逐时间可选择一定的距离追逐，然后再慢跑或走，反复追逐。追逐跑的距离、速度根据练习目的而定。

作用：发展速度耐力、无氧与有氧代谢水平。

要求：同伴之间相互保持 5~10 米的距离，用中等或较快的速度追逐对方，慢跑时应使脉搏不低于每分钟 100 次左右。

（六）越野跑训练

方法：可采用个人或结伴的形式，进行距离较长、强度较小的在野外自然环境中的跑步，在跑步中应保持正确的跑的姿势，充分利用野外的上坡、下坡等地，进行跑的练习以发展一般耐力水平。

作用：发展一般耐力水平，提高有氧代谢能力。

要求：越野跑时应穿软底鞋，跑的距离及时间根据个人特点和练习目的确定，跑的过程中脉搏应保持在每分钟 150 次左右。

（七）匀速持续跑训练

方法：采用中等速度持续跑较长或一定的距离，在跑的整个过程中，保持一定的速度，用匀速跑完练习规定的距离。

作用：发展专项耐力水平，提高混合代谢能力。

要求：速度达到中等速度，心率保持在每分钟 150 次左右，以匀速持续跑一定距离。

三、耐力素质训练的主要方法

（一）间歇训练法

间歇训练法对速度耐力和短跑耐力水平影响较大。周期性的方法包括所有的休息方法，如慢跑或步行。但放松练习也是其中的一部分。当心率恢复到 120~130 时，开始下一个锻炼。

这是因为，间歇训练法是运动员身体无法完全恢复时的下一个练习。它对身体有以下影响：

第一，有效增加心肌收缩力和心排血量。

第二，有效改善人体的呼吸功能。尤其是最高的摄氧量。

第三，适用于压力时间相对较长、压力强度相对较低的长跑或中长距离跑。间歇性运动方法可以有效提高有氧消化能力和糖原的有氧耐力水平。

第四，适用于负重时间相对较短、强度相对较高的中距离跑步，有时也适用于较长时间的跑步。

（二）持续负荷法

许多耐力运动（如划船、游泳、骑自行车、中长跑等）经常采用连续负重的方式进行越野训练，并产生很好的效果（如使用短跑）。通过变速训练，我们可以在运动中逐渐提高速度。例如，以较慢的速度覆盖前 1/3 的距离。然后可以将速度提高到略低于中等强度的水平，并且可以以中等强度速度覆盖最后 1/3 的距离。

此外，强度可以从中间到第二高水平连续变化。例如，每 1~10 分钟最大运动强度后，可以交替进行中级运动，以确保在下一次增加负荷前身体稍有调整。以最高速度心率可达到约 180 次/分，恢复时间减少至约 140 次/分。脉动波状强度的交替排列对于负重训练很有用，能有效改善心脏和中枢神经系统的机能。

（三）重复训练法

重复训练法是指以给定的距离、持续时间和重量强度重复锻炼的方法。在不改变动作结构和有效载荷体积的情况下，这种训练方法的主要作用是提高无氧代谢的短跑运动员的耐力水平和混合代谢的中级跑者的耐力水平。

200 米、400 米等短距离长跑，可以有效地发展和提高乳酸动力供应系统的水平。由于项目对高速耐久的要求，即使在长距离（300~500 米）反复跑一段时，身体也会产生负氧量。

中距离比赛中的短距离比赛，如 800 米比赛，无氧代谢的比例较高。跑步时需要更多的氧量。因此，在 500~150 米内重复，不仅可以提高身体对缺氧的耐受性，还可以增加大量乳酸的积累。

长跑训练负荷高。每分钟的氧气含量和循环系统必须充分调动。因为长时间的循环和呼吸系统有时间克服惯性，逐渐提高工作水平，所以通过反复长跑，可以提高循环和呼吸系统的机能水平。

重复训练法是比赛期间训练的主要方法，并且主要在比赛开始时使用。根据运动员的实际情况，刺激的量和刺激的强度可以在一定范围内变化。但一般情况下，刺激量和刺激强度是相对恒定的。

重复训练法的一个特点是，在运动时间内心率恢复到 100~120 时进行下一个运动，运动距离运动重量和动作有明显的特点。

（四）循环训练法

循环训练是基于特定训练任务建立多个或多个练习"站"的目标。每个"站"包含一个或多个与一般耐力发展相关的链接。为使运动员能够遵循给定的顺序和路线，为每个站设置的练习次数、方法和要求每个站进行一种训练，可以进行一周或数周。这是因为，循环训练中下一站锻炼是在上一站锻炼对身体的刺激上留下了"痕迹"的基础上进行的。从第二次练习到站立，每个站的锻炼量几乎超过了前一站的负荷。因此，心血管训练对循环系统和全身功能的改善和发展有很大的影响。运动员对训练的兴趣正在增长，因此心血管训练对整体耐力的发展产生了有益的影响。

此外，许多其他综合速度游戏、轻重练习等也是提高综合耐力的有效途径。

（五）高原训练法

高原训练法是指在海拔较高、空气中含氧量较低的高原地区进行训练，如我国在青海多巴、云南昆明等地都有高原培训基地，2 000 米左右的海拔高度可以培养运动员的有氧代谢能力，提高运动员到达高原后刻苦训练和参加激烈比赛的能力。

高原训练期间，因为高原空气中的含氧量比平原少，这增加了对身体心血管和呼吸系统的需求。提高运动员在训练和适应过程中的通气和呼吸效率，这种改善促进了呼吸和循环的功能。

高原训练后，运动员血液中的红细胞和血红蛋白会增加，这增加了身体向血液输送氧气的能力，同时扩张和增厚肌肉的毛细血管。因此，它大大改善了肌肉细胞的能量代谢和有氧能量供应。

第四节　柔韧素质训练及方法

一、柔韧素质训练的概念界定

（一）柔韧性

柔韧性是指不同关节的运动范围。人体的弹性和肌肉、肌腱、韧带等软组织的弹性。弹性有两层含义：①关节活动范围的大小；②软组织的柔韧性，如肌肉、肌腱和韧带，使关节扩张。关节的运动范围很大程度上取决于关节本身的装置结构。跨越关节的肌肉、肌腱和韧带等软组织的柔韧性在很大程度上是通过适当的训练实现的。

灵活性在运动中非常重要，是有效技术改进的必要基础，也是保证体育技术水平提高的根本因素之一。当弹性不好时，学习运动技能的过程会立即减慢并变得更加复杂，并且通常不可能学习一些非常重要的技术来完成比赛。关节灵活性差会限制力量、速度和协调性的发挥，降低肌肉协调性、出汗并影响其他运动素质的发展，并且通常是肌肉和韧带损伤的原因。人体柔韧性主要具有以下特点：

第一，年龄的阶段性。不同年龄阶段的运动员对柔韧素质的要求是不一样的，各个年龄阶段有各自不同的要求。例如，对体操运动员来说，10岁左右的柔韧要求可能是快速提高关节活动的空间与幅度，而16岁时的柔韧要求是保持现有良好的柔韧性。

第二，相对性。适当的柔韧素质训练有助于运动素质的保持和发展，柔韧练习少则达不到提高一般或专项素质的要求，柔韧练习太多则容易造成韧带松弛、关节不稳或肌肉受伤，因此说柔韧训练是相对的，一般柔韧性的要求是为力量、速度等素质训练要求服务的，只要能满足运动竞技的需求，无须练得太多。

第三，差异性。①项目差异性，在众多的运动项目中，显然各项目对运动员的柔韧素质要求是不一样的。例如，体操运动员由于要完成大量的翻、转体、团身等屈伸动作，对关节韧带活动要求显然高于球类运动项目；②个体差异性，人的发展阶段存在个体差异性，同样在运动项目中也存在这种差异性，不但不同的个体存在差异，而且同一个体的不同身体部位（关节）的运动幅度也不一样。男女运动员由于生理学上存在差异，女性的肌纤维细长，横断面积小于男性，对关节活动限制小，因此女性关节灵活性好于男性。

第四，可逆性。柔韧素质发展快，易见效，但消失也快，停训时间稍长就会消失，该过程是可逆的，因此在实际训练中需注意柔韧素质的保持。

（二）柔韧素质

柔韧素质，通常指关节活动的范围，其中包含关节在不同方向活动的幅度，也可理解为髋关节肌肉、肌腱、韧带的伸展性。

运动中，柔韧素质表现为完成大幅度或极限幅度动作的能力或人体关节在不同方向上的运动能力以及肌肉、韧带的伸展能力。柔韧素质取决于关节的灵活性、结构以及韧带、肌肉的弹性和神经系统对肌肉的调节能力等。

"柔韧素质对于运动员竞技能力的高低有着不容忽视的影响。良好的柔韧性对运动员正确掌握动作技术、增加动作幅度、提高动作的质量有着重要的作用。"[①] 运动员的柔韧素质是和项目具有关系的肌肉、关节活动幅度的能力。人体中各个关节的运动幅度都表现出自身的特异性，不同关节之间的柔韧素质并不具有任何相关性。柔韧素质与身体比例、体表面积、皮肤维度、体重之间存在一定的相关性。

（三）柔韧素质训练

训练柔韧素质，不仅能够提升人体的运动能力，而且也能够降低运动损

---

① 潘薇.艺术体操柔韧素质训练的重要性[J].当代教育实践与教学研究(电子刊),2016(12)：474.

伤发生的可能。柔韧素质训练的主要意图在于扩大运动关节的活动范围。柔韧素质对于运动员而言是非常重要的能力，肌肉活动范围的大小影响着运动员的表现情况与能力发挥。

柔韧素质的提升能够推动运动员力量的增进与速度的加快，而且也有利于缩短肌肉训练后的恢复时间与僵硬感。赛前热身阶段的柔韧素质训练能够帮助运动员在生理与心理方面做好充足的准备。另外，柔韧素质训练能够在一定程度上避免出现肌肉拉伤、韧带损伤及过度使用带来的伤痛，同时还可以减轻或缓解肌肉运动后的酸痛、后背疼痛和痉挛等现象。为了预防伤病，运动员在柔韧能力上的付出是值得和必要的。无论是训练前后，还是比赛前后，柔韧素质训练都有助于获得高水平的运动表现。其具体作用表现在以下方面：

第一，活动深层肌纤维，减少肌肉紧张感。

第二，刺激关节润滑液的分泌，热身滑囊以及滑液的生成。

第三，提高呼吸频率，增加心率和血流量。

第四，减少运动损伤出现的概率。

第五，提高心理的准备适应性和放松程度。

第六，提高动作学习、练习的效率，提高运动成绩。

第七，缓解肌肉训练后的酸痛，减轻女运动员的痛经症状。

第八，避免运动员退役后关节的活动性幅度降低以及疼痛现象。

第九，与其他类型的训练相结合时，柔韧性练习就是一种很好的热身或放松运动，柔韧练习还可提高神经系统与肌肉组织的协调性。

第十，通过增加动作幅度促进力量和速度的发挥。

二、柔韧素质训练的有效方法

从柔韧素质训练的主、客体出发，柔韧素质训练可分为主动牵拉和被动牵拉。前者又包含静力牵拉和动力牵拉，后者又有单纯被动牵拉和 PNF 法牵拉。下边主要介绍这四种有效的柔韧素质训练方法。

（一）主动牵拉法

1. 静力法

静力法，是指在身体部位固定静止的状态下对肌肉等组织进行适时牵拉的柔韧素质训练方法。肌肉预先被拉长后静止状态保持一段时间的牵拉练习或操作称为静力性柔韧素质训练。这种训练方法由运动员个体进行，因此静力法也称作"个体柔韧素质训练法"。静力法是在缓慢动力拉伸的基础上，在达到一定程度后保持静止、进行拉伸训练的方法。

静力法要求在平缓的动作里渐渐达到训练的幅度要求。静力法所达到的训练要求为个体感觉到被牵拉目标出现适度的不适为宜（例如，感觉肌肉被拉紧，有一点儿难受）、但不能出现剧烈的疼痛。保持某一牵拉姿势15~20秒或10~30秒，每个动作重复2遍。每周训练5~7次，每次尽量做全身性柔韧练习。

静力训练里也表现出一些变化，如在放松的同时拉长肌肉。静力法的优势包括：①不启动牵张反射；②可以有效缓解肌肉训练以后的酸胀疼痛；③受伤的可能性较低；④不会消耗过多的力量；⑤各个项目都能使用，然而错误的、长时间的静力牵张也会造成肌肉损伤。

采用静力法的训练阶段，主要包括：①轻松牵拉，肌肉小幅度牵拉；②逐渐增加强度，或称为"感觉牵拉"；③极限牵拉，有较为强烈的疼痛感。具体程序为：在静力训练中，身体始终保持放松，自然呼吸。缓慢进行目标肌的动作，牵拉，逐渐感受到肌肉被牵拉，在此基础上，增加强度保持10~15秒，在牵拉过程中避免振摆，若是必要的话，可以继续加大强度，直到出现一定的疼痛感，并渐渐加剧。当疼痛感加剧时，可逐渐降低强度。

2. 动力法

动力法，是指身体在大幅度条件下进行的摆动式柔韧素质训练法。相比之下，动力法较静力法更具活动性。动力法通常安排在静力练习后，主要针对专项训练和比赛。动力性的柔韧素质训练法是对肌肉、关节动态的强化刺激，是专项性热身的重要，组成部分。相较于静力法，动力法显得更加自由，启动和结束都呈现动态的模式。在增加关节柔韧度上，静力法与动力法取得的效果并无显著的区别，但是动力法在实施过程中身体更易受伤，特别是存在旧伤时，危险指数快速增长。并且，使用动力法并希望超过自身关节活动幅度开展训练时，最容易受伤。此外，动力法主要适用于下肢和躯干部，上肢较少使用。

动力法的训练程序：振摆 10 次，重复 3 组，逐渐增加幅度和强度。对于有腰伤和其他伤病的运动员来说，动力法并不适用。

动力性柔韧素质训练是为专项化训练与比赛创造相应的活动空间，发挥着静力与专项活动之间的纽带作用。可见，动力法是更贴近专项运动的柔韧素质训练法，通常有站立式动力活动和专项运动状态下的柔韧素质训练方式。例如，短跑运动员经常做的行进间直臂上摆高抬腿。

（二）被动牵拉法

1. 被动法

被动法，是指由教练或队友对运动员进行柔韧素质训练的方法或运动员由教练或队友辅助进行柔韧素质训练的方法。相较于个人柔韧素质训练，被动法的优势表现在可以提升关节活动的范畴，超出主动静力牵引的范畴。尽管被动法能够充分挖掘个体的柔韧潜能，然而安全性是被动法的重点。

在实践的磨合中，教练或队友与运动员之间会形成训练默契，逐渐掌握牵拉和持续的尺度，相互之间能够进行练习。这在一定意义上强化了队员之间的交流并形成更加良好的团队氛围。主动牵拉的一方应当掌握着准确的牵拉技术：①牵拉过程应当平缓并且具有可控性；②在被动训练过程中，避免出现丝毫的疼痛感；③在训练过程中应当合理把控时间的尺度，彼此之间维持着流畅的语言交流。

2. PNF 法

PNF 法即本体感觉神经肌肉促进疗法，是指利用人体本体感受性神经—肌肉互动特性而进行的柔韧素质训练方法。PNF 法通过主动肌和被动肌的交替收缩与放松，利用牵张反射原理抑制肌肉收缩从而达到牵拉的目的。PNF 法实施过程中，被牵拉目标（主动肌）收缩力减小，柔韧性增加。PNF 法还存在一个优势在于因为肌肉增长与向心收缩，能够推动力量增长。相较于静力法，PNF 法会使主动肌放松、等长收缩和向心收缩，被动肌放松和向心收缩。

PNF 法对队友或者教练提出了很高的要求。队友或者教练一定要掌握 PNF 法的使用方式；为了规避出现运动损伤，应当按照循序渐进的方式开展。通常情况下，PNF 法有三种形式：保持—放松、收缩—放松、缓慢颠倒保持—放松。

PNF 是被动法的特殊形式。在保证安全的前提下，正确的要领非常重要。PNF 中，也有收缩—保持—放松—运动和收缩—运动—放松两种形式。

以股二头肌为例，收缩—保持—放松—运动的程序为：在队友或教练对股二头肌施力时，运动员大腿后群肌等长收缩，保持 5~10 秒，然后放松 10 秒，随后进一步施力，重复上述程序，连续做 3 次。队友在做股二头肌 PNF 时，用语言指导运动员完成柔韧练习，如在施力时说"收缩对抗"。在牵拉后说"现在开始放松"。收缩—运动—放松形式的练习是运动员主动收缩股二头肌，在预定的范围内，不断地在牵拉中收缩和放松。

能够进行 PNF 法训练的部位，包括小腿三头肌、踝关节、胸肌、缝匠肌、股二头肌、伸髋肌群、股四头肌和屈髋肌群。

三、不同身体部位的柔韧素质训练方法

（一）颈部训练

颈部类似圆柱体，肌肉分布在其四周，包裹着颈椎和气管、食管。颈部肌肉牵引着头部保持平稳，其牵拉方式与其分布具有十分紧密的联系。依据圆柱体特征，可将颈部肌肉分为颈后部、颈前部、颈侧部肌肉。

颈部在受到伤害或者伤后恢复阶段，应当规避开展柔韧素质训练。颈部的柔韧素质训练能够在一定程度上平复由于长久坐立或者慢性静力性肌肉劳损引发的颈部肌肉疼痛。颈部肌肉的构造是开展合适的柔韧方法设计的基础。

1. 头前探

牵拉目标：胸锁乳头肌、枕骨下肌、颈夹肌。

练习方法：站姿或坐姿，头颈部竖直，头颈部向下背屈，下颌靠近胸部，

保持 10 秒，如果下颌接触胸部，那么再向下移动。头颈部向后，靠近斜方肌，保持 15~30 秒，重复 2~3 组。

动作要点：双手交叉放于头顶部，向下施力，使下颌部靠近胸部，保持 15~30 秒，重复 2~3 组。

2. "左右看齐"

牵拉目标：胸锁乳头肌。

练习方法：站姿或坐姿，头颈部保持竖直，最大限度向右转头，保持 15~30 秒，向左重复 15~30 秒，各重复 2~3 组。

动作要点：增加强度，可尽力向左右侧转头至最大用力幅度。

3. 屈腿仰卧起

牵拉目标：斜方肌。

练习方法：仰卧，屈腿，小腿靠近大腿后部，双脚撑地，脚尖向前，双手交叉，扶在头后，双臂内扣，靠在头部两侧，呼气，双手施力向上（胸部）拉头部和颈部。保持 15~30 秒，重复 2~3 组。

4. 头后仰

牵拉目标：胸锁乳头肌、枕骨下肌、颈夹肌。

练习方法：站姿，头后仰至最大或次最大幅度，保持 15~30 秒，重复 2~3 组。

动作要点：平躺在宽凳上，头部在外悬空，头部尽量向下沉，保持 15~30 秒，重复 2~3 组。

5. 俯身前顶

牵拉目标：斜方肌、颈部肌群。

练习方法：跪姿，双膝触地，双臂屈，前臂及手掌撑于地面，头顶部触地，上体团身，臀部向上，呼气，头部不动，肩部向前顶，下颌靠近胸部，保持 30 秒，重复 2~3 遍。

（二）肩部训练

肩关节是最灵活的关节，活动方向和幅度也最多、最大，因此，针对肩关节部位的柔韧素质训练手段也很多。

肩部肌肉柔韧素质训练涉及三角肌前束、中束、后束或分为肩带、肩肘、肩侧等部位。以下柔韧素质训练手段按照从前到后的顺序进行介绍：

1. 坐姿后倾

牵拉目标：三角肌、胸大肌。

练习方法：坐姿，双腿并拢放于地面上，双手背后支撑，手掌距臀部 30 厘米，手指指向身体后方，双手逐渐向后移动，同时后倾。保持 15～30 秒，重复 2～3 组。

2. 体后直臂上抬

牵拉目标：三角肌、胸大肌。

练习方法：站姿，双手后背并交叉握拳，伸直手臂，缓慢上抬手臂，保持 15～30 秒，头部保持竖直，肩部放松，重复 2～3 组。

3. 仰卧直臂挺胸

牵拉目标：三角肌。

练习方法：坐于地面上，双手体后支撑，距离臀部 30～50 厘米，手指指向外，呼气，双腿并拢前伸，脚跟撑地，双臂伸直，向上挺胸，抬臂，头后仰，保持 15～30 秒，重复 2～3 组。

4. 悬空坐姿沉臂

牵拉目标：三角肌。

练习方法：双手撑于低椅或长凳（50 厘米）边沿，前臂与上臂呈 90 度，上体距椅边 40 厘米左右，双腿屈膝或直膝，双脚掌或脚跟触地，呼气，沉臂至最低或感觉三角肌被适度牵拉时，保持 15～30 秒，重复 2～3 组。

动作要点：增加强度时可抬高脚尖放于高凳上，增加下沉距离。

5. 坐姿直臂后展

牵拉目标：三角肌。

练习方法：先坐在地上，双手放于臀后 30 厘米处，手指向外，手掌触地，双腿直膝、并拢、前伸，脚跟触地，呼气，臀部向前缓慢滑动，上体后仰，躺在地上，保持 15～30 秒，重复 2～3 组。

动作要点：头部略微上翘。

（三）胸部训练

胸部是上肢发力的关键肌肉群所在，上肢各种动作的完成都离不开胸肌的参与，胸肌分为上部、中部和下部，牵拉的部位也根据牵拉手段的不同而有所侧重。

1. 坐姿倒肩

牵拉目标：三角肌、胸大肌。

练习方法：坐在椅子上，双手交叉，放于头后，椅背与坐时肩胛骨一样高，呼气，向后倒肩，肘部向外尽量展开，保持15~30秒，重复2~3组。

2. 跪姿沉肩

牵拉目标：三角肌、胸大肌。

练习方法：跪姿，大腿与地面垂直，双手放于椅子上，头部及上体向下移动，保持15~30秒，重复2~3组。

3. 仰卧沉肩

牵拉目标：三角肌、胸大肌。

练习方法：仰卧于宽凳上，双腿屈膝，双脚触凳，背后垫一条折叠的毯子或柔软的支持物，肩胛骨以上部位悬空，双手交叉放于头后，肘关节向外展开，位于头部两侧，呼气，头部及双肩下沉，保持15~30秒，重复2~3组。

动作要点：牵拉时，颈部挺直，可由队友或教练固定双脚。

4. 屈肘助力后拉

牵拉目标：三角肌、胸大肌。

练习方法：坐于椅子上，上体挺直，双手交叉，放于头后，肘部向外展开，同伴站立于身后，双手分别握住其肘关节内部，施加力量向后拉动，保持15~30秒，重复2~3组。

动作要点：两人随时保持交流。

5. 仰卧飞鸟

牵拉目标：胸肌、肩带肌。

练习方法：仰卧躺在宽凳上，双手各持一只重量适中的哑铃，双手持铃先上举，呼气，微屈臂，逐渐向两侧下放至最低点，保持 15~30 秒，重复 2~3 组。

动作要点：哑铃不应当过于沉重，下放时速度要保持平缓、可以有效控制。

（四）手臂肌群训练

1. 颈后屈臂牵拉

牵拉目标：肱三头肌、背阔肌。

练习方法：站姿或坐姿，屈臂，上抬肘关节，超过头部。右手尽量向左侧肩胛骨移动，左手握住右侧肘关节，左手向后下方用力牵拉，保持 10 秒，交换部位重复进行。

2. 屈肘体前屈

牵拉目标：肱三头肌。

练习方法：跪姿，双臂屈肘，外侧放于齐腰高桌子上，手掌向上，呼气，体前屈，肩部向腕关节靠近，保持 15~30 秒，重复 2~3 组。

动作要点：牵拉肱三头肌，背部平整。

3. 站姿哑铃头后拉

牵拉目标：肱三头肌。

练习方法：站姿或坐姿，手中握着一只重量合适的哑铃向上举，掌心保持向前，左手将右肘关节扶住，速度平缓地向后弯曲肘部，吸气还原，呼气下放，做 10~15 次，重复 2~3 组。

动作要点：以肘关节为支点，前臂屈、伸展应至最大。

4. 屈肘离心弯举

牵拉目标：肱二头肌。

练习方法：站姿或坐姿，单臂屈肘 90 度放于桌子上，手持一只重量适中哑铃，呼气，伸臂时，肱二头肌离心收缩，动作缓慢，吸气时还原，做 10~15 次，交换，重复 2~3 组。

5. 跪姿反手撑地后坐

牵拉目标：屈腕肌。

练习方法：跪姿，双臂伸直，反手撑于地面，手指指向膝关节，呼气，上体逐渐后坐至适宜位置，保持 15~30 秒，重复 2~3 组。

动作要点：后坐时，掌跟不离开垫子。

（五）上背部训练

1. 单臂体前侧拉

牵拉目标：背阔肌、大圆肌。

练习方法：站姿或坐姿，左前臂微屈 15~30 度，大臂直臂，右手握住左臂肘部，用力向右侧牵拉，保持 15~30 秒，换臂，各重复 2~3 组。

2. 俯身肋木沉肩

牵拉目标：背阔肌、大圆肌。

练习方法：站姿，双腿直膝，双脚开立，与肩同宽，距肋木 1 米，向前俯身双手握住肋木，背部保持平整，呼气，向下沉肩，保持 15~30 秒，重复 2~3 组。

动作要点：背部平，双腿直，可同时牵拉下背部肌肉和大腿后群肌。

3. 直臂上顶

牵拉目标：背阔肌、屈腕肌。

练习方法：站姿，腹前直臂，十指交叉，逐渐直臂上顶至头部正上方，保持此姿势后，稍微向后移动，保持 15~30 秒，重复 2~3 组。可同时牵拉肩、胸、背。

4. 俯卧抬臀

牵拉目标：背阔肌、大圆肌。

练习方法：俯卧，双膝及脚尖触地支撑，双臂向前伸展，胸部触地，呼气，上抬臀部，双臂按压在地面，身体成背弓，保持 15~30 秒，重复 2~3 组。

5. 跪姿助力肩后推

牵拉目标：背阔肌、大圆肌。

练习方法：面向墙，保持 1 米距离，呈跪姿，双臂扶墙或肋木向上伸展，上体前探，同伴在后，双手按住其肩胛骨上部向前下方施力，保持 15~30 秒，重复 2~3 组。

（六）下背部训练

1. 躯干反扭

牵拉目标：腹内斜肌、腹外斜肌、竖脊肌。

练习方法：直腿坐姿，上体正直，右脚交叉放于左腿左侧，脚掌触地，将左肘放于右膝右侧固定，右手放于臀部后侧方 30~40 厘米处，左肘向左侧用力牵拉，肩、头向右侧扭转，尽量远。向后看，保持 15~30 秒，换腿，重复 2~3 组。

2. 坐姿体前屈

牵拉目标：竖脊肌。

练习方法：坐姿，屈膝 30~50 度，双腿放松，双侧膝关节指向外侧，腿外侧可触地或不触地，向前屈体（以腰部为轴），直臂前伸，最大限度保持 15~30 秒，重复 2~3 组。

动作要点：减少股后肌群参与，腿部尽量放松，主要由下腰部参与牵拉。

3. 站姿（负重）体转

牵拉目标：竖脊肌、腹外斜肌。

练习方法：站姿，双脚开立，与肩同宽，双手扶杠铃放置头后部，直腰缓慢匀速转体至最大或次最大限度，为减少损伤，可微屈膝或采用坐姿。

4. 跪姿背桥

牵拉目标：腹外斜肌、背阔肌、前锯肌、肱三头肌。

练习方法：跪姿，双手直臂，肩下放撑地，小腿及脚背放于地面；吸气、收腹、弓腰、团背，保持 15~30 秒，呼气，腹肌放松还原，重复 2~3 组。

动作要点：平背姿势开始到最大限度弓腰。

（七）腹部训练

躯干部肌肉群包括腹直肌、腹外斜肌、腹内斜肌等。这些肌肉群发挥稳定躯干、连接上下肢的纽带作用，以不同起点进行牵拉，可以达到深度开发柔韧性的目的，同时也可促进躯干部灵活、协调性的提高。

腹前肌群、腹侧肌群以及连带的后下背肌群。

1. 直臂体侧牵拉

牵拉目标：腹外斜肌、背阔肌、前锯肌。

练习方法：站姿，双腿间距离 35～40 厘米，十指交叉，掌心向外，直臂向右侧振，尽量达到最大限度，膝关节不能弯曲，保持 15～30 秒，交换，各重复 2～3 组。

2. 仰卧沉臀

牵拉目标：腹外斜肌、背阔肌、前锯肌、肱三头肌。

练习方法：背部仰卧于宽凳或床上，腰下垫毛巾或软垫，臀部在凳边或床边。双手交叉，垫在头后，双腿微屈，双脚脚跟触地，向下沉臀，保持 10～15 秒，重复 2～3 遍。

动作要点：左侧肘部向上、向右侧抬起，上体向右侧扭转，保持 10～15 秒，重复 2～3 次，换方向。

3. 屈臂体侧拉

牵拉目标：腹外斜肌、背阔肌、前锯肌、肱三头肌。

练习方法：站姿，双腿间距离 35～40 厘米，屈臂，双手握异侧肘关节于头后，右手靠近左肩，向左屈，尽量达到最大限度，膝关节不能弯曲，保持 15～30 秒，交换，重复 2～3 组。

4. 站姿体侧屈

牵拉目标：腹外斜肌、背阔肌、前锯肌、肱三头肌。

练习方法：站姿，右脚侧平放于肋木上（或凳子上），左腿直膝，左脚支撑，距肋木（或凳）1 米，双臂上举，双手交叉，上体向右侧屈，保持 15～30 秒，换腿，重复 2～3 组。

动作要点：保持双腿直膝，也可牵拉右腿内收肌。

5. 握杠后屈体（背弓）

牵拉目标：腹外斜肌、背阔肌、前锯肌、肱三头肌。

练习方法：站姿，距肋木或单杠 30 厘米，双臂伸直、上举，双手并拢或叠加在一起，握住肋木杆或单杠，上体完全伸展，双脚尖向后移动，腹部向前顶，保持 15～30 秒，重复 2～3 组。

第五节　灵敏素质训练及方法

　　灵敏是指快速变速、变向的能力。灵敏被认为是"机体的智商"，它是速度、爆发力、平衡、协调等素质的综合反映。平衡能力能够保持身体在静止或运动时身体重心的稳定；协调是保证身体运动与感受器协调配合的能力；爆发力是保障肌肉或肌肉群快速克服阻力的能力；速度体现在快速移动或跑动通过一定距离的时间。灵敏在竞技体育运动中具体表现为加速、急停、变向再加速的能力。在对抗性运动中，运动员的灵敏素质显得非常重要，特别是球类对抗项目。

一、灵敏素质训练基础及意义

（一）灵敏素质训练的基础

　　灵敏素质训练要符合运动训练的基本规律。

　　第一，平衡和底部支撑。平衡是发展运动技能很重要的一方面，是所有运动技能特别是灵敏素质的基本组成部分。平衡包括静态平衡和动态平衡两种类型。运动的本质是动态平衡，是身体在支撑基础上保持身体重心的能力。平衡性对于运动员的灵敏素质和整体运动表现是很重要的。无论运动员的身体重心位置在哪里，都有利于运动员在底部支撑时恢复身体姿势，保持重心位置。通过对身体重心的控制，运动员就可以向有效成功的运动迈出第一步。一个牢固的底部支撑，可以在身体重心和地面之间形成一种很好的杠杆调节作用，便于运动员加速、减速、变向。

　　第二，身体姿势。良好的身体姿势对运动成绩的影响是很大的，通常由好的重心稳定性产生，而好的重心稳定性是由能够稳定臀部和胸部的腹直肌、腹横肌和其他许多肌肉之间的协调而形成的。

　　第三，脚掌与地面的相互作用。灵敏素质训练一定要注重脚掌与地面的相互作用，也就是注重小腿肌肉的力量。在运动链内部，小腿力量占全身力量的14%，但就是这一小部分力量，对于激活和协调大肌肉群如大腿部、臀部、躯干和手臂的力量，具有重要作用。

在做变向运动时，脚抬起的高度要相对低一些，背屈的脚强有力地接触地面的声音应该是有节奏的、猛烈的和快速的，这样才能在最短时间内使身体对地面产生最大的作用力，以获得起动、制动、变向的最佳效果。

第四，反应能力。反应能力的提高是灵敏素质提高的一个重要决定因素。

第五，加速和减速。加速和减速能力主要依靠良好的身体姿势、小腿与地面接触的合理角度，同时要求腿部和手臂的强大爆发力。

第六，快速起动能力。快速起动与快速地迈出第一步、身体姿势、反应能力和向哪个方向移动有很大的关系。快速的起始步要求距离短，力量大，离地快，脚尖与移动方向一致。

第七，变向能力。变向要求在做各种各样的移动时，具有快速的加速和减速能力。变向能力能把相同的移动在不同的方向上联系起来，也可以把不同类型的移动联系起来。

第八，下落脚步动作。下落脚步动作是一种转换脚步，出现在移动中的变速和变向动作中，如突然起动和加速时，需要重心向前，前脚掌有冲击力地用力向后落在地面上，同时用力蹬地；反之，制动和减速时，需要重心移向后方，脚掌由后向前用力地向前落在地面上，同时用力蹬地。

第九，后退。后退是一种比较初级的运动，一般情况下在注视或防守进攻者做切入或线性运动转变时，要用到后退动作。

（二）灵敏素质训练的意义

第一，灵敏素质训练可以改善神经肌肉调节。灵敏素质训练是满足专项运动神经肌肉需求最为有效的训练形式。灵敏素质训练的要素包括运动强度、持续时间、间歇时间与技术等，运动员可以依据专项比赛的规则和特点展开相应的设计。所以，灵敏素质训练非常靠近于比赛时的要求，运动员可以获得专门性的神经肌肉适应。与此同时，它还能够有效地整合其他体能要素，从而更能满足专项的要求。

第二，提高运动感知觉。灵敏素质训练可以通过提高运动感知能力，进而提高身体控制能力。换言之，灵敏素质训练注重细微动作的细致把握与控制，包括颈部、肩部、背部、臀部、膝部和踝部，以期获得较佳的中立位姿态。运动知觉的改善有助于获得更快速的运动以及更高的运动效率。

第三，提高运动效率。优良的灵敏素质能够保证运动员更好、更快地掌握准确的进攻技巧与防守技巧，减少没有任何价值的动作，从而提升运动的效率。

第四，避免不必要的伤害。良好的灵敏素质能够使肌纤维被合理地激活，有效地控制踝关节、膝关节、髋关节、背部、肩关节和颈部的细微运动。所以，在遭遇突发性的外在冲击时，肌肉可以有效地协调运动，防止出现不必要的身体损伤。

二、灵敏素质训练的主要方法

（一）徒手练习方法

1. 单人练习方法

（1）屈体跳。原地双脚跳起，腾空后收腹举腿，双手由上向前摆动，接触双脚，落地还原，也可做向后屈体跳和空中抱腿跳练习。

（2）跳起转体。双脚起跳，腾空后身体保持挺身姿势，转体 180 度或 360 度落下。

（3）前后跨跳。双脚前后站立，屈膝，上体前倾，两臂置于体侧。后脚蹬地，前脚向前跨出，身体随之向前移动。前脚落地瞬间向后蹬地，后脚向后跳，身体随之向后移动。练习时应当保持身体朝水平方向移动，或者开展左右跨跳练习，避免身体重心上下变化。

（4）转体跑。听到信号后迅速转体 180 度，然后快速起跑、冲刺。

（5）转体立卧撑。施展完一次立卧撑动作以后，快速地原地挺身跳动，转体 180 度，练习时要保证动作精准，快速、自然地实现衔接。

（6）障碍跑。在跑道上设置多种障碍，要求运动员迅速、敏捷地跳过、绕过完成跑动。

2. 双人练习方法

（1）模仿追逐跑。2 人一组，前后站立，间隔 5 米。前者在快速跑动过程中做出变向、急停、转身、后退等不同动作，要求后者在观看了前者的动作演示后，立刻予以准确模仿并用尽全力追赶上前者。后者拍到前者身体任一部位后，两者追逐的身份立刻发生变化。

（2）障碍追逐跑。2人一组，前后站立，间隔5米。在跑道上设置各种障碍物，跑动过程中，前者能够充分借助障碍物施展躲闪、转身等动作，当后者拍到前者身体的任一部位以后，两者立刻变更追逐的身份。

（3）躲闪摸肩。2人一组，在规定区域（如直径3米的圆圈）内，做1对1触摸对方左肩练习，并计算30秒摸中次数。

（4）闪躲跑。2人一组，在规定区域（如直径3米的圆圈）内，2人相对站立，各占一半区域，1人防守，1人想办法通过晃动、躲闪等方式摆脱防守者的防守，走进对方防守的区域。整个过程要避免出现拉人、撞人等不良现象。

（二）器械练习方法

1. 单人练习方法

（1）利用绳梯、标志筒、小栏架等进行的练习，如在绳梯上进行各种步法的快速跑动、跨跳等练习；利用标志建档设置不同的跑动距离和路线，完成变向跑、跨跳等练习。

（2）各种形式的运球、传球、顶球、颠球、托球、追球、接球、多球练习等球类练习。

（3）单杠悬垂摆动、双杠转体下杠、挂撑前滚翻、翻越肋木、钻栏架、跳山羊等体操动作练习。

（4）快速跳、交叉跳绳、前后双摇、三摇跳等利用跳绳进行的练习。

（5）利用蹦床训练提高运动员的身体协调性和空中平衡能力。在蹦床上腾起，空中模仿挺身式跳远、分腿腾跃、足球守门员救球、排球扣球、拦网、篮球扣篮、跳水的起跳或腾空等动作。

2. 双人练习方法

开展的双人练习包括各种形式的传球、接球、抢球以及跳障碍球、踢过球接翻滚等练习，如扑球、俯卧传球、接球翻滚等，双杠杠端支撑跳下换位追逐、肋木穿越追逐等练习。

（三）组合练习方法

组合练习方法，指的是在训练时，科学、合理地组合运动员在比赛过程中可能施展的各项动作，让运动员遵循现实中情形连贯、顺畅地完成相应的动作，主要包括两个动作组合、三个动作组合以及多个动作组合训练。

第一，两个动作组合练习。两个动作组合练习主要有交叉步—后退跑、后踢腿跑—圆圈跑、侧手翻—前滚翻、转体俯卧—膝触胸、立卧撑—高抬腿跑等。

第二，三个动作组合练习。三个动作组合练习主要有交叉步侧跨步—滑步—障碍跑、滑跳—交叉步跑—转身滑步跑、鱼跃前滚翻—滑跳交叉步跑—转身滑步跑、障碍跑—转髋接着过肋木—前滚翻等。

第三，多个动作组合练习。多个动作组合练习主要有倒立前滚翻接单肩翻滚—侧滚—跪跳起、悬垂摆动接双杠跳下—钻山羊—走平衡木、跨栏接钻栏—跳栏—滚翻、摆腿—后退跑—鱼跃前滚翻—立卧撑等练习。

（四）游戏练习方法

灵敏素质是人体的一项综合能力，所以旨在提升灵敏素质的游戏也需要表现出综合性特征，同时还应当表现出强烈的趣味性与高度的竞争性。只有如此，才可以充分激发起运动员的参与热情，充分投入活动中，汇聚自身的注意力，灵活、自如地应对各种活动场面，通过游戏充分提升神经系统的灵活度与反应速度。训练人们灵敏素质的游戏类型非常丰富，主要包括各种应答游戏、追逐游戏和集体游戏等。

第一，听号接球。运动员围圈报数后向着规定的方向跑动，教练员持球站在圈中心，将球向空中抛起并喊号，被喊号者应声前去接球。要求运动员根据时间和空间非常快地去接球。

第二，贴人。把运动员划分成不同的小组，每组两个人呈环形站立，另外安排两个一个追逐一个逃跑，逃者若背贴于某组内环某一名前面，则该组后一名便为逃者，被抓后，两人互换角色。

第三，双脚离地。运动员分散到指定的区域中开展随意的活动，指定其中数人作为抓人者，在聆听到教练吹起的哨音以后，谁的双脚离地就不抓他，抓人者勿缠住一个人不放，要求快速悬垂、倒立、举腿等。

第四，传球抓人。运动员分散站立于篮球场中，两个引导人通过传球不断转移，追逐场上队员并以球触及场内闪躲逃跑的队员，凡被球触及者参加传球，直到场上队员全部被触及为止。要求传球者不得运球或者走步违例，闪躲者不得踩线或者跑出界外。

第五，形影不离。两人一组，并肩站立。右侧的人自由、随意地改变位置与方向，站立于左侧的人一定要及时跟进，依旧站立于其右侧的位置。要求灵活应对，迅速移动。

第七章　不同姿势下的职业体能训练实践

第一节　坐姿类职业体能训练

"任何工作的完成都离不开工作者身体适应能力的支撑，当身体无法满足工作所要求的体能标准时，便会影响工作效率。"[①] 坐姿类职业以脑力劳动为主导，以"伏案型"为主要工作方式，职业体能锻炼的重点是颈肩腰部位肌肉的力量耐力。

一、力量耐力体能训练

力量耐力是力量和耐力的综合素质，是在静力性或动力性工作中长时间保持肌肉紧张，而不降低其工作效率的运动能力。坐姿时腰背部肌肉是主要的受力肌。锻炼坐姿时机体各部位的主要受力肌群，可以增强肌肉弹性，改善组织血液循环，增强新陈代谢，防止或降低组织疲劳。针对坐姿类岗位对身体素质的要求，应主要发展以下部位肌肉群的力量耐力。

（一）腰背部肌群力量耐力练习

1. 体后屈伸

目的：主要发展伸展躯干和伸髋的肌肉力量。

要领：俯卧在垫子或长凳上。以髋部支撑，脚固定，两臂前举连续做上体后屈伸动作或者保持上体屈伸 6~8 秒。

[①] 张舒畅. 以"职业体能"为导向的高校体育教学改革研究[J]. 现代教育科学,2021(4):131-136,156.

2. 俯卧两头起

目的：主要发展伸展躯干和伸髋的肌肉力量。

要领：俯卧在垫子或长凳上，两臂前伸，两腿并拢伸直。两臂和两腿同时向上抬起，腹部与坐垫成背弓，然后积极还原。15~20 次为一组。

3. 仰卧过顶举

目的：主要发展斜方肌力量。

要领：仰卧在地板或垫子上，两腿并拢伸直。双手重叠握住哑铃把的一端。开始时将哑铃提起，两臂伸直，重量承受在胸部上端，然后慢慢从头顶上下放，直至两臂能舒适伸张到头顶的后下方，然后开始举回成原来的姿势。

4. 哑铃单臂划船运动

目的：主要发展背阔肌上、中部以及斜方肌、三角肌的力量。

要领：两脚前后开立，身体前弯，一只手支撑于椅面上，另一只手提起哑铃。吸气用力，持哑铃手侧上提至胸部高度，再呼气放下。连续 8~12 次后，再换另一只手练习。

5. 俯立划船

目的：主要发展背阔肌上、中部以及斜方肌、三角肌的力量。

要领：上体前屈近 90 度，抬头，正握杠铃。然后两臂从垂直姿势开始，屈臂将杠铃拉近小腹后还原，再重新开始。上拉时应注意肘靠近体侧，上体固定，不屈腕。

6. 直腿硬拉

目的：发展骶棘肌、背阔肌、斜方肌、臀大肌以及股二头肌、半腱肌、半膜肌、大收肌等伸展躯干和伸髋的肌肉力量。

要领：两腿伸直站立，上体前屈，两手正握杠铃，握距约同肩宽，两臂伸直，然后伸髋，展体将杠铃拉起至身体挺直。还原后重新开始。每组练习2~5 次。上拉时应注意腰肌群要收紧，杠铃靠近腿部。

(二) 颈肩部肌群力量耐力练习

1. 屈伸探肩

目的：主要发展胸锁乳突肌、斜方肌肉的力量。

要领：坐立均可，上背挺直，双手叉腰，眼睛正视前方。头缓缓地向左偏，努力接近左肩，保持6~8秒，还原；以相同的姿势换方向做，还原。

2. 摸耳屈伸

目的：主要发展胸锁乳突肌、斜方肌肉的力量。

要领：坐立均可，两手自然放于体侧，眼睛正视前方。右手叉腰，将左手侧上举，越过头顶去摸右耳，同时头向左侧倾斜，还原；再用右手以同样的姿势去摸左耳，还原。

3. 手侧压颈屈伸

目的：主要发展胸锁乳突肌、斜方肌肉的力量。

要领：坐立均可，上背挺直，眼睛正视前方。左手按头左侧，右手叉在右侧腰间。左手用力把头向右侧推压，而颈部则用力顶住，不让轻易压倒，但逐渐被压倒。然后，颈部用力把头向上向左抬起，而左手则用力压住头部，不让其轻易抬起，但逐渐完全竖直。练完一侧，换练另一侧。

4. 双手正压颈屈伸

目的：主要发展斜方肌的力量。

要领：坐立均可，上背挺直，眼睛正视前方，双手十指交叉，按在脑后。双手用力压头部，使其向前下屈，颈部则用力顶住，不让轻易下压，但逐渐被压到颈部触及锁骨柄。然后，颈部用力把头向上抬起，而两手则用力压住头部，不让其轻易抬起，但逐渐抬到原位。

5. 耸肩

目的：主要发展斜方肌的力量。

要领：坐立均可，上背挺直，双手叉腰，眼睛正视前方。双肩缓缓往上耸，尽力去碰耳朵，保持6~8秒，然后放下。

6. 肩绕环

目的：主要发展斜方肌的力量。

要领：坐立均可，上背挺直，双手叉腰，眼睛正视前方。双肩经前向后展，做以肩关节为中心的绕环动作。

（三）腕部肌群肌肉力量耐力训练

1. 屈伸腕动态练习

目的：主要发展前臂伸肌和屈肌的力量。

要领：立正，一手持哑铃，掌心朝上。另一手微托持哑铃手肘关节，靠于腰部，手紧握哑铃以 2 秒一次的频率做屈伸腕运动。

2. 屈伸腕静态练习

目的：主要发展前臂伸肌和屈肌的力量。

要领：立正，一手持哑铃，手掌朝上。另一手微托持哑铃手肘关节，靠于腰部，手紧握哑铃充分屈腕静止 15 秒，休息 5 秒，再充分伸腕静止 15 秒。

3. "8" 字绕环

目的：主要发展肱桡肌的力量。

要领：立正，一手持哑铃（男生可以双手持哑铃），掌心朝上。持哑铃手做 "8 字" 绕环运动。

二、柔韧性体能训练

柔韧性是指身体某个关节或关节组活动范围的幅度以及肌肉、肌腱、韧带等软组织跨过关节的弹性与伸展能力。良好的柔韧性，能使人的动作舒展，帮助肌肉轻松高效地活动，并有助于减少某些运动损伤。柔韧性练习对于需要长久静坐的人尤为重要。

（一）腰背、胸部柔韧性的练习方法

1. 坐位拉背

目的：拉伸背部。

要领：坐在椅子上，双膝微屈，躯干贴在大腿上部，双手抱腿，肘关节在膝关节的下面。呼气，上体前倾，双臂从大腿上向前拉背，双脚保持与地面接触，保持 6~8 秒。

2. 坐椅胸拉伸

目的：拉伸胸部。

要领：坐在椅子上，双手头后交叉，椅背高度在胸中部。吸气，双臂后移，躯干上部后仰，拉伸胸部。动作缓慢进行，保持6~8秒。

3. 仰卧团身

目的：拉伸腰部。

要领：在垫上仰卧，屈膝，双脚滑向臀部，双手扶在膝关节下部。呼气，双手将双膝拉向胸部和肩部，并提起髋部离开垫子。重复练习。动作幅度尽量大，动作保持6~8秒。

4. 俯腰

目的：拉伸腰部和躯干两侧。

要领：并步站立，两腿挺膝夹紧，两手十指交叉，手心向上，伸直上举，上体弯腰前俯，两手心尽量向下贴紧地面，两膝挺直，髋关节屈紧，腰背部充分伸展。两手直臂分别握住同侧踝关节，使胸部贴紧双腿，充分伸展腰背部。持续一定时间后再放松起立。还可以在双手触地时向左右侧转腰，用两手心触及两脚外侧的地面，增大腰部伸展时左右转动的柔韧性。

5. 体侧屈

目的：拉伸腰部和躯干两侧。

要领：并步站立，上身挺直。右手叉腰，左手伸直，上体尽量向左侧倾斜，保持6~8秒，还原，换方向做。注意上体不要有扭转动作。

(二) 颈肩部柔韧性练习方法

1. 扭转望月

目的：伸展侧颈部。

要领：坐立均可，上背挺直，双手叉腰，眼睛正视前方。头缓缓地向左后旋转，目光注视前上方，尽最大努力保持6~8秒，还原，然后以相同的姿势换方向做，再还原。

2. 低头沉思

目的：伸展颈后部。

要领：站立均可，上背挺直，双手叉腰，眼睛正视前方。缓慢低头，下颌尽量靠近胸骨，押拉颈部肌肉，持续30秒，还原，向后屈伸，保持30秒。

3. 肩膀上提

目的：拉伸肩部。

要领：坐在椅子上，两脚稍分开，屈肘。两手中指分别放松按于肩膀上，肩部用力往上提，上体充分舒展，在个人关节活动最大范围处静止 20~30 秒，还原，放松。

4. 正压肩

目的：拉伸背部和肩部。

要领：分腿站立，体前屈，两手扶于椅背，挺胸低头（或抬头），身体上半部上下振动。同伴可帮助压肩，把肩拉开。练习时要求手臂伸直，肩放松。

5. 上臂颈后拉

目的：拉伸上臂后部和肩部。

要领：坐立均可，左手屈肘上举至头后，左肘关节在头侧，左手下垂至肩胛处。同时右手屈肘上举，右手在头后部抓住左臂肘关节。呼气，在头部向右拉左臂肘关节保持 6~8 秒，还原后换另一臂拉伸。

（三）臂部和腕部柔韧性的练习方法

1. 背后拉毛巾

目的：拉伸臂部。

要领：坐立均可，一臂肘关节在头侧，另一臂肘关节在腰背部。吸气，双手握一条毛巾逐渐互相靠近。换臂重复练习。动作幅度尽量大，每次保持 10 秒左右。

2. 跪撑正压腕

目的：拉伸腕部。

要领：双膝着地，双臂直臂撑地，双手间距约与肩同宽，手指向前。呼气，身体重心前移。恢复开始姿势重复练习。动作幅度尽量大，每次保持 10 秒左右。

3. 跪撑反压腕

目的：拉伸腕部。

要领：双膝着地，双臂直臂撑地，双手间距约与肩同宽，手指向后。呼气，身体重心前移。恢复开始姿势重复练习。动作幅度尽量大，每次保持 10 秒左右。

4. 向内旋腕

目的：拉伸腕部。

要领：站立，双手合掌。呼气，尽量内旋双手手腕，双手分离。重复练习。动作幅度尽量大，每次保持 6~8 秒。

三、办公室椅子操

长时间以一种较为固定的姿势坐在办公椅上从事办公室工作，容易造成颈、背、腰等部位的骨骼病变和肌肉劳损等，同时因下肢活动少、血液循环不畅易引起下肢关节僵直、小腿水肿等症状。椅子操以办公椅为中心，通过绕环、旋转、屈伸、起踵等动作活动颈、背、腰、下肢等部位来放松肌肉，活动关节，增强肌力，预防劳损，达到健身的目的。

预备姿势：坐于椅子上，双腿并拢，两手扶椅边。

（一）头部屈、转、绕环

共 4 个 8 拍。

第一个 8 拍动作如下。

1~2 拍：头部前屈，双臂交叉屈肘于胸前。

3~4 拍：头部还原，双臂下落于体侧，手靠椅。

5~6 拍：头部后仰。

7~8 拍：还原。

第二个 8 拍动作如下。

1~2 拍：头部左传，左臂侧举。3~4 拍：还原。

5~6 拍：头部右转，右臂侧举。7~8 拍：还原。

第三个 8 拍动作如下。

1~8 拍：头部经前、左、后、右至前（头部向左绕环一周）后还原。

第四个 8 拍动作如下。

与（3）反方向做。

（二）肩部绕、提、沉

共 4 个 8 拍。

第一个 8 拍动作如下。

1~4 拍：双手叉腰，双肩经后向前绕，同时低头含胸。

5~8 拍：双手叉腰，双肩经前向后绕，低头含胸，还原双手叉腰坐立姿势。

第二个 8 拍动作如下。

1 拍：双肩上提，两臂侧下举按掌。

2 拍：双肩下沉。

3 拍：同 1 拍。

4 拍：同 2 拍。

5 拍：提左肩，沉右肩。

6 拍：提右肩，沉左肩。

7 拍：同 5 拍。

8 拍：双肩下沉，两臂侧下举按掌。

第三个 8 拍动作同第一个 8 拍，但方向相反。

第四个 8 拍动作如下。

1~4 拍：同第二个 8 拍的 1~4 拍。

5~8 拍：同第二个 8 拍的 5~8 拍，但方向相反。

（三）胸部含、展、上体转

共 4 个 8 拍。

第一个 8 拍动作如下。

1~4 拍：抬头挺胸至低头含胸，同时两臂经体侧至前举，然后五指张开，合掌，屈肘于胸前。

5~8 拍：抬头挺胸，同时翻掌前推，掌心向外。

第二个 8 拍动作如下。

1 拍：上体向左转。

2 拍：还原。

3 拍：上体向右转。

4 拍：还原。

5 拍：振胸上举。

6 拍：还原至前举。

7 拍：同 5 拍。

8 拍：交叉手松开，两臂落于体侧。

第三个 8 拍动作同第一个 8 拍。

第四个 8 拍同第二个 8 拍。

（四）外侧做下腰

共 4 个 8 拍。

第一个 8 拍动作如下。

1~2 拍：右腿屈膝上举，同时右臂穿掌上举。

3~4 拍：向左转 90 度，成左外侧坐，上体前倾，右臂上举。

5~6 拍：上体向右侧后仰，右臂经前落下摆至侧后举，眼视右手。

7~8 拍：左外侧坐，上体前倾，右臂经上摆至上举。

第二个 8 拍动作如下。

1~2 拍：左外侧坐，上体立起，右臂上举。

3~4 拍：头后仰，向后下腰，右臂手心向外下落至身体侧后方。

5~6 拍：上体立起，右臂上举。

7~8 拍：右转 90 度，还原成坐位。

第三个 8 拍动作如下。

1~2 拍：左腿屈膝上举，同时左臂穿掌上举。

3~4 拍：向右转 90 度成右外侧坐，上体前倾，左臂上举。

5~6 拍：上体向左侧后仰，左臂经前落下摆至侧后举，眼视左手。

7~8 拍：左外侧坐，上体前倾，左臂经上摆至上举。

第四个 8 拍动作如下。

1~2 拍：右外侧坐，上体立起，左臂上举。

3~4拍：头后仰，向后下腰，左臂手心向外下落至身体侧后方。

5~6拍：上体立起，左臂上举。

（五）腿部屈伸交替做

共4个8拍。

第一个8拍动作如下。

1拍：左腿屈膝上举，同时双臂握拳屈肘交叉于胸前。

2拍：左腿伸直前举，两臂经前侧举，掌心向下。

3拍：同1拍。

4拍：还原成正坐位。

5拍：右腿屈膝上举，同时双臂握拳屈肘交叉于胸前。

6拍：右腿伸直前举，两臂经前侧举，掌心向下。

7拍：同5拍。

8拍：还原成正坐位。

第二个8拍同第一个8拍，重复一次。

第三个8拍动作如下。

1拍：双腿微屈膝上抬，两手扶椅边，上身保持正直。

2拍：踝关节背屈。

3拍：踝关节背伸。

4拍：同2拍。

5拍：同3拍。

6拍：同2拍。

7拍：同3拍。

8拍：还原。

第四个8拍动作如下。

1拍：双腿微屈膝上抬，两手屈肘举于胸前，上身保持正直。

2拍：左脚踝背屈，右脚踝背伸，同时左手屈肘下摆，右手屈肘上摆。

3拍：右脚踝背屈，左脚踝背伸，同时右手屈肘下摆，左手屈肘上摆。

4拍：同2拍。

5 拍：同 3 拍。

6 拍：同 2 拍。

7 拍：同 3 拍。

8 拍：还原。

(六) 腹部收屈，挺仰撑

共两个 8 拍。

第一个 8 拍动作如下。

1~2 拍：收腹，屈膝举起，两臂握拳屈肘于胸前举（掌心向胸）。

3~4 拍：双腿伸直前点，两臂撑椅。

5~6 拍：挺胯伸直，身体成仰撑。

7~8 拍：还原成正坐位。

第二个 8 拍同第一个 8 拍，重复一次。

(七) 单双腿提踵，摆动交替做

共四个 8 拍。

第一个 8 拍动作如下。

1~2 拍：站在椅子边上，身体面对椅背，两脚直立，双手扶在椅背上。两脚跟向上提起，前脚掌支撑，身体直立。

3~4 拍：还原。

5 拍：左手扶椅背，左腿后踢，同时右腿半蹲，右臂成掌前举。

6 拍：还原成并脚立，左臂下落扶椅背。

7 拍：右手扶椅背，右腿后踢，同时左腿半蹲，左臂成掌前举。

8 拍：还原成并脚立，左臂下落扶椅背。

第二个 8 拍同第一个 8 拍，重复一次，但方向相反。

第三个八拍动作如下。

1~4 拍：右脚跟向上提起，前脚掌支撑，同时左脚屈膝向上提起。

5~8 拍：还原。

第四个 8 拍动作如下。

1~4拍：左脚跟向上提起，前脚掌支撑，同时右脚屈膝向上提起。

5~8拍：还原。

（八）抬头挺胸，展臂舒身体

共两个8拍

第一个8拍动作如下。

1~4拍：两脚左右开立，两手下垂。两臂经侧上举起至头顶上交叉，掌心向外，同时抬头挺胸。

5~8拍：翻腕，掌心向上，两臂经侧落下，同时低头含胸。

第二个8拍同第一个8拍，重复一次。

第二节 站姿类职业体能训练

"不同类型的工作，其职业体能需求不同。"[1] 站姿类职业岗位多为服务窗口行业，职业体能训练的重点是下肢腰腹力量。形体是个性气质的展示，礼仪是职业素养的内涵。站立型职业较多涉及社会服务领域，身体常处于站立状态，对下肢的力量与耐力要求较高，为此在教学过程中应以发展他们的下肢和腰腹肌的力量为主。

一、腰腹肌力量耐力体能训练

（一）搁腿半仰卧起坐

目的：主要发展腹直肌上部力量。

要领：仰卧于垫子上，两小腿平行搁于凳面，双手交叉抱于头后。慢慢使双肩向膝部弯起，直至肩胛骨离地3~5厘米，保持这个姿势1~3秒，然后还原。

---

① 卫启晖,李志一.酒店不同岗位职业体能需求分析及对策研究[J].青春岁月,2020(12):76-77.

（二）直腿上举

目的：主要发展腹直肌、髂腰肌的力量。

要领：仰卧于垫子上，两腿并拢伸直，双手放于体侧。双腿直腿并拢靠腹部的力量将腿慢慢举起，保持躯干与大腿成 120 度左右的夹角，静止 5~10 秒，然后还原。

（三）仰卧侧提腿

目的：主要发展腹内、外斜肌的力量。

要领：仰卧于垫上，然后侧提右膝碰右肘，然后侧提左膝碰左肘。

（四）屈膝举腿

目的：主要发展腹直肌下部力量。

要领：屈膝，两踝交叉，两掌心下放在臀侧，仰卧垫上，然后朝胸的方向举腿。直到两膝收至胸上方，还原后重新开始。

（五）燕式平衡

目的：增强后背和腹部主要肌肉的力量及稳定性。

要领：由站立开始，右脚向前一步，上体前倾，左腿后上举高于头，抬头挺胸，两臂侧举成燕式平衡，站立的腿要伸直，两脚交替进行。

（六）静止搭桥

目的：增强后背和腰部主要肌肉的力量及稳定性。

要领：平躺，脚着地，手臂放在体侧。臀部、大腿和躯干肌肉用力提起骨盆，直到肩膀与膝盖连成直线。身体缓慢下降，回到起始位置。

（七）借球搭桥

目的：主要发展躯干的主要肌肉，如腘绳肌、臀部肌肉和股四头肌的力量以及脊柱的稳定性。

要领：平躺，双脚放在健身球上，膝盖微屈，手臂置于体侧，进行搭桥练习，脚后跟用力压球面，保持身体平衡，然后慢慢放下身体，回到初始位置。

（八）借球仰卧

目的：主要发展躯干的主要肌肉，如腘绳肌、臀部肌肉和股四头肌的力量以及脊柱的稳定性。

要领：跪姿，背对健身球，两脚分开夹球，手臂置于体侧，上体尽量往后仰，肩膀触球静止6~8秒。

二、下肢力量耐力体能训练

（一）踏板弓箭步

目的：主要发展股四头肌、股二头肌、小腿三头肌的力量。

要领：身体直立，面对踏板，左腿屈膝成弓箭步踏踏板，右腿伸直，两手叉腰。还原后，交换腿连续做。

（二）抱膝触胸

目的：主要发展股四头肌、小腿三头肌的力量。

要领：身体直立，面对踏板，然后右腿支撑站立，左脚踏在踏板，接着用力蹬踏，腿伸直，同时右腿屈膝高抬，两手抱膝触胸。还原后，交换腿连续做。

（三）踏板提踵

目的：主要发展小腿三头肌的力量。

要领：两脚站立于踏板上，脚跟提起，脚尖点地，两手侧平举，保持6~8秒。

（四）屈膝直腿

目的：主要发展股四头肌、股二头肌的力量。

要领：两手叉腰站立于踏板上，左腿半蹲，右腿伸直前举，停 6~8 秒，还原，交换腿继续做。

（五）搁腿深蹲

目的：主要发展股四头肌、股二头肌的力量。

要领：面对椅子，左腿深蹲，右腿伸直前举，脚跟放在椅子上，然后做上体前屈、两臂前平举动作。

（六）踮脚跳跃

目的：主要发展小腿腓肠肌、比目鱼肌、股四头肌的力量。对提高身体平衡能力也有锻炼价值。

要领：两脚并拢站立，两膝微屈，两手撑腰，双脚前掌原地向上纵跳，膝盖绷直，下落时，先前脚掌着地，然后全脚掌着地，再踮脚起跳。

第三节　变姿类职业体能训练

从事兼有伏案、站立特征的综合类型职业者，这类人员劳动（工作）以坐、站、行走、乘车等相交替的姿势进行，时而是静力性工作，时而是动力性工作，静力性工作与动力性工作交替进行，且没有一定的规律。因此，该类职业人员介于坐姿类与站姿类职业岗位之间。

该职业人群有时没有固定的工作时间，随时可能要应对突发或者紧急事件，所以这类员工必须具备较强的体魄、充沛的体力以及敏捷的反应能力。

一、耐力素质体能训练

（一）慢速跑健身法

跑步时，呼吸要深、长、细、缓、有节奏。呼吸的节奏可为两步一呼、两步一吸或三步一呼、三步一吸。呼吸时，要尽量用腹深呼吸，吸气时鼓腹，呼气时尽量吐尽。跑步时，步伐要轻快，全身肌肉放松，双臂自然摆动。

（二）跳绳

跳绳是比较剧烈的运动，可根据自身状况制订切实可行的计划和目标。通过一个阶段的系统锻炼后，可逐渐延长跳绳的时间，增加跳绳的次数。

（三）游泳

游泳和跑步在锻炼价值上有很大的相似之处，不同之处在于游泳在以手臂和腿的运动推动人体在水中前进的同时，还必须花费一定的能量使身体免于下沉，因此完成同等距离的运动时，游泳消耗的能量是跑步消耗能量的4倍多。此外，由于水的浮力减轻了人体承重关节的负荷，所以游泳又是一种较为安全的健身方法。

（四）登楼梯

1. 爬楼梯法

爬楼梯时，弯腰、屈膝、抬高脚步，两臂自然摆动，尽可能不抓扶手。每秒钟爬一级，爬4~5层楼，每次往返练习2~3趟，每趟之间可稍作休息。开始阶段每次练5分钟左右，待身体适应后，可以逐渐加快速度，每秒钟2级，并增加往返趟数，时间为10分钟左右。

2. 跑楼梯法

先做30~60秒原地跑的准备活动，然后用正常跑步的动作跑楼梯。跑楼梯时，脚步要用力均匀，前脚掌着地，先进行2~3层跑楼梯练习，往返80~90级台阶，逐渐过渡到4~5层。每趟约3~4分钟，每次锻炼不超过5趟，时间为15~20分钟，每趟间歇时间不超过2分钟。跑楼梯的运动量比较大，适合于中青年人。

（五）有氧舞蹈

有氧舞蹈是一种以锻炼身体为目的、以徒手运动为基础、结合舞蹈动作并在音乐伴奏下进行的健身活动，锻炼者可根据自己的年龄特点、体能状况和锻炼目的等，选择或自编有氧舞蹈进行锻炼。

二、灵敏素质体能训练

进行灵敏素质的途径主要包括徒手练习、器械练习、组合练习和游戏。具体如下：

（一）徒手练习

单人练习主要有弓箭步转体、立卧撑转体、前后滑跳、屈体跳、腾空飞脚、跳起转体、快速后退跑、快速折回跑等练习。

双人练习主要有躲闪摸肩、手触膝、过人、模仿跑、撞拐、巧用力等练习。

（二）器械练习

单人练习主要包括各种形式的个人运球、传球等练习。

双人练习主要包括各种形式的传球与接球、运球中的抢球等练习。

此外，在选择运动项目时还可以考虑散手、跆拳道等项目。

（三）组合练习

两个动作组合练习主要有交叉步—后退跑，后踢腿跑—圆圈跑等。

三个动作组合练习主要有交叉步侧跨步—滑步—障碍跑，滑跳—交叉步跑—转身滑步跑等练习。

多个动作组合练习主要有滑跳—交叉步跑—后踢腿跑—后退跑—前踢腿等练习。

（四）游戏

发展灵敏性素质的游戏具有综合性、趣味性、竞争性的特点，能引起练习者的极大兴趣，使人全力以赴地投入活动，既能集中注意力、积极思维、巧妙对付复杂多变的活动场面，又能锻炼提高神经系统的灵活性和反应过程。

第四节 工厂操作类职业体能训练

工场操作类职业工种繁多，主要有以体力为主的职业和以灵巧为主的职业。员工工作时没有固定的姿势，时站、时坐、时蹲、时伏、时跪。相对于其他姿态职业来讲，工场操作的体力劳动强度要大，劳动动作单一，容易产生视觉上的疲劳。职业体能训练的重点是肌肉的绝对力量和注意力集中的持续时间。工场操作类职业选择运动项目或开展针对性的体能训练应考虑发展身体各部位，使上、下肢、躯干都得到运动，以适应工作的需要。

一、肌肉耐力训练

肌肉耐力是肌肉长时间维持工作的能力。高抬举作业，如手上举焊接、紧固螺丝和打孔等，此类作业需要保持长时间的收缩状态，有静力成分也有动力成分。肌肉耐力不好，将导致肌肉血液供给不足，肌肉代谢废物不能及时排除，引起局部肌肉疲劳，工作效率降低，甚至出现工伤事故。

（一）上肢肌肉力量练习

1. 直臂体前平举哑铃

目的：主要发展三角肌前部的力量。

要领：身体直立，在大腿前部双手持哑铃，手掌相对。直臂以肩关节为肘，从身体前部平举哑铃。沿原运动路线返回开始姿势，上举时吸气，放下时呼气。

2. 持铃头后伸臂

目的：主要发展肱三头肌的力量。

要领：身体直立，双手持哑铃屈肘举于脑后，掌心相对，以肘关节为轴，前臂内旋，虎口相对，将哑铃举过头顶，然后沿原运动路线返回开始姿势。上举时吸气，放下时呼气。

3. 侧弯举

目的：主要发展前臂伸指肌群，同时发展上臂。

要领：两手或一手侧握哑铃（拳眼向前），上臂紧贴体侧，持铃向上弯起至肩前，缓慢下放还原。

4. 正握腕弯举

目的：主要发展前臂伸肌群和上臂外侧肌群的力量。

要领：单手或双手正握哑铃（掌心朝下），握距与肩同宽，上臂紧贴体侧，向上弯举哑铃，举至极限后缓慢下放还原，前臂肌群始终保持紧张用力状态。

5. 反握腕弯举

目的：主要发展前臂屈肌群的力量。

要领：坐在凳端，单手或双手掌心向上反握哑铃，持哑铃手前臂贴放在大腿上，手腕放松。用力将哑铃向上弯起至不能再弯时为止，然后放松还原。此动作可前臂垫在平凳上做。

6. 手内旋弯举

目的：主要发展前臂肌群的力量。

要领：坐姿，一手持哑铃一端，另一手支撑，持铃手前臂贴大腿、平凳或斜板上，做手的内旋外转动作。可加大重量快速进行，以提高前臂肌的力度和灵敏性。

7. 俯立臂屈伸

目的：主要发展肱三头肌外侧头的力量。

要领：自然站立在凳的一端，上体前屈至背部与地面平行，左手以手掌支撑在凳上，右手持哑铃，屈肘，使右上臂紧贴体侧与背部平行，前臂下垂手持铃，上臂贴身，固定肘部位置，持铃向后上方举起至臂伸直，再慢慢放下还原。前臂往后伸时吸气，放下时呼气。

8. 仰卧后撑

目的：主要发展肱二头肌、胸大肌、三角肌和大圆肌等的力量。

要领：身体仰卧，两手背后撑在稍高的凳子上，两脚放在较矮的凳子上或平地上，身体其他部分悬空。呼气，两肩放松，两臂慢慢屈肘，身体尽量下沉（尤其要沉臀），稍停2~3秒，然后吸气，用力伸两臂撑起身体还原。

（二）下肢力量的锻炼

1. 颈后深蹲

目的：主要发展大腿肌群、臀大肌和下背肌群的力量。

要领：两脚开立，足趾稍向外撇，两手握住杠铃并担负在颈后肩上，屈膝下蹲到大腿上面和地面平行或稍低，静止 1 秒，大腿和臀部用力使两脚蹬地，使身体回到直立。按规定次数和组数重复再做。

2. 颈后半蹲

目的：主要发展伸膝肌群力量与躯干支撑力量，特别是股四头肌的外、内侧肌，股后肌群和小腿三头肌的力量。

要领：正握杠铃于颈后肩上，挺胸，屈膝下蹲近水平位置时，随即伸腿起立。其余要领同颈后深蹲。

3. 负重提踵

目的：主要发展小腿三头肌及屈足肌群的力量。

要领：身体直立，颈后负铃，两脚站垫木或平地上，用力起踵，稍停再还原。

4. 持杠铃前弓箭步

目的：主要发展股四头肌、股二头肌、小腿三头肌的力量。

要领：直立，直背抬头，正握杠铃于颈后肩上，双脚间距较小，向前迈一大步，大腿几乎与地面平行，后腿尽量伸直。然后身体还原至开始的直立姿势。双腿交替重复练习。

5. 持杠铃侧弓箭步

目的：主要发展大腿内侧和后部肌群的力量。

要领：直立，直背抬头，正握杠铃于颈后肩上，双脚并拢，向体侧迈一大步，直到大腿内侧几乎与地面平行，另一腿尽量伸直，侧移身体还原成开始的直立姿势。双腿交替重复练习。

6. 腿屈伸

目的：主要发展股四头肌的力量。

要领：坐在装有伸腿架的卧推凳上，两脚背面分别紧贴下脱棍的下缘，双手握住凳的两边，使上体挺直，用股四头肌的收缩力慢慢使两腿伸直，保持这个静止收缩状态 1~2 秒，然后慢慢还原。

7. 腿弯举

目的：主要发展股二头肌的力量。

要领：俯卧于卧推凳上，使膝盖正好抵住凳缘，两腿伸直使脚跟紧贴于上托缘的下缘，双手握住凳的前端，集中收缩股二头肌的收缩力使小腿彻底收紧，保持这个静止状态 1~2 秒，然后慢慢还原。

二、平衡能力训练

平衡能力又叫动态平衡，是指个性对抗地心引力，维持自身动作稳定灵活的一种动作能力。对于高空作业者，像高空建筑工、高层清洗工，这类人员必须具备良好的平衡能力及静力性耐力。因此，在体能训练或运动项目选择时，应考虑发展前庭稳定性、下肢肌肉静力性耐力、灵敏性素质。平衡能力的锻炼可以通过以下方法：

第一，一对一面向站立，双手直臂相触，虚实结合相互推，使对方失去平衡。

第二，一对一弓箭步牵手面向站立，虚实结合互推互拉，使对方失去平衡。

第三，各种站立平衡，如俯平衡、搬腿平衡、侧平衡等。

第四，头手倒立，如肩肘倒立、手倒立停一定时间。

第五，在肋木上横跳、上下跳练习。

第六，急跑中听信号完成急停动作。

第七，在平衡木上做一些简单动作。

第八，发展旋转的平衡能力练习。

三、注意力训练

工场作业，虽然机械化的程度越来越高，自动化代替了繁重的体力劳动，但是许多先进的仪器还是在人工的控制下作业；很多精密的设备还是在人工的装配下才能完成。因此，对于以灵巧为主的职业岗位员工，如钟表行业的装配工、电工、无线电安装人员等，必须具备较强的注意力集中能力以及良好的自我控制能力。选择项目时，可考虑能发展手腕灵巧性和手腕力量，发展注意力集中与分散能力的运动，如乒乓球运动。

第八章 创新技术在职业体能训练中的实践

第一节 新媒体技术在职业体能训练中的实践

"随着科技的飞速发展，新媒体越来越受到人们的关注，以手机和互联网为代表的新媒体已广泛深入广大民众的生活，新媒体在国家大力推进网络建设中彰显其活力，可以说新媒体联动了政治、经济、文化等各个领域"。① 在新媒体时代，人们有了更多接触网络与多媒体的机会，网络已然成为现代人际交往的重要工具，在此背景下，教育体制改革也在同时持续走向深入在开展体育训练教学指导时，自然需要不断进行关于新媒体融合的探讨，尝试一些独具特色的教学形式，给训练者积极投入体育训练提供助力。

一、新媒体技术在职业体能训练中的特点

新媒体背景之下，开展体能训练教学指导有了新的可能性，若同时考虑到新媒体与体能训练的特点，则可以总结出二者结合应用的特点，具体可包括下述三个方面：

（一）综合化

与传统职业体能训练形式比较起来，新媒体运用于职业体能训练淡化了平面化特点，取而代之的是立体化与综合化特点，文字、图片以及音视频等多种资源、内容的共同应用，向训练者呈现出的是多元立体的教育指导形式，

---

① 王正霞.新媒体背景下体育类娱乐节目对体育教学的启示——以我国普通高校体育教学为例[J].新闻爱好者,2015(11):68.

让训练者有机会对体育学科以及具体的训练内容产生良好的认知体验。

(二) 现代化

传统职业体能训练指导形式更多强调教师主体与示范主导的做法,教学内容比较枯燥,运用新媒体后,一些新型技术手段能够被纳入其中,包括互联网、手机等的介入,让传统职业体能训练指导形式在变革之后显现出较强的现代化特点。

(三) 统一化

作为一种在可预见未来有着广泛应用前景的全新训练模式,新媒体运用于职业体能训练会逐步取代传统训练模式,其原因在于,新媒体有了网络技术的辅助,会让体能训练拥有科学、高效、系统的可能性,从而会让体能训练过程趋于统一,不同训练者均将在稳定的训练环境中受益。

二、新媒体技术在职业体能训练中的作用

近年来,我国职业体能训练教学在指导理论和教学实践中更注重教师的主导作用和主体地位,而忽视了训练者的主体地位,训练者更多的是处在被动的状态,不管是在知识接受还是学习能力方面,积极性都受到了很大程度上的制约。随着新媒体技术的发展和适用范围的不断增加,职业体能训练在结合新媒体技术的同时,将信息技术作为指导训练的方法,并且在一定程度上得到了广泛的应用,这时的训练也就更具有针对性和有效性,所以,新媒体技术在职业体能训练中得到了广泛的应用,其目的是提高训练指导质量的同时提升训练者参与学习的主动性。新媒体技术在职业体能训练中的作用主要表现在以下方面:

(一) 传达体育知识

在职业体能训练中,新媒体技术的传播形式具有独特、新颖的特点。例如,有效应用网络平台等多角度、全方位的新媒体应用,通过新媒体平台为训练者提供前沿的体育热点和多样化的科学训练方法,这样能够提高教师的

教学指导效果，进而加强训练者的各项体育能力，促使训练者了解体育训练的相关知识和增强自身的体能训练能力。

（二）实现体育文化的传承

职业体能训练中，新媒体中的应用具有新时代的特点——现代化性和综合性，也正是这些特点，新媒体才能更加准确地传播职业体能训练方面的先进文化和知识。新媒体媒介在训练中扮演着宣传和引导的角色，训练者通过新媒体技术能够充分了解体育文化的发展脉络，加强对体育文化的了解和掌握，也正因如此，训练者对体育运动的积极性和主动性也得到提升。

（三）弘扬时代体育精神

新媒体技术是信息技术发展的体现，通过新媒体的发展不断弘扬体育精神具有非常明显的优势。例如，现在很多职业体能训练教师通过运用新媒体技术对训练者的比赛过程进行回播视频展示，这种方式能够让训练者更加直观地了解和掌握运动的要领，对于经典时刻的回放还能增强训练者的民族自豪感和自尊心，有利于引导训练者树立积极、正确的三观。

三、新媒体技术在职业体能训练中的策略

从新媒体运用于职业体能训练的特点与作用来分析，新媒体可以让训练者的体能训练效果产生质的飞跃，而如何更好地把握新媒体的优势，让其与体能训练的结合度更高，则是开展研究的关键点所在。

（一）训练前的直观感受

职业体能训练教学指导开始前，教师需要与训练者共同进行热身活动，从而防止训练者出现不必要的运动损伤，然而从实际经验来看，教师带领下的热身活动效果往往不是特别理想，如训练者可能会出现动作敷衍的问题，以及因不得其法而导致的关节活动不充分等问题，从而让训练前的热身活动趋于形式化，无法给接下来的正式训练提供前期保障。

这种情况下，教师便可注意到新媒体的作用，以网络资源所独有的现代

化特点，与训练者共同积极获取可能对热身活动产生帮助的多元化形式，包括趣味性更强的游戏等，并通过资源播放设备直观地展现在训练者面前。训练者将因为直观的欣赏而对动作产生深刻的记忆，特别是对其中一些细节可以反复观看，给热身的有效推进奠定基础。训练前的直观感受阶段，教师利用新媒体所做的一切热身活动资源收集、获取、整理、提供工作，均是优化教学指导环境的有益尝试，它可以一方面尊重训练者的个性发展需求，让训练者在热身活动时即关注体能训练的价值，另一方面有益于改善体育训练教学指导环境，避免训练者出现不必要的心理负担。

（二）训练中的方法支持

完成前期的热身训练后，教师便可带领训练者进入到正式的体能训练过程中。而在此过程中，新媒体的运用则主要以方法支持的形式加以呈现，重点以多媒体、微课以及虚拟现实几种形式为例，对体能训练中的方法支持问题进行简要阐述。

1. 多媒体方法支持

多媒体方法支持是一种常规手段，该手段的介入能够让训练者有机会更好地了解与训练相关的内容及细节，使训练者主动投入体育训练过程中。举例来讲，当有足球训练的必要时，教师便可以向大家展示世界杯、欧洲杯等体育赛事的网络视频片段，用于增加训练者的参与热情。与此同时，教师还可以针对训练者存在的一些技巧性问题，进行基于多媒体的讲解，换言之，若是只借助教师的示范和模仿，是无法达到动作细节部分的理想讲解效果的，而多媒体方法下的即时暂停、放大、重播等功能，则能够让运动细节一览无余地呈现在训练者面前，既充分又直观地满足训练者对于细节的追求。在此环境之下，体能训练的有效性将大幅度提升。

2. 微课方法支持

微课方法支持在近些年的应用范围也日益广泛，这种教学模式往往把基础理论与示范内容置于课后，而让训练者在前期以自主学习的形式，在多媒体的帮助下寻求知识与能力的突破，特别是就体能训练任务而言，更是强调了训练者对于训练内容的自主把握，训练者在教师的宏观要求下，实现微课观照之下自主训练。此时教师所要做的工作是微视频资源的设计与提供，即给训练者提供与体育训练要求息息相关的教学视频资料，并在科学剪辑之后，使之划分为时间控制在 10 分钟之内的片段，让训练者在社交工具中得到资源支持。应该说，微课方法支持在开展职业体能训练时的优势是训练者能够反复观看，这对于训练者体育训练的持续操作，对于其自主突破训练中的重难点，都是非常有益的保障。

构建形成以某项特定体育训练内容为主题的群组，在群组中实现信息的传递，用这样的做法最大可能进行师生沟通训练成果。而当训练者在后期的独立与同伴体育训练时，如果出现一些无法解决的实际问题，也可以借此及时向教师进行咨询，由教师在平台上完成讲解与指导。

（三）三方联动，推动体能训练

体能训练的过程中，新媒体联动学校管理层、任教教师和训练者三方。

学校的管理层应该强化新媒体在体能训练中的主动意识，加大投入和整体规划的力度，推动体能训练的官方发展，进而实现体能训练媒体化基本要求不变。

对于职业体能训练教师来说，除了完成教学任务的同时，更重要的是不断提高自身素质能力，因为在发展新媒体化体育训练的过程中，教师需要有所担当，进而实现一定的作为，除此之外，教师应该巧妙地运用新媒体技术，满足训练者对新媒体体能训练的需求，实现现代化体能训练新媒体化的真正价值。

训练者是体能训练的主体，为了充分发挥训练者的主体地位，训练者应该积极建言献策，帮助教师完善新媒体化体能训练教学，将新媒体技术真正发挥到体能训练中，促进训练者的训练效果和效率。

（四）搭建新媒体体能训练平台

职业体能训练中，搭建新媒体平台非常重要，需要对当前新媒体的发展特点做充分研究，根据具体的训练情况建立相对应的体能锻炼平台。促进职业体能训练的有效进行，给教师和训练者提供交流、探讨的新媒体平台。教师在运用新媒体平台的过程中，要充分发挥新媒体平台的信息互通性，将讲述的内容传输至新媒体平台，由此，训练者就能够提前了解下一节课将要练习的内容，做到充分预习，并触发训练者对接下来的内容提出问题和激发好奇心。授课过程中，如果有训练者提出课堂相关的问题，教师应该及时答疑，实时教学课堂可以及时发现训练者对课堂内容的不足之处，并及时纠正，这无疑是完善了体能锻炼课程的教学体系，不断提高了教学的教学效果和效率，也提高了训练者学习的积极性。

（五）强化新媒体技术应用意识

组织训练者参与体育相关的训练时，可以适当地增加一些协作化教学方式，通过协作化的教学方式，能够提高训练者学习新媒体体能训练的积极性和主动性，除此之外，新媒体技术的应用还能给训练者和教师提供搜索功能，教师和训练者能够随时随地搜索体能训练相关的文章和视频资料，进而丰富教师和训练者的体育知识，起到拓展作用。除了需要完善硬件和软件设备，还需要引导训练者不断熟悉和掌握新媒体应用，在新的训练条件下逐步形成互补、互动的学习氛围，只有与同伴一起共同成长和进步，才能在互动的过程中取长补短，最终形成一个良好的训练氛围。

（六）创设体能训练的情境教学

提高职业体能训练实用性的同时，学校还应该注重训练教学的情境创设。情境创设的目的是为训练者创造一个好的体能训练氛围，给训练者一个好的训练体验，通过情境教学，能够充分展现体能训练的魅力，促使训练者增加对体能训练的兴趣，让训练者能够更好地融入训练。体能训练教学中，如果教师只是简单地依据自身动作进行示范，训练者将无法掌握动作的要领，情境教学不同，会更加注重训练者的实践能力和学习兴趣。通过合理的方法引导训练者快速进入训练中，增强训练者的训练体验感，让训练者更加真实地感受训练的实效性。

现代化的职业体能训练对新媒体技术的依赖越来越强，说明新媒体技术的运用势在必行，对于传统职业体能训练来说，新媒体提供了新的交流方式和传播方式。因此，创新职业体能训练观念也是势在必行的，要将新媒体技术充分运用到训练中，加强技术管理和思想创新，不断优化职业体能训练的教学模式，从而提高职业体能训练的水平。

第二节 数字化教学在职业体能训练中的实践

下面以啦啦操教学为例，探讨数字化教学在职业体能训练中的应用。

啦啦操，是指在音乐伴奏下，通过训练者集体配合的方式，完成复杂及高难度的基本手位、舞蹈动作、难度动作以及过渡配合等动作内容，以展示团队高度一致性、高超运动技术为主要表现方式，并以体现训练者健康阳光、积极向上、努力追求团队最高荣誉感的一项体育运动。

数字化教学手段指的是在教学过程中把传统教学使用的方式和数字环境进行结合，从而提高教学效果。数字化教学手段在教学中的应用是教育发展的一个重大创新，也是当下世界科技化发展、世界信息化发展趋势下的一种必然选择。

啦啦操教学中，进行数字化技术的应用首先是要将啦啦操使用的基本动作变成数字化形式，让数字化的资源设备可以辅助教学的开展，弥补之前传统教学中的不足。例如，可以利用数字化的技术构建出动画版本的人物模型，让动画版本的人物模型示范多种多样的啦啦操动作，让训练者可以看到清晰准确的图像，为训练者提供多种多样的啦啦操学习资源，而且，数字化资源的加入可以带动课堂气氛，可以让训练者在自由、积极的氛围中享受学习的乐趣。从最终的教学效果来看，数字化技术加入之后，教学效果有了明显的提升。

一、激发训练者兴趣，提高训练者学习参与度

（一）整合数字化资源，激发训练者学习兴趣

对于学习来讲，学习资源是非常重要的，如果学习资源比较丰富，那么训练者也能够了解到更加全面的知识。教师可以迎合训练者的兴趣，制作出

三维动画版本的动作示意图，激发训练者的积极性、主动性。

啦啦操传统教学过程中融入三维动画是对当前教学资源进行的整合优化，在借助数字技术设计出啦啦操人物模型以及人物演示动画后，可以搭配音乐或文字辅助教学。五官中能够最大限度接收信息的是视觉，在为训练者播放三维演示动画的时候，训练者可以精准地获取动画中的动作。与此同时，音乐也会刺激训练者的听觉，让训练者更好地进入学习状态，让训练者的学习兴趣始终维持在较高的水平。

（二）创设学习情境，营造啦啦操学习氛围

知识的构建需要依托学习资源，需要依赖学习情境，需要教师的指引和帮助，教师在构建啦啦操学习情境时可以让训练者直接地感受到人物动作图像，这可以激发训练者的学习热情，可以让训练者感知到之前相对抽象或相对具体的知识，可以让训练者产生自觉学习的想法和欲望。

啦啦操课程教学中借助于多媒体设备为训练者展示了三维动画人物形象，为训练者创设了学习情境。为了让训练者更好地保持做动作时的挺拔身姿，教师可以设置舞台、设置闪光灯，让训练者感觉自己就在舞台中央，这样训练者的动作将会更加精准，模仿出来的动作和三维动画中的人物动作会更加相似，整体动作美感程度会有所上升，身姿也会更挺拔。与此同时，配合音乐可以让训练者感受动作节奏的丰富变化，可以让训练者的学习热情始终不减。除此之外，教师还可以把数字化教学手段和实际的教学场地中的设施布置进行结合，让训练者更有啦啦操学习的感觉，让整个环境充满啦啦操学习的浓重色彩。

（三）调动训练者积极性，提高啦啦操参与度

在啦啦操基本手位教学中加入可以激发训练者兴趣的教学视频能够让训练者更大程度地参与课堂。例如，借助于动画软件、灯光以及摄像机制造出来的虚拟的人物影像可以让训练者看到栩栩如生的人物形象，而且人物形象演示出来的动作也非常清楚，在这样的人物动作的引导下，训练者对基本的啦啦操动作会有更清晰的认知，而且训练者可以模仿三维人物的动作，让啦

啦操的学习从之前的固态思维转向现在的动态思维。在这样的情况下，教师再使用一些鼓励手段就可以更好地激发训练者对学习的兴趣，可以让训练者积极地参与动作学习。除此之外，教师还可以引入奖励政策，选出榜样训练者，也可以组建小组，在不同的小组之间开展竞赛，也可以加入游戏化的学习方式，这些都能让训练者更好地参与课堂学习。

二、辅助教师教学，拓展教学内容的广度

（一）增加教学手段，辅助教师课堂教学

传统教学中教师会通过挂图图解的方式、视频图像的方式以及动作示范的方式进行啦啦操的技术教学，通常情况下，教师会在幻灯片放映过程中让训练者了解详细的动作，这样的教学手段相对简单，但是，在引入数字化教学手段之后，动作教学变成了动画形式的，训练者可以通过动画人物的辅助了解准确的动作。教师也可以利用数字化的教学手段弥补之前动作示范中的不足。

可以说，数字化教学手段的引入使教学方法变得更加丰富，也让教学层次有了一定的提升。训练者获得的视觉效果更加强烈，这在很大程度上都避免了人为动作示范的不规范。而且，数字化技术除了能够促进训练者学习更准确的动作之外，也有助于教师更好地开展教学活动，当动画模拟人物可以清楚示范动作之后，教师可以更多地关注于训练者对动作的模仿是否到位、是否精准，可以对训练者的动作进行纠正指导。在引入数字化的技术之后，教师在教学中变成了教学的指导者、管理者和评价者。

（二）提供数字化工具，使动作规范清晰

人的大脑可以储存大量的知识和信息，而且会对不同种类的信息进行类别的划分，人的大脑当中记忆和认知所占的部分是很小的一部分，在这样的情况下，学习知识需要使用更加直观的方式，需要进行更多的记忆，需要把知识系统地归纳起来。数字化模拟工具的出现非常有利于人对知识的记忆和认知，借助于数字化模拟工具，大脑可以更好地对啦啦操动作进行分类。

在教学过程中，教师应该引导训练者自主分析思维模型，让训练者主动参与到动作学习动作观察当中，培养训练者发现问题、解决问题的能力，尽可能地让训练者更快地认识动作、记忆动作，建立动作之间的关联。在遇到疑难问题的时候，教师应该指导训练者，为训练者答疑解惑，帮助训练者更快地构建起动作记忆框架，让训练者的学习效果变得更加高效。

（三）丰富教学内容，拓展课堂学习广度

啦啦操教学过程中加入数字化的教学辅助手段可以让内容有多样的表达形式，形式的丰富除了让啦啦操的学习变得更有意义、学习效率更高外，教师也可以借助于数字化的辅助手段整理与啦啦操有关的文献资料、图片资料、视频资料，让训练者了解啦啦操的起源过程、发展过程以及和啦啦操有关的文化知识。而且，教师还可以利用视频的方式为训练者们展示优秀的啦啦操作品，让训练者有更为宽广的视野，不断地提高训练者的啦啦操鉴赏能力。也就是说，将数字化教学手段引入啦啦操动作学习中除了能让训练者更好地掌握技术外，也能让训练者了解有关啦啦操的文化知识和标准啦啦操动作。

三、丰富教学示范，增强动作视觉识别度

（一）丰富动作示范面，增加训练者直观感

教学目标和教学任务要求教学活动的开展要注重直观性的体现，让训练者通过直观性体验获得丰富的知识。啦啦操教学活动中，教师可以借助于直观性的教学手段让训练者理解啦啦操动作和啦啦操项目具有的特征。

借助于数字化的教学手段创作出来的三维人物模型可以让训练者直观地观察人物模型的动作，进而进行模仿。训练者在模仿的时候，可以不断地转换人物模型的视角，也就是说，训练者可以观察到人物模型多个角度的动作，可以全方位地学习任务模型的动作，这样的学习更加精准，训练者也可以看到更为精细的手臂动作、肢体动作，相较于传统教学过程中教师动作的示范来讲，这种示范明显角度更多，也更清晰、直观。

具体来讲，所有的手部动作都可以从不同的视角进行观察。例如，从正

面、后面、侧面以及俯视的角度进行观察，这些角度可以让所有的动作细节不断放大，可以让训练者对于动作学习有更规范的认知，相较于传统教学过程中教师动作的重复示范来讲，这种教学方式效果更好。

（二）运用动画的特点，增强视觉画面感

通常情况下，啦啦操使用的手位连接方式有三种——画线式、对等式、过渡式，不同的形式使用的动作是不同的，画面感呈现出来的特点也是有差异的。动画指的是能够呈现动作变化的图像画面，人体面对这样的画面冲击，脑干神经元会自觉地对重要的视觉信息进行过滤和选择。教师可以利用数字化的技术呈现人物运动过程中的路线变化，让训练者了解不同动作之间的动作连接形式，让训练者通过观看画面了解不同连接方式的特点。

第三节　虚拟现实技术在职业体能训练中的实践

现代体能训练作为一项实践性强的综合教学活动，一旦训练有素，必然会为训练者带来积极的作用。尤其是在知识经济时代下，如何运用现代化技术实现职业体能的智能化训练，成为社会高度关注的一个焦点。虚拟现实技术"是技术前沿代表般的存在，涉及传感测量技术、互联网技术、图形识别与处理技术、人工智能等多领域，以沉浸性、交互性、构想性的开发理念，使参与者获得与真实场景相同的体验。"[①] 对此，为实现现代体能训练的规范化、科学化及智能化，可以结合虚拟现实技术在各行各业中的优势成果，在现代职业体能训练中应用虚拟现实技术。

一、虚拟现实技术分析

虚拟现实（VR）是一种技术，能让一个或多个用户在虚拟环境中执行一系列真实任务。虚拟现实是一个科学技术领域，利用计算机科学和行为界面，

---

① 迟永辉.虚拟现实技术(VR)与高校体育训练的结合分析[J].赤峰学院学报(自然科学版),2019,35(3):151-153.

在虚拟世界中模拟 3D 实体之间实时交互的行为，让一个或多个用户通过感知运动通道，以一种伪自然的方式沉浸其中。用户通过虚拟环境与系统互动和交互反馈，进行沉浸感模拟。关于这一概念，需补充以下说明：

第一，真实任务。实际上，即使任务是在虚拟环境中执行的，也是真实的。例如，人们可以在模拟器中学习驾驶飞机，如同飞行员所做的一样。

第二，反馈。反馈指计算机利用数字信号合成的感官信息，如视觉、听觉、触觉，即对物体的组成和外观、声音或力的强度描述。

第三，互动。互动指用户通过移动、操作，或转移虚拟环境中的对象，对系统行为起到相应的反馈作用。同样，用户需注意虚拟空间传递的视觉、听觉和触觉信息，如果没有互动，则不能称之为虚拟现实体验。

第四，交互反馈。这些合成操作是由相对复杂的软件处理产生，因此需要一定的时间。如果持续时间过长，人们的大脑会感知为一个图片的固定显示，接着是下一个图片，这样会破坏视觉的连续性，进而破坏运动感觉。因此，反馈必须是交互的和难以觉察的，以获得良好的沉浸式体验。

"虚拟现实"通常被用作各种沉浸式体验的总称，包括许多相关的概念，如"增强现实（AR）""混合现实（MR）"和"扩展现实（XR）"。但此处的虚拟现实，通常指的是沉浸式计算机模拟现实，它创造了一个虚拟的现实环境。VR 环境通常与现实世界是隔离的，也就是说，它创造了一个全新的环境。虽然数字环境既可以基于真实的地点创建，又可以基于想象的地点设计，但它们依然存在于我们的现实世界之外。

（一）虚拟现实的系统架构

一个虚拟现实应用通常是由一组进程组成，进程之间的通信称为进程间通信（IPC）。在解耦仿真模型中，每个进程都持续运行，使用异步消息完成任务。一个中央应用进程负责管理虚拟世界中的模型，根据读入数据模拟相应事件的演变过程，另一个进程负责以特定的频率从输入设备或传感器读入数据，而系统通过其他输出设备给予用户反馈。视觉反馈以工作站图形的实时绘制来表示。听觉反馈则通过音乐设备数字接口输出或是播放预录制的声音。

系统中最复杂的组件就是应用进程。当进程遇到异步事件后，必须连贯一致地将虚拟世界模型从一个状态过渡到另一个状态，并触发适当的视觉和听觉反馈。在交互过程中，用户是信息源，持续不断地通过输入设备传感器操作模型。在传感器和模型之间还可以插入多个中间级，根据互动隐喻传输信息。

1. 动态模型

为了获得动画或行为互动效果，系统必须对计时器或是跟踪器等异步输入设备做出必要的反应和更新。应用可以被看作一组相关物体组成的网络，每个物体的行为都是对其所依赖物体变化的一种特定反应。

为了实现上述动画或行为效果，必须提供一种维持机制能普遍描述物体之间的关联，又能有效地被用在高度交互响应系统中。系统的状态和行为还可以通过三种元素表示，具体如下：

（1）主动变量。主动变量是用来存储系统状态的基本元素。一个主动变量保存系统状态值，并跟踪系统改变状态值。根据需求一个主动变量还可以记录系统状态的历史。主动变量的好处在于能够给依赖于时间的行为约束，或是支持参考系统状态的历史守护进程。

（2）分层约束。为了支持局部传播，约束对象是由声明部分和强制部分组成。声明部分定义了关系的类型、需要维护的关系以及变量集合。强制部分则定义了维护约束所需的一系列可能的方法。

（3）守护进程。守护进程依照次序规则允许或拒绝系统在不同状态之间转换。守护进程和一组主动变量注册在一起，并在这些变量发生变化时被唤醒，它可以创造新对象、输入输出操作、改变主动变量值、改变约束图，以及唤醒或撤销其他守护进程。守护进程是串行执行，对约束图的操作都会增加系统全局时间。

2. 动态交互

动画和行为交互可以被看作是同一个问题，因为它们都牵涉到动态图形。通过绘制动态变化变量，解析输入数据、动画脚本或是模型变量，完成时变行为。对于交互式应用，这种方法十分关键，因为它定义了用户如何与计算机交流。理想的交互式三维系统应该允许用户像与真实世界打交道那样与虚拟世界交流，使交互工作更自然且不需要受额外训练。

（1）传感器测量值与行为映射。在大多数典型交互应用中，用户大多数时间在输入信息。他们使用多种输入设备，如三维鼠标和数据手套，利用这些设备与虚拟世界交互。利用这些设备，用户必须提供高速复杂的信息流，这些从设备传感器上获取的信息还必须映射为虚拟世界中的行为。大多数情况下，这种映射都是已经编码好的，且与使用设备的物理结构有关，如将鼠标按键绑定为不同行为。这类行为是通过在与传感器相关的主动变量和模型动态变量上直接加约束实现的。模型交互刚开始，输入传感器变量和模型接口上的主动变量被激活。而在交互过程中，约束保持有效，用户可以通过提供的隐喻操作模型。当约束结束时，整个交互也就结束了。

类似这种直接在设备和模型之间建立映射的方法，主要用在用户行为和虚拟世界预想效果是物理相干的情况下。如抓住某个物体并拖动它。然而有些情况下用户的行为并不是直接的，而是表达了另一种意思。适应性模式识别可以解决这一问题。通过允许定义更加复杂的传感器测量和虚拟世界行为映射，增强了设备的表达能力。况且，通过例子向用户说明映射的时候，能更符合新用户的喜好，易于接受，便于操作。

（2）手部姿势识别。手部输入是以一个单独的课题被提出和研究的。如今在许多虚拟现实系统中使用各种各样的手势识别。手势识别系统必须根据之前的手势样例对手的运动和位置分类。一旦手势被归类，就可以提取其要表达的信息，执行相应的虚拟世界行为。一个单独的手势以一种自然方式对外表达了分类和参数信息。为了帮助用户理解系统行为，通常在姿势识别之后系统会反馈视觉或听觉信号。

手势的识别主要有两个分支：姿态识别和路径识别。姿态识别用来不断的探测用户手指的状态。一旦识别出一种，只要维持这个姿势，相同的数据会一直持续。之后数据被输入到路径识别子系统去。手势因此会被理解成手的一条路径，尽管在此期间手指并没有动。

可以使用自然物理张力区分基本的手势：用户刚开始处于放松状态，当要开始交互的时候，他会提升自己的注意力并收紧某些部位的肌肉，之后执行交互，继而再回到肌肉放松的状态。在一些识别系统中，交互始于将手定位在某个固定的姿态，手指松开则表示结束。使用这种方式的好处在于姿态是相对静止的，在交互学习的时候可以明确告诉计算机在何种情况下采样更加稳定。一旦姿态学习完毕，将姿态分类到正确的归类中去，就可用相同的交互方式学习路径。在学习和识别的时候，可以使用多种分类器。例如，在VB2系统中，从原始传感数据中抽取特征向量，然后利用多层感知网络函数映射，将这些向量分别归类。

（3）身体姿势识别。大多数姿势识别系统将工作区域限定于特定的身体部位，如手、胳膊或是脸部表情。然而将参与者映射到虚拟世界中去并与虚拟人物互动时，最方便也最直观的是使用面向身体的行为识别。

目前，有两种已知的实时捕捉人体姿势数据的技术：第一种是使用摄像设备，录制常规或红外图像。在ALIVE系统中就是使用这种技术捕捉用户图像的，捕捉到的图像可以将参与者映射到虚拟环境中去或是抽取参与者身体部位的迪卡尔信息。如果系统支持无线，还必须克服摄像机的视角限制约束，其性能表现就完全依赖于视觉信息提取模块。第二种技术则依赖附着于用户身上的磁感应器。系统利用传感器测定在某一参考点的磁场强度，跟踪身体各部位的运动。在单一框架系统中，这些传感器只产生原始数据（位置和朝向）等。为了和虚拟人物的躯干关节匹配，必须计算出人体躯干的全局位置和关节处的弯曲角度。结构转换器能够从传感器数据中得到弯曲角度，并推断出连接点的拓扑结构（虚拟人体骨架）。

基于细粒度原型的人体运动分层模型能够同时识别并发行为，通过分析人体运动，能检测出三种用于粒度规格运动模型分析的重要特征。首先，一种运动不总是引发全身活动，有时只是身体的某些部位在活动；其次，只要运动的身体部位没有重复，两种不同的运动可能同时发生；最后，通过观察身体部位的方位而不是关节点的运动就能识别人体运动。基于以上三点，可以提出由上到下逐步加强的运动模型。在顶层，模型的粒度较粗，而在底层，模型的粒度较精致。模型层次的多少与使用的特征信息有关。在较低层，作者使用骨架自由度，这种特征信息通常比较精细（30~100个标准人体模型）。在较高层次，则使用质心或躯体末端（手、脚、头、脊柱顶端）等身体位置信息。

（4）虚拟工具。面向对象的虚拟工具能够实现应用对象的可视化或是信息控制和显示。可视化能在用户操作的同时，给予其视觉语义反馈。用户将模型与工具绑定，之后就能使用该工具操作模型，直到取消绑定为止。在绑定的时候，工具先判定能否操作该模型，接着识别用于激活绑定约束的主动变量。绑定约束一旦被激活，就可以开始操作模型了。绑定约束通常是双向的，有时候工具还必须反映模型被其他对象修改时的表现信息。取消绑定能够将模型和控制对象分离开来，其效果是撤销绑定约束、抑制工具和模型之间相互依赖的主动变量。一旦模型被取消绑定，工具将无法控制该模型。

（二）虚拟现实的控制装置

虚拟体验的用户早就发现，虽然视觉效果非常重要，但如果没有匹配的信号输入手段，体验质量会迅速下降。最初，用户完全沉浸在虚拟现实体验的视觉效果中，然而一旦他们试图移动他们的手和脚，发现这些动作没有反映在虚拟世界中，沉浸感就会立即崩溃。

1. 注视控制

注视控制可以用于任何一种 VR 应用程序，是 VR 互动中很常见的手段，尤其是那种让用户多以被动方式互动的应用程序。注视控制技术的应用领域不仅是被动式互动。"注视"与其他互动手段（如硬件按钮或控制器）结合，也常常在 VR 环境中用于触发互动。随着眼动跟踪技术越来越流行，注视控制可能会发挥更大的作用。注视控制器对用户注视的方向实施监控，通常内置十字线（或光标）和计时器。要选取某个道具或触发某项操作，用户只需注视一定的秒数。注视控制也可以与其他输入方法结合使用，以实现更深层次的互动。

VR 中的十字线（"瞄准线"）可以是任何形式的图案，用来标示用户的注视对象。在不含眼球追踪功能的头显中，十字线通常就是用户视域的中心。在大多数情况下，十字线就是一个简单的点或十字准星，层级位于所有元素之上，用户无论做什么选择，都很容易看见。在头显中集成更复杂的眼动跟踪技术成为主流之前，这种位于视域中心的十字线给我们带来了一种简单的解决方案。

2. 眼动跟踪

2016 年，一家公司发布了第一款具有内置眼动跟踪功能的 VR 头显。眼动跟踪的确是一个值得关注的领域。眼动跟踪有可能为用户带来更直观的 VR 体验。市售的第一代头显大都只能判断用户头部朝哪个方向转，判断不了用户是不是真的朝那个方向看。

大多数头部显示器使用位于用户视野中间的十字准线来告诉用户，它是视线的焦点。然而，现实世界中，人们的注意力不一定就在他们面前。即使当人直视眼前的电脑屏幕时，人的眼睛也经常在屏幕的底部和顶部之间移动，这样人们就可以选择各种菜单。

眼动跟踪的另一个好处是能够给应用程序增加焦点渲染功能。焦点渲染的意思是只有用户直接注视的区域才会进行完整渲染，其他区域在渲染时会降低图像质量。当前的头显自始至终都在完整渲染全部可视区域，因为它们不"知道"用户实际上在盯着什么看。而焦点渲染技术一次只完整渲染一小块区域。这就降低了渲染复杂 VR 环境所需的工作量，从而使低功率计算机或移动设备能够营造复杂的体验效果，使 VR 能够走近更多的人。

3. 手部跟踪

手部跟踪技术是在无须给双手佩戴额外硬件的情况下，使头显能够捕捉用户的手部动作。运动控制器在 VR 世界中看到的形象通常是控制器、"魔杖"、虚拟"假"手或类似的造型，而手部跟踪技术可以将手的形象直接带入虚拟空间。现实世界捏紧手指头，虚拟世界也会捏紧手指头；现实世界竖起大拇指，虚拟世界也会竖起大拇指；现实世界比出"V"字手势，虚拟世界也会比出"V"字手势。能够在 VR 世界看到自己的手（实际上经过了数字处理），甚至连每一根手指的动作都能看清楚，的确是一种颇有些迷幻色彩的体验。

手部跟踪技术的视觉效果的确惊人，但也有缺点。与运动控制器不同，手部跟踪在虚拟空间中的互动能力在某种程度上是有限的。运动控制器可以实现很多种硬件互动。它的各种硬件（如按钮、触控板、触发器等）都可以触发虚拟世界中的不同事件，仅凭手部跟踪技术可实现不了这么多功能。利用手部跟踪作为主要互动方法的应用程序可能需要解决多种场景下的输入问题。如果只靠手部来输入，那么工作量会很大。

手部跟踪技术的另一个缺点是，尽管跟踪过程本身令人印象深刻，但它缺乏用户在现实世界互动时所具备的那种触觉反馈。例如，在现实世界拾取一个盒子是有触觉反馈的，而在 VR 中，仅依靠手部跟踪技术是不会有触觉反馈的，这会让许多用户感到不舒适。

4. 键盘和鼠标

有些 VR 头显在互动时使用了非标准的特制键盘和鼠标，但这种方法是有问题的，因为玩家根本无法在装置内部看到键盘。即便是打字最快的人，在看不到键盘的时候，也会束手无策。鼠标同样如此。在标准的 2D 数字世界中，如台式计算机，鼠标一直都是"浏览周边环境"的标准工具。但在 3D 世界里，应该用头显的"注视"功能来控制用户的视界。一些早期的应用中，鼠标和注视控制系统都可以改变用户的视线，这样的设置可能会造成冲突，因为鼠标拖动的视线完全有可能与注视控制系统相反。

尽管有些 VR 应用程序支持使用键盘和鼠标，但随着一体式输入解决方案成为主流，这两种输入方法都已经过时了。当然，这些新型一体式解决方案也有自己的问题。如果键盘不再作为主输入设备，那么长格式文本就无法输入应用程序。为了解决这个问题，人们又提出了很多不同类型的控制方法。罗技公司研制了一种尚处于概念验证阶段的 VR 配件，能让用户在虚拟世界里看到真实键盘的影像。它将一种跟踪装置连接到键盘上，然后在 VR 空间中建立起键盘的 3D 模型，叠加在真实键盘所处的位置上，这种解决办法很有意思，也确实能够帮助玩家录入文字。

全数字的文字录入办法其实也有，如"敲打式键盘"，作为一种联想输入式键盘，用户可以使用运动控制器作为鼓槌，敲打就是录入。

5. 运动控制器

在 2D 的 PC 游戏时代，运动控制器曾被当成某种噱头，如今已成为 VR 互动的行业标准设备。几乎所有的大型头显厂商都发布了与自家装置兼容的整套运动控制器。

许多高端 VR 控制器甚至具备"6 自由度"移动能力，能带来更深入的沉浸感。"6 自由度"指某个物体在三维空间中随意移动的能力。在 VR 领域，这个术语一般是指前后、上下、左右各个方向的移动能力，而且这个移动能力既包括方向上的（旋转），又包括位置上的（平移）。"6自由度"使控制器可以在VR空间中对自身在真实空间中的位置和旋转角度实现逼真的跟踪。

不仅是高端产品，就连第一代的中端移动型头显同样有自己的运动控制器。当然，与高端系列相比，它们的运动控制器并不算什么，通常就是一些具有不同功能的单个控制器（触摸板、音量控制、后退/主页按钮等）而已。由于控制器在虚拟世界中以某种形式才能看得见，所以用户可以"看到"他的手在现实世界中的动作。与高端产品不同，中端的运动控制器通常只具备"3自由度"的运动能力（只能追踪他们在虚拟世界中的旋转角度）。

当然，就算这些中端产品的控制器不如高端系列复杂，只能简单地用单手控制，但也可以给用户带来比前面那些办法更好的VR体验。能够在虚拟空间中"看到"控制器并能跟踪其在真实空间中的移动轨迹，不仅是让用户在虚拟世界中获得沉浸感的一大步，还是将用户在真实世界的动作导入虚拟空间的一大步。高端的头显配备的无线运动控制器都是一对。虽然不同的运动控制器之间有一些细微的差别，但它们总体上还是有很多相似的特点。

6. 一体式触摸板

一体式触摸板可实现更好的互动效果，触摸板使用户可以根据需要水平或垂直滑动、点取道具、调节音量和退出。如果用户一时找不到设备的运动控制器，触摸板还可以当作备用控制方法使用。但是一体式控制解决方案有一个缺点，需要以某种方式与设备建立通信。例如，采用一体式硬件控制方式的移动VR头显可能需要通过micro-USB或类似接口与移动设备连接。此外，由于触摸板可能无法以自然的方式融入虚拟世界（模拟虚拟世界中的控制器），因此，会大大降低用户体验的真实感。

（三）虚拟现实的体验装置

房间式VR允许用户在游戏区域内随意移动，他们在真实空间中的动作会被捕捉并导入数字环境中。要实现这一点，第一代VR产品需要配备额外的设备来监控用户在3D空间中的动作，如红外感应器或摄像头。

第一代VR产品大都需要外部设备来提供房间式的VR体验，但在许多具备内置式外侦型跟踪功能的第二代设备上，这种情况正在迅速发生变化。而另一头的固定式 VR 也恰如其名，体验过程中，用户要在同一个位置保持的姿势基本不变，无论是坐着还是站着。目前，较高端的 VR 设备已可实现房间式的体验，而基于移动设备的低端产品则不行。

由于用户的动作经捕捉后可以导入身处的数字环境，因此，房间式的 VR 体验比固定式的更加身临其境。如果用户想在虚拟世界中穿过某个房间，只需在真实世界穿过相应的房间即可。如果想在虚拟世界中钻到桌子下面去，也只需在真实世界中蹲下来，然后钻进去。固定式的 VR 体验中，做同样的动作需要借助操纵杆或类似的硬件才行，这会使用户体验中断，导致沉浸感大大弱化。真实世界里，我们靠在实际空间中的移动来感受"真实"；而在 VR 世界里，要实现同等程度的"真实"感还有很长的路要走。

1. 触觉反馈

"触觉反馈"能向终端用户提供触觉方面的感受，目前已有多款 VR 控制器内置触觉反馈功能。许多控制器都有颤动或振动模式可以选择，为用户提供与故事情节有关的触觉信息。但是这些控制器能提供的反馈相当有限，与手机收到消息提示发出的振动差不多。尽管有一点儿反馈总比一点儿反馈都没有要好些，但业界还是需要大幅提高触觉反馈的水平，在虚拟世界内真正实现对现实世界的模拟。也确实有多家公司正在研究解决 VR 中的触觉问题。

2. 内置式外侦型跟踪技术

目前，只有高端的消费级头显能提供房间式的 VR 体验。这些高端设备通常需要通过线缆与计算机连接，这样当用户在房间范围内移动时，很容易踩到线缆，看起来很笨拙。线缆问题一般包含两个方面：头显内部的显示屏需要接线；跟踪装置在真实空间中的运动轨迹同样需要接线。

厂商们一直致力于解决第一个问题，所以许多第二代 VR 产品已经采用了无线方案。

内置式外侦型跟踪技术始终是虚拟现实世界的神器，无须外部感应器意味着用户的移动范围不再受限于某个小区域。但是，就像任何一种技术选择一样，这需要付出代价。目前，内置式外侦型跟踪技术除了不够精确以外，还有其他一些缺点，如控制器如果移动到超出头显控制范围太远的地方就会掉线。当然，厂商们正在集中资源解决这些问题，许多第二代头显已开始使用这种技术来跟踪用户的动作，只不过有了这种技术并不意味着"可玩"区的概念成为历史。就用户而言，还是需要用某种方法来设定自己的活动区。我们要明白这样一件事，取消外置式感应器已经是下一代 VR 技术的一大飞跃。

3. 音频

为了尽可能完美地模拟现实，只考虑视觉和触觉是不够的。嗅觉和味觉的模拟的普及（也许真的很幸运）离大规模消费者恐怕还早得很，但 3D 音频已经面世了。听觉对于创造逼真的体验极为重要。如果音视频协调得好，则能为用户带来存在感和空间感，有助于建立"就在现场"的感觉。在整个 VR 体验过程中，能让人判断方位的音视频信号对用户至关重要。

人类的听觉本身就是三维的，我们能辨别 3D 空间中声音的方向，能判断自己距离声源大概有多远等。模拟出这样的效果对用户来说很重要，要让用户感觉就像在现实世界中听声音一样。3D 音频的模拟已经存在相当一段时间了，而且实用性没有任何问题。随着 VR 的兴起，3D 音频技术找到了可以推动自己，也推动 VR 进一步发展的新战场。

目前的大多数头显都支持空间音频。人类的耳朵位于头部相对的两侧，空间音频很清楚这一点，也因此对声音做出了恰当的调整。来自右侧的声音将延迟到达用户的左耳（因为声波传播到远端那只耳朵所花的时间要稍微多一点）。空间音频发明前，应用程序只能简单地在左扬声器播放左侧的声音，右边亦然，两者之间交叉淡入淡出。

标准的立体声录音有两个不同的音频信号通道，用两台间隔开的麦克风录制。这种录制方法制造出的空间感很松散，声音会在两个声道之间滑动。"双声道"录音技术，指使用能模拟人类头部形状的特制麦克风创建的两个声道的录音。这种技术可以通过耳机实现极为逼真的回放效果。利用双声道录音技术来制作 VR 中的现场音频，可以为终端用户带来非常真实的体验。对于大多数 VR 头显来说，配备耳机是很正常的事，虽然这并不意味着没有它就卖不出去，但在评价一副 VR 头显的好坏时，买家肯定会把有没有耳机考虑进去。

（四）虚拟现实的环境创建

虚拟环境是连续体的一个极端，另一个极端是我们生活的现实世界。AR 应用靠近真实环境，将虚拟信息插入真实环境中。对于增强虚拟（AV），主要环境是虚拟环境，例如，其中一个元素是真实对象的 3D 场景如虚拟博物馆中的绘画照片，结合两种环境的所有应用程序创建"混合现实"（RM）。

1. 获取与恢复设备

AR 主要用于可见光域，光波长度为 380~780 纳米，因此，大多数采集和渲染工具在该领域中起作用。AR 应用的普及本质上是工具的普及，重要的是相机和可视化设备（屏幕、虚拟耳机、投影仪），所有这些都在一个便携式外围设备中。

为了与环境相互作用，我们需要获取并考虑更多的数据而不仅是摄像机获取的图像，如周围的几何形状是什么？这里的光源是什么？反射和折射的特性是什么？对象和用户的动作是什么？将用户置于空间中是 AR 的关键点之一，适用于真实和虚拟数据共同定位的假设。也就是说，它们似乎是同一个世界的一部分，特别关注定位问题。为了捕获信息，我们通常使用计算机视觉产生的数字工具。然而，也可以使用超出可见光谱的信号：超出可见光范围的光信号（如红外线），磁波（高精度，但需要磁场的映射——用于可控制的环境如驾驶舱），声波（特别是对于环境的几何形状如声呐）和机械能（包括在移动电话、平板电脑、控制器等中的加速度计）。我们将看到基于所有这些技术的交互工具。

2. 姿势计算

虚拟元素的渲染需要从用户的角度了解这些元素的属性。然而，这种属性主要是针对固定点定义的。通过估计 3D 中的位置和方向来形式化地统称为"姿势"。一般来说，必须估计六个参数：三个用于位置，三个用于方向。有时会设定一些简化的假设：许多智能手机应用程序不计算智能手机的高度而使用合理的值。

用户移动的空间会引起几个问题。例如，GPS 仅可在室外使用，并且仅提供几十米的精度。标记必须在相同的图像上显示，这限制了设想的工作空间。在工作空间大的情况下，必须考虑使用多种形式。

（1）基于传感器的定位（相机外部）。沿三个垂直取向的电磁铁三联体可以通过测量由其他方面施加的磁场来确定其位置和空间方向。然而，该解决方案对金属物体的存在非常敏感，它们会破坏磁场，使用超声波发射器和捕获器的系统可能会非常精确，但它们很昂贵并且需要大型基础设施。

智能手机现在配备了 GPS 功能可以让其自己定位，并使用加速度计和罗盘来测量其方向。

（2）基于标记的定位。一个吸引人的方法是从用户的角度捕获图像。事实上，这种方法对 AR 来说非常自然，相机的定位是计算机视觉研究的重要领域。

（3）基于图像的定位。基于图像的方法可以使用图像本身计算相机的姿势，而无须操纵场景。如果已知场景中几个点的空间位置以及在图像中的新投影，则可以将相机定位在与这些点相同的参考中。然而，虽然问题的几何形状现在已得到很好的控制，但主要的困难是自动解释图像以找到图像中的已知元素。不熟悉计算机视觉的人经常低估这种困难。虽然人们看到的图像似乎很容易解释，但人的视觉皮层调动了数亿个神经元，这种分析是以一种基本无意识的方式进行的，所以它明显易于解释，但非常复杂，目前仍然没有得到很好的理解。

定位方法不是使用无法感知颜色的传统相机，而是使用能够感知深度信息的相机。一些相机使用"结构光"，包括以红外线投射已知图案，这使可靠的立体重建成为可能，其他则使用激光束的"飞行时间"。相机给出的深度图对定位有很大帮助，它们可以通过不同的方法使用，但这些摄像机也有很大的局限性：它们是有源传感器，只能在空间有限的室内媒体中发挥作用；金属环境导致不精确；它们还消耗更多能量并迅速耗尽移动设备的电量。

3. 逼真的渲染

在 AR 中，渲染虚拟对象也是很重要的，某些应用需要逼真的渲染。几何图形和光线必须只作用于虚拟对象上，它们与具有相同几何形状的真实对象类似，并且由相同的材料组成。

（1）真实对象必须遮挡位于它们后面的虚拟对象的部分，这需要非常精确地计量这些真实物体的几何形状和视角。

（2）虚拟物体必须看起来是被真实光源照亮，这需要知道这些光源的属性，如它们的空间位置、几何形状或功率。

（3）虚拟对象必须在真实场景上投射阴影，除了真正的光源之外，这还需要有关真实场景的几何信息。

必须模拟真实和虚拟部分之间的轻微交换。这可能变得非常复杂。例如，虚拟对象必须将落在其上的真实光漫射到真实物体上，从而改变它们的外观。

真实对象对虚拟对象进行掩蔽的渲染中，几个像素的误差很容易被察觉，因此，真实图像和虚拟图像之间的边界位于真实物体的轮廓上，而这个轮廓很难根据需要精确地识别，无论是根据计算机视觉还是深度传感器。最后，我们不能忘记在没有任何额外特殊光线的情况下观察真实物体，而虚拟物体通常在屏幕的帮助下被感知，或者至少是在引入光源的设备中被感知，如果不使用补偿机制，它们自然会比真正的对应物更亮。

二、虚拟现实技术在职业体能训练中的应用

职业体能训练中，通过充分运用虚拟现实技术的优势，突破传统训练方法，以虚拟现实的场景模拟训练课程，激发训练者体能训练的积极性，避免了体能训练中的一些不当操作，很大程度上杜绝了职业体能训练中存在的不安全事故。

虚拟现实技术在职业体能训练中的应用，打破了传统训练模式，使训练者从被动训练转变为主动训练，既实现了体能训练的目的，又从精神角度上满足了训练者对体能训练的内在需求，更在很大程度上激发了训练者创新意识与挑战能力。

所以，虚拟现实技术在职业体能训练中的应用，充分发挥出虚拟现实技术的优势特点，定能为现代体能训练带来前所未有的助力。虚拟现实技术在职业体能训练中的应用可以从以下三方面考虑。

（一）　设计体能训练仿真系统

一般来说，职业体能训练的关键是需要大量的训练时间与技术动作，并在体能训练中尽可能地把体育动作变得更加标准。当前，越来越多的人已经重视到了虚拟现实技术的重要优势，并不断地建构一个有关现代体能训练的仿真系统，以便于更全面地分析训练者关于体能训练的全部内容，并对训练者技术动作中存在的问题加以分析，在方针系统中为训练者制订出更加规范化与科学化的体能训练计划，以便于训练者可以加强训练，进而提升体能训练的整体效果。

对此，体能训练仿真系统依托于虚拟现实技术，需要教师了解并掌握虚拟现实技术的相关知识及使用方法，并结合训练者的训练现状，对训练者进行因材施教。更重要的是，教师还可以在体能训练仿真系统中添加一些标准化的动作，在作用下分解动作。这时，训练者不仅可以更加深刻地认识到自身的训练动作，也在职业体能训练方针系统中和其他训练者、教师及时交流，以致职业体能训练效果逐步增强。

为了更加细致地分析出体能训练的动作，借助于虚拟现实技术就能在仿真系统中构建科学标准的动作，通过和实际职业体能训练中的动作进行对比，就能找出训练者体能训练和标准动作之间的差异，并依据标准动作不断地改正体能训练的动作，在最短的时间内纠正体能训练动作并达到标准水平。

（二）　构建虚拟体能训练环境

虚拟现实技术在现代体能训练中的创新应用，应积极地构建虚拟化体能训练环境，营造良好的体能训练氛围。由于虚拟现实技术主要是结合系统构建虚拟环境，也即是训练者想象出来的空间，训练者在这样虚拟的环境中进行体能训练，不仅能增加体能训练的趣味性与积极性，也能以更加饱满的热情与力量更专注于体能训练。教师要依据训练者感兴趣的不同环境，借助于虚拟现实技术构建超现实的体能训练环境，引导训练者以最快的速度适应新的训练环境，以便于提升训练者体能训练的水平。

教师还可以在虚拟体能训练环境中，增加一些体育赛事前的集训，并要求训练者在职业体能训练仿真系统中积极地参加体育赛事，并决出前三名。在这种比赛的氛围下，训练者们的体能训练热情就会日渐高涨，并在竞技氛围中的体能训练中感受到职业体能训练的真正意义，也在长期的你追我赶的体能训练竞争氛围中提升自己的职业水平。

（三）构建体育异地互动训练

虚拟现实技术在现代职业体能训练中的应用，突破了时间、空间限制，实现了异地互动训练。由于虚拟现实技术具有交互性的特点，这时候，就能对职业体能训练进行异地交互锻炼。

虚拟现实技术下，通过在职业体能训练仿真系统中，训练者就能选择任一体育项目进行训练，并在该系统下学习其他学校的体育课程，这就在很大程度上丰富了训练者的职业体能训练项目，也有助于提升训练者的体育水平与培养训练者的体育精神。

第四节　大数据背景下体能训练促进体质健康的路径

体能训练是运动训练的一个重要组成部分，是指对人体系统进行优化的过程，根据体能所划分的身体素质拟定其相应的提高方法，并运用不同的训练手段来实现体能的协调发展，有利于提高人们的体质健康水平和运动能力。

随着现代化社会的高速发展，大数据技术也吸引了越来越多人的关注，大数据技术可以使我们从更全面、更客观和更具体的视角变革体能训练的方式方法，因此对体能训练的研究要更加注重从多维度、多领域深入了进行科学研究和实践探索；依靠强有力的大数据技术，为体能训练促进人们体质健康的创新路径提供有益的支撑；运用大数据技术将人们的体能水平及体能训练的结果进行分析，更有针对性地制订体能训练计划及方案；用可穿戴设备实时监控人们的训练过程及大数据的采集和分析，将训练的负荷、疲劳、损伤等情况进行预测，实时掌握人们在体能训练过程中的身体机能变化，从而训练中所出现的错误动作，调整训练方法，有效控制人们在体能训练中可能出现的运动损伤；另外，各级政府职能部门、社会组织、学校等应设立统一的健康促进数据传输、识别、存储运行标准实现资源共享。

综合以上分析，具体可以通过以下手段实现大数据技术融入体能训练：

第一，采用大数据技术，构建及共享体质健康数据库，了解和分析体能训练发展水平。

第二，提高教师的数据分析水平，利用大数据技术分析人们的体质健康信息，制订科学的体能训练计划与方案。

第三，用可穿戴设备实时监控训练过程，减少运动中出现运动损伤的概率。

第四，加速"大数据"在体能训练中转型，探索数字智能体能训练。

参考文献

［1］顾善光. 我国体能训练存在的问题与理论思考 ［J］. 体育学刊，2008，
15（1）：88-91.

［2］黄滨，贾思敏. 体能训练理论探析 ［J］. 体育文化导刊，2012（4）：
64-68.

［3］张舒畅. 以"职业体能"为导向的高校体育教学改革研究 ［J］. 现代教
育科学，2021（4）：131-136，156.

［4］商汝松. 基于职业体能需求的高职体育课程体系创新 ［J］. 教育与职业，
2016（6）：104-106.

［5］迟荣国，贺业志. 体育行为与体质健康 ［J］. 山东体育学院学报，2008，
24（12）：61-64.

［6］刘星亮，王迎春，刘丹松，等. 体质健康概论（第2版）［M］. 武汉：
中国地质大学出版社，2016.

［7］桑德春. 老年运动处方制定 ［C］. 第9届北京国际康复论坛论文集.
2014：458.

［8］聂正慧. 中职生体质健康测量与评价的探析 ［J］. 文体用品与科技，
2021，6（6）：85.

［9］胡秀娜，冷超. 肥胖发生机制及其运动处方制定分析的研究 ［J］. 求知
导刊，2015（11）：35.

［10］翟林丹. 心脏康复中个体化运动处方制定方法的研究 ［J］. 饮食保健，
2016，3（4）：61.

［11］杜建军，张瑞林，车雯. 青少年体质健康促进的精细化治理：逻辑理
路、动力转向与溢出图景 ［J］. 西南大学学报（社会科学版），2023，
49（1）：193.

[12] 李瑛毅. 小学体育中提高学生体质健康水平的策略探思 [J]. 文体用品与科技, 2023, 3 (3): 120.

[13] 袁圣敏, 张龙凤, 吴键. 中小学体质健康提升资源库总体设计研究 [J]. 体育教学, 2023, 43 (3): 70.

[14] 邹波. 浅谈专项体能训练 [J]. 读与写, 2017, 14 (20): 193-201.

[15] 张继池. 体能与体能训练 [J]. 体育科技 (广西), 1987 (1): 22-25.

[16] 郎燕英, 孙伟, 张锡辉, 等. 体能测定及评价方法研究 [J]. 工业卫生与职业病, 1994, (4): 207-210.

[17] 王文琦. 浅谈高校学生职业体能评价体系的研究 [J]. 当代体育科技, 2016, 6 (17): 110-111.

[18] 黄倩. 论大学生体能训练中的食品营养学: 评《食品营养学》[J]. 食品安全质量检测学报, 2022, 13 (9): 4.

[19] 张佳. 健康饮食对体育运动员体能训练的影响研究: 评《食品营养与健康》[J]. 中国酿造, 2019, 38 (11): 4.

[20] 沈明磊. 浅谈对学生运动速度素质的培养 [J]. 中义信息, 2016 (5): 143.

[21] 谢育. 发展下肢力量提高速度素质研究 [J]. 中学教学参考, 2016 (18): 71.

[22] 张雨薇. 论竞走运动员速度素质训练探究 [J]. 当代体育科技, 2020, 10 (9): 45-46.

[23] 潘薇. 艺术体操柔韧素质训练的重要性 [J]. 当代教育实践与教学研究 (电子刊), 2016 (12): 474.

[24] 赵西唐, 李晓琨. 灵敏素质训练的基本原则 [J]. 中国体育教练员, 2018, 26 (1): 61-63, 67.

[25] 陈钦鹏, 刘伟. 探究灵敏素质训练在拳击训练中的应用思考 [J]. 灌篮, 2021 (16): 41-42.

[26] 王正霞. 新媒体背景下体育类娱乐节目对体育教学的启示——以我国普通高校体育教学为例 [J]. 新闻爱好者, 2015 (11): 68.

[27] 迟永辉. 虚拟现实技术 (VR) 与高校体育训练的结合分析 [J]. 赤峰

学院学报（自然科学版），2019，35（3）：151-153.

[28] 涂春景. 体质健康理论与实践研究［M］. 长春：吉林人民出版社，2017.

[29] 罗芳丽，申治富，廖伯年，等. 中医药治疗亚健康失眠的研究进展［J］. 黔南民族医专学报，2022，35（3）：232-235.

[30] 孙涛，何清湖，朱嵘，等. 中医亚健康状态分类指南［J］. 世界中西医结合杂志，2022，17（9）：1891-1893+1898.

[31] 潘超然，周浩，王超. 辨证论治在心理亚健康中的得失与改进思考［J］. 四川中医，2021，39（7）：17-21.

[32] 薛允莲，许军，刘贵浩，等. 中国城镇居民心理亚健康的影响因素分析［J］. 中国卫生统计，2021，38（2）：208-214.

[33] 王雪娇，李杰，何青鋆，等. 亚健康人群身心状况评测技术的研究进展［J］. 北京生物医学工程，2021，40（2）：209-213.

[34] 赵乐. 亚健康产生原因及治疗方法［J］. 智慧健康，2021，7（6）：153-155.

[35] 马渊源，吴慧攀，尹小俭，等. 中国青少年营养状况与心理亚健康的相关性［J］. 中国学校卫生，2021，42（1）：28-31.

[36] 邓万先. 基于自主训练的高职学生职业体能训练方案研究［J］. 中国轻工教育，2016（3）：91-95.

[37] 卫启晖，李志一. 酒店不同岗位职业体能需求分析及对策研究［J］. 青春岁月，2020（12）：76-77.

[38] 马莉. 体能运动训练器振动抑制的多目标优化控制［J］. 机械设计与制造，2022，377（7）：201-205.

[39] 郎殿栋. 多功能体能运动训练器 PMAC 多轴控制方法［J］. 机械设计与制造，2022，375（5）：111-114.

[40] 刘新政，魏夫超，孙培原，等. 山东省优秀武术套路运动员的康复体能训练研究［J］. 山东体育科技，2022，44（5）：40-45.